U0499903

本书受以下项目资助：
湖南省教育厅优秀青年项目（24B0416）
南华大学博士科研启动项目（5524QD110）
湖南省哲学社会科学青年基金项目（24YBQ035）
福建省社会科学基金重点项目（FJ2025A003）
南华大学工商管理专业学科建设经费项目

中国创新韧性的
理论与实证研究

ZHONGGUO CHUANGXIN RENXING DE

LILUN YU SHIZHENG YANJIU

王　谦　著

中国财经出版传媒集团
经济科学出版社
Economic Science Press
北京

图书在版编目（CIP）数据

中国创新韧性的理论与实证研究／王谦著 . -- 北京：
经济科学出版社，2025.2. -- ISBN 978 - 7 - 5218 - 6793 - 0

Ⅰ. F124.3

中国国家版本馆 CIP 数据核字第 2025G6J198 号

责任编辑：李　雪　凌　健
责任校对：郑淑艳
责任印制：邱　天

中国创新韧性的理论与实证研究
ZHONGGUO CHUANGXIN RENXING DE LILUN YU SHIZHENG YANJIU

王　谦　著
经济科学出版社出版、发行　新华书店经销
社址：北京市海淀区阜成路甲 28 号　邮编：100142
总编部电话：010 - 88191217　发行部电话：010 - 88191522
网址：www. esp. com. cn
电子邮箱：esp@ esp. com. cn
天猫网店：经济科学出版社旗舰店
网址：http：// jjkxcbs. tmall. com
固安华明印业有限公司印装
710 × 1000　16 开　17 印张　250000 字
2025 年 2 月第 1 版　2025 年 2 月第 1 次印刷
ISBN 978 - 7 - 5218 - 6793 - 0　定价：68.00 元
（图书出现印装问题，本社负责调换。电话：010 - 88191545）
（版权所有　侵权必究　打击盗版　举报热线：010 - 88191661
QQ：2242791300　营销中心电话：010 - 88191537
电子邮箱：dbts@ esp. com. cn）

前　　言

自 2008 年爆发金融危机以来，全球经济仍处于一个较为低迷的过渡期。当前，世界面临百年未有之大变局，疫情后续影响与全球经济增长放缓互相交织、国际地缘政治冲突不断、资源和生态环境危机日益加剧，和平与发展的时代主题遭遇考验。在当前要大力整合科技创新资源、加快形成新质生产力的迫切形势下，创新被摆在我国经济发展的核心位置，已成为应对外部冲击干扰和提升区域发展动能的动力源泉。经济体在发展过程中面临着各类外部冲击和内在压力的影响，而创新活动也深受各类冲击的影响。积极应对冲击带来的不利影响，增强创新系统自身的"免疫力"是经济体稳定创新系统、保持经济可持续发展的必然选择。由此，创新系统的承载力、稳定性和可塑性也日渐成为学术界需要高度关注的问题。

在复杂多变的国内外经济环境压力下，因危机难以完全避免，增强创新系统应对外部冲击干扰的免疫力已成为经济体的最优选择。那究竟应采取什么样的策略才能使创新系统在冲击中不受或少受影响，甚至还能转危为机顺利实现自身转型发展呢？基于这一问题，在既往研究基础上，本书以韧性为切入点，以我国创新系统为研究对象，遵循"是什么—为什么—怎么样"的分析框架探寻了中国创新韧性的整体运行结构和发展中的系统动态演变趋势。将马克思主义科技创新思想、创新经济理论、经济韧性理论等引至创新韧性研究中，全面回顾了创新韧性的相关文献，系统梳理了其发展演进的脉络，并对其进行了深入的认识性建构和内在解析。本书先对中国创新韧性的构成要素、演化机理、功能作用等进行了深入剖析，初步打破了传统创新韧性研究中广泛存在的仅聚焦于系统短期抗干扰能力的研究惯例。在回顾创新韧性相关文献的同时，本书还强调理论与实际相结合，重点关注中国创新韧性发展的区域实践，基于创新韧性内在机理模型构建了创新韧性综合评价指标体系对中国区域创新韧性进行了动态评价和量化评级，并总结了区域创新韧性的特征规律、现实问题与发展趋势。接着，本书采用数理模型对创新韧性的省域差异和差异成因进行了细致剖析，最后，基于前人研究结果，结合当前时代背景从五个方面提出了全面提升中国创新韧性的优化策略。

在全球化浪潮与科技革命日新月异的今天，面对复杂多变的国际环境和国内经济转型升级的迫切需求，中国的创新发展之路尤为引人注目。创新韧性是创新经济学领域研究的一个新分支，国内外相关研究还很不成熟，国内研究正处于起步阶段。本书恰逢其时地为我们提供了一扇深入理解中国创新系统韧性内在作用机制与外在表现的重要窗口。笔者在攻读博士学位期间沿着导师国家社科基金一般项目（"我国工业企业有效技术创新的内在机理与引导政策研究"，编号 20BJL139）继续深耕创新经济学。在参考借鉴经济韧性相关研究成果的基础上，深入探索了外部冲击视角下我国宏观整体层面的创新系统韧性问题，具有一定的新意和学术价值。本书基于创新韧性的五大构成维度全面剖析了中国创新系统在应对挑战、抓住机遇过程中所展现出的独特韧性，揭示其背后的理论逻辑与实践路径，旨在通过深入的理论探讨与丰富的实证研究，构建一套关于中国创新韧性的分析框架，为理解中国乃至全球创新发展的新趋势、新特点提供新的视角和思路。

总的来看，本书不仅对既往研究进行了初步总结，更对未来发展方向进行了展望，有助于学术界进一步深化对中国创新韧性的认识，推动形成更加开放、协同、可持续的创新生态体系，助力中国经济高质量发展。

目　　录

第一章 绪 论

自美国次贷危机以来，世界经济整体增长乏力，发展后劲不足，全球经济正处于一个较为低迷的过渡期。与此同时，世界多极化趋势持续演进，大国间博弈从未停歇，地缘政治冲突矛盾不断。2022 年 2 月，俄乌冲突爆发；2023 年 10 月，新一轮巴以冲突大范围爆发。这些事件都是典型的外部负面冲击，对全球局势稳定和国际社会经济政治走势都将产生深远影响。随着进入新的动荡变革期，各种不稳定不和谐的因素日益凸显，世界政治和经济秩序正面临复杂调整与持续演化，也对我国的经济发展带来了深刻影响。

历经五千年风雨洗礼，沧海桑田，从 1997 年的亚洲金融危机到 2008 年的全球性金融危机，从 2003 年的"非典"到 2019 年的新冠疫情，从全球最大的发展中国家到世界第二大经济体，中国人民始终致力于实现中华民族伟大复兴。在实现民族复兴崇高理想的伟大征程中，新中国通过了重重阻碍和历史考验，始终以负责任、敢担当的大国形象勇立于世界东方，并取得了举世瞩目的重大成就。中华民族栉风沐雨，披荆斩棘，走过了一道又一道艰难险阻，其中深刻体现出中华民族、中国人民和中国经济的强大韧性！

当前，世界面临百年未有之大变局，全球经济增长缓慢，资源和生态环境危机日益严重，新中国正处于发展变化的又一个历史转折点。"变化"已成为当前经济发展的突出特征。中国经济能否适应和驾驭变化，并以此为契机加快推动经济由高速增长向高质量发展转变，是长期以来值得关注的重点问题。变化即意味着对原有经济形态的冲击。为了适应变化，唯有"创新"这一条可行路径。随着创新被摆在中国经济发展的核心位置和成为新常态下加速实现新旧动能转换的关键因素（陈劲，2019），创新系统的承载力、稳定性和可塑性也成为学术界需要高度关注的问题。

第一节　研究背景和研究意义

基于当前国内外新的现实情势，本书以创新系统为研究对象，以全面增强我国创新系统抗冲击能力和适应进化力为研究目标，深入探究了创新韧性发挥作用的内在机理和影响机制。本部分将重点从研究背景和研究意义两个方面进行详细阐述。

一、研究背景

我国正面临百年未有之大变局，在创新方面则集中体现为正处于新一轮科技革命和产业变革的加速演进期。虽然学术界对是否正在经历"第四次工业革命"仍存疑，但对这一轮数字技术主导的深刻变革已达成广泛共识（国务院发展研究中心课题组，2018）。大数据、云计算、区块链、人工智能、物联网、量子通信等新兴技术为代表的新一轮技术革命迅猛发展（庞锐，2022），为中国发展带来新的机遇和挑战。一方面，经过数十年的追赶，中国在全球创新格局中的位势不断提升，中国数字技术的发展跃迁正在重塑世界创新版图；另一方面，随着全球竞争加剧，针对中国等新兴大国的疑虑、遏制与打压层出不穷，给中国的发展壮大带来了诸多挑战。但更要看到，国际经济格局的变化在蕴藏风险的同时也孕育着机遇，且机遇大于挑战。

当前，创新已被摆在中国经济发展的核心位置。习近平总书记在党的二十大报告中强调，必须"坚持科技是第一生产力、人才是第一资源、创新是第一动力，深入实施科教兴国战略、人才强国战略、创新驱动发展战略，开辟发展新领域新赛道，不断塑造发展新动能新优势"①。坚持创新在中国现代化建设全局中的核心地位，是我国实现 2030 年跻身世界创新型国家前列战略目标的根本要求，也是着力推动高质量发展，稳步实现经济发展的质量变革、效率变革、动力变革的必然选择。在全球经济增长放缓、地区冲突频发、环境保护压力骤增的大环境下，国内也面临经济增长乏力与产业转型困难等现实问题。面对内外部冲击和风险明显增多的百年未有之大变局，创新作为新常态下加速实现新旧动能转换的核心因素，在当前要素驱动和投资拉动模式难以支撑经济持续高质量发展的新形势下，有望成为冲破国内外经济发展阻力，实现"十四五"规划和二〇三五年远景目标的关键抉择。

创新是提升区域核心竞争力的根本来源，也是在外部冲击干扰下国民经济得以持续发展的动力源泉。经济发展是一个充满偶然性的非线性过程，面临着各类冲击，如经济周期波动、金融危机、政策调整、政治风险、公共卫生事件、各类自然灾害等。经济学中的创新是将发明、专利等新事物转化为经济效益的过程，在本质上也是一种经济活动，因此也深受各类冲击的影响。从微观层面看，外部冲击对于企业的创新活力具有双重影响。一方面，这种冲击可刺激企业加大创新力度，推动企业优化创新资源和要素的配置，调整创新投入产出的结构，从而全面提升创新系统的整体效能；另一方面，外部冲击也将对部分企业产生负面影响，尤其是那些高度依赖外部资源、缺乏竞争优势以及难以承担创新成本的企业，它们可能会因此放弃创新活动，转而选择低质量、低效率的发展道路（胡甲滨和俞立平，2022），进而使得创新系统面临演化失败的风险。由此可见，如何应对外部冲击带来的不利影响、稳定创新系统、保持经济可持续发展，成为现阶段面临的现实问题。在复杂多变的国内外经济环境压力下，创新系统应采取什么样的应对策略才能在冲击中不受或少受影响，甚至还能转危为机顺利实现自身转型发展呢？正是在对

① 习近平. 高举中国特色社会主义伟大旗帜 为全面建设社会主义现代化国家而团结奋斗——在中国共产党第二十次全国代表大会上的报告［M］. 北京：人民出版社，2022.

这一问题的深入思考和探寻过程中，强调系统在冲击中回弹适应的韧性理论进入我们的研究视野。

面对内外部环境风险明显增多的复杂局面，宏观层面上的韧性研究已成为时政探讨和学术研究的热点。一方面，我国领导人曾多次运用"韧性"一词来概括当前国内经济运行的主要特征。据习近平系列重要讲话数据库的不完全统计，截至2024年，涉及"韧性"的讲话等其他类型文件共有70余条。2014年11月，在出席亚太经合组织工商领导人峰会开幕式时，习近平总书记发表主旨演讲，首次提及"韧性"这一关键词。原文中指出"新常态下，中国经济增长更趋平稳，增长动力更为多元。中国经济的强韧性是防范风险的最有力支撑"①。此后，"韧性"一词逐渐流传开来，成为国家领导人和官方媒体使用的高频和热点词汇，且主要集中在回应经济波动趋势和中国经济抗冲击的能力、表现等方面。仅在2023年，在国际论坛、多国会议、国内经济工作会议等国内外不同场合，习近平总书记就曾33次提及"韧性"并强调其重要性。在二十国集团领导人第十七次峰会上，习近平总书记更是强调"要推动更有韧性的全球发展"，并提出"构建稳定和富有韧性的产业链供应链国际合作倡议"②。另一方面，近30年来，学术界关于创新韧性的研究虽鲜有涉及，但在韧性理论的研究上却涌现了大量成果。

立足于韧性理论的既有研究范式和分析框架，在关注创新驱动的相关研究过程中，我们不禁思考：在面对相同的外部冲击时，为何不同地区创新系统所受到的影响却截然不同？为什么有的地区能顺利摆脱外部危机带来的创新困境，成功实现区域创新系统的转型升级，而有的地区创新能力不仅没有得到强化反而日趋衰弱，最终陷入创新活力下降、经济衰退的泥潭？在经济发展过程中，是否同经济韧性一样也存在"创新韧性"的固有属性？如果存在的话，那创新韧性的概念和内涵该如何界定？其演化路径和类型有哪些？具体又呈现出怎样的现状、特征和发展

---

① 习近平. 谋求持久发展 共筑亚太梦想［N］. 人民日报，2014 – 11 – 10（002）.

② 习近平. 共迎时代挑战 共建美好未来——在二十国集团领导人第十七次峰会第一阶段会议上的讲话［N］. 光明日报，2012 – 11 – 16（002）.

规律？创新韧性影响创新系统的内在机理是什么？如何对其进行综合评价和量化测度？怎样才能全面提升我国创新韧性以更好地应对各类冲击和风险？这些亟待解决的问题是积极拓展创新经济理论和经济韧性理论的重要障碍，并已成为探索创新韧性演化机理"黑箱"和全面增强我国创新韧性不可回避的重要议题。

二、研究意义

近年来，我国科技实力和整体创新水平显著提高。然而，百年变局下的创新活动面临着越来越多的外部扰动和危机，驱使我们不得不思考我国创新系统的适应复苏问题。加强政策引导和激励、增强创新系统的抗风险能力、提升创新韧性水平成为推动我国经济高质量发展亟须解决的关键问题。但当前对这些问题的研究相当匮乏。因此，以创新韧性的内在机理、测度评价和提升策略为主要研究对象不仅具有独到的理论意义，而且有很强的现实意义。

（一）理论意义

第一，实现了创新经济理论与经济韧性理论的有机结合，进一步丰富和发展了相关理论。随着全球化的快速发展，经济体常受到市场动荡、政策变更和科技创新等影响。面临不断演变的国内外环境，政府、企业等经济参与者须制定相应的策略以妥善应对冲击。在探讨这一问题时，经济韧性逐渐成为研究关注的焦点，为回答遭遇外部冲击后地区经济能力如何尽快恢复和重塑提供了新的理论指导。但截至 2023 年底，经济学领域的韧性研究仍主要集中在对经济发展韧性的内在机理、影响因素以及提升路径等方面的探讨，而鲜有关于创新韧性的概念、内涵及其对区域创新系统影响机制的相关研究。本书较完整地界定了创新韧性的概念，将"创新"与"韧性"相结合，进一步丰富和发展了经济韧性理论和创新经济理论，使其理论体系更加完善，具有一定的理论创新。

第二，率先提出了创新韧性理论分析框架，从韧性视角深化了创新系统相关研究。目前，关于韧性的研究基本集中于经济韧性范畴，虽然开始出现了"创新韧性"的概念，但研究成果非常有限，甚至都没有形成统一的定义，也未形成相应的研究框架和理论体系。本书遵循创新韧性不同组成部分"基础—缓冲带—动力—主体—保障"功能的分析框架，构建了创新韧性内在机理分析模型，将我国创新韧性细化分解为创新基础韧性、创新结构韧性、创新科技韧性、创新组织韧性和创新制度韧性五部分。接着，从五个部分的构成要素和演化机制出发，识别出其在对抗外部冲击过程中所扮演的角色和发挥的不同功能，深入剖析了创新韧性在应对冲击的背景下，促使创新系统得以更新进化的内在作用机理。同时，以期从韧性视角来详细解答外部冲击下不同地区创新系统表现各异的原因，为后续区域创新能力的提升和创新系统的转型升级提供一定参考。本书对创新韧性演化机理所进行的分析尝试有望进一步打开创新韧性演化机理的"黑箱"，为实现我国创新韧性的全面提升提供一定参考。

第三，构建了创新韧性综合评价指标体系，为其量化测度提供了新的思路。对创新韧性进行量化测度是进一步深化其与创新体系研究的基础。回顾文献可发现，目前国内外衡量经济韧性主要有两种方法：综合指标法和关键变量法。综合指标法通过建立指标系统进行评估，而国内研究者通常用此方法来评价不同地区（如省份、城市、县）的经济韧性。本书基于创新韧性的内在机理模型，兼顾创新韧性特征和不同创新韧性要素之间的耦合关联，构建了创新韧性综合评价指标体系来定量测算创新韧性值。同时，重点对我国30个省（区、市）[①] 以及东、中、西和东北四大区域创新韧性水平进行现实考察和理论剖析，并根据定量评价结果拟将30个省（区、市）分为五大类，以期在有效提升地区对外部冲击的抵抗、恢复和适应能力的同时，为增强中国整体创新韧性和优化创新系统内部环境奠定良好基础。此外，创新韧性的测算可为下一步拓展其趋势预测研究，乃至为未来我国各地区创新系统的韧性监测和预警研究提供量化依据。

① 港澳台及西藏因数据不足，暂未纳入统计。

(二) 现实意义

第一，为促进我国创新韧性的提升提供了决策参考。本书构建了创新韧性影响创新系统的内在机理分析模型，可以更科学、全面地认识到创新韧性是如何通过五大维度分别影响地区创新系统的，同时也更清晰地揭示了创新系统在抗击外部冲击过程中的抵御、恢复、适应和更新进化等演化过程。这为基于创新韧性五大维度提出更有针对性、实质性、精细化的政策优化手段，促进我国创新韧性的全面提升提供了新的决策参考。

第二，为实现我国创新系统的优化升级提供了有力支撑。创新韧性的内涵不仅包括对冲击的抵抗力和恢复力，更为重要的是它还重点关注创新系统在危机中的适应和进化能力。外部冲击是一把"双刃剑"，一方面可能扰乱和破坏地区原有创新系统的运行路径和发展轨迹；另一方面也给地区创新系统带来了更新进化、转型升级的有利契机。因此，韧性强的创新系统一般能在遭受外部冲击时基本不受或少受不利影响，甚至能化危为机。以创新韧性的内在机理和测度评价为本书主要研究对象，以全面提升我国创新韧性水平为最终目标，本书有助于提高创新系统遭受冲击后的成功概率，也为实现我国创新系统的优化升级提供了有力支撑。

第三，为洞悉我国各区域创新韧性现况和实现高质量发展提供新助力。经济韧性是实现我国高质量发展的关键特质，而创新韧性作为经济韧性中最具活力最为关键的一环，对维护创新系统平稳健康运行具有举足轻重的意义。创新韧性能维持创新系统的良性循环和可持续发展，还可用来阐明创新系统抵御冲击并调整自身发展路径的能力，对于解释不同区域经济增长的不平衡性提供了新的视角。此外，本书建立了创新韧性评价指标体系和评价模型，并根据定量评价结果拟将 30 个省（区、市）分为五大类，接着还重点考察了中国东部、中部、西部、东北部四大区域创新韧性的发展概况。基于此，有助于更深入地了解我国各省（区、市）和区域创新韧性的现实状况和基本特征，更准确地把握和提取影响地区创新系统应对外部冲击的关键因素。这不仅为洞悉我国各地区抗冲击力和创新活力提供了清晰的现实依据，还为重塑和优化自身产业结构、地区结构和市场结构等提供了有益借鉴，进而也为落实国家层面的创新驱动发展战略和助推经济高质量发展提供了新的助力。

第二节 文献综述

创新韧性是一个新兴的概念，至今仅少数文献谈及。为了能更清晰、全面地把握创新韧性的来龙去脉和研究现状，本书将从韧性、经济韧性概念的起源和发展，创新韧性的相关研究等方面，按照时间发展的顺序分别展开论述。与此同时，创新本质上是一项经济行为，创新韧性也是经济韧性的重要组成。目前，经济韧性的研究较为丰富，这为借鉴、移植相关研究范式以及推演其分析框架到创新韧性领域提供了丰富素材和重要参考。

需指出的是，经济系统是一个有机整体，由多个相互关联、相互作用的经济元素构成，并具备特定的功能。它大致包括微观经济系统和宏观经济系统两大部分，按照其具体内容的区别又可分为多种类型。而创新系统是以推动知识、技术、制度、组织等各类创新为主要目标，所形成的各种与创新相联系的主体要素（如创新相关的机构、组织）、非主体要素（创新所需要的物质条件如创新资金等）以及协调各要素间关系的制度和政策网络（黄鲁成，2000）。经济系统所包罗的子系统众多，而创新本质上又是以创造新价值为根本目标的经济行为，所以创新系统实质是经济系统的子系统之一。因此，在经济韧性与创新韧性的关系探讨上，同样可粗略地将创新韧性理解为经济韧性不可或缺的重要构成部分。考虑到经济韧性最鲜明的特点就是经济体是否具备创新活力。由此，创新韧性亦成为经济韧性最持久的动力来源和根本保证。

一、韧性的相关研究综述

在《汉语大辞典》《当代汉语词典》等工具书中，"韧性"基本有两层含义。一是指"物体柔软坚实，受外力作用时不易折断破裂的性质"；二是被引申为"顽强持久的精神，坚忍不拔的意志"。在第七版《辞海》中，暂无关于"韧性"这一词汇的具体解释，而其字面含义却近似于"塑性"（亦称"范性"），通常指材料或物体受力时，当应力超过屈服极限后，能产生显著的变形而不立刻断裂的性质。由以上分析可知，韧性最早是物理学和工程学的概念，随着其内涵和使用范围的扩大而逐渐被延伸至经济学领域。

韧性最初起源于拉丁语"resilire"，也被翻译为弹性、恢复力、复原力等不同表达（胡晓辉，2012）。其概念最早被解释为某实体或系统受到干扰后能弹性恢复到原有状态的速度和能力（Martin，2012；徐圆和邓胡艳，2020）。考虑到"弹性"的翻译与经济学中的已有概念"elasticity"（表示供求量对其影响因素变化的敏感程度）重复，并且"弹性"似乎过于强调冲击后的回弹和复苏回原状的性质，显然难以全面涵盖其在经济学中的内涵，因此学术界普遍认为翻译成"韧性"更为合适（孙久文和孙翔宇，2017）。当前，韧性的内涵已由传统基于均衡论的工程韧性、生态韧性逐步朝基于演化论的适应性韧性、演化韧性转变。其应用研究的重点也从提升地区应对外部灾害的能力以恢复原有均衡状态转向寻求长期可持续的高质量发展（Davoudi，2012）。

（一）经济韧性概念的起源和发展

为更好地解决经济系统在遭遇经济波动、政策调整、技术革新、自然灾害等冲击后的经济发展问题，基于对经济不稳定性和复杂性作出更科学合理解释的初衷，经济学家们把工程学、生态学中的韧性概念引入经济学研究中，由此拉开了经济韧性研究的序幕。

1. 工程型经济韧性

1973 年，美国生态学家霍林（Holling）首次提出了"工程韧性"（engineering resilience）的概念。工程韧性侧重于考察系统对大规模冲击的抵抗能力，重点强调如何帮助系统快速恢复到受冲击前的稳定均衡状况。它取决于系统在遭受干扰后，能以多快的速度恢复原状。工程韧性基于系统在遭遇干扰前是健康和稳定的前提假设，因此以保持和恢复到系统原有的结构和行为为最终目标。随着工程韧性概念向经济学领域不断迁移和扩展，工程型经济韧性正是借鉴了这一理念，适用于分析由突发事件所引起的经济波动，并且专注于探讨罕见但可能造成重大危害的危机事件对经济体系的影响，以及如何实现经济均衡和稳定发展的议题（苏杭，2015）。

2. 生态型经济韧性

随着韧性研究的不断深入，霍林于 1996 年又提出生态韧性（ecological resilience）的概念。生态韧性，简言之，是指在遭遇冲击时，生态系统在结构发生根本性改变之前所具备的应对和吸纳扰动的能力。它与工程韧性有着显著的区别，生态韧性更多地聚焦于对系统阈值的认知与界定，通过系统当前状态与阈值之间的距离来测评其韧性水平。此外，生态韧性还特别强调，当系统遭遇冲击或干扰时，不仅应能回归至原有的平衡状态，更有可能跨越某一特定阈值，迈向一个全新的均衡状态（Martin，2012）。虽然生态韧性并不追求"均衡"，但它不仅在实质上承认系统遭受冲击后仍可通过一系列自组织、自学习活动来恢复原有均衡，甚至还强调系统可将冲击视为自身调整优化的良好契机，最终实现新均衡的过渡和转化。因此从长期来看，生态韧性仍未脱离均衡论的研究范式。而生态型经济韧性是指经济系统在不改变自身结构、功能和同一性的前提下所能承受的干扰量。在现实世界中，当外部干扰超过了经济体维持稳定的阈值后，经济体的结构和行为就会发生改变，此时经济体将在新的状态下实现新的均衡（Cross，1993）。

3. 演化型经济韧性

近年来，生态型经济韧性理论逐渐吸纳了演化经济学中的路径依赖、路径创造以及路径锁定等概念。这一理论强调生态型经济韧性的形成和发展，不仅受到当前决策的影响，还深受以往决策、偶然事件以及历史背景等因素的制约（李强，2020）。由此，出现了基于演化思维的经济韧性研究。20 世纪 90 年代后，随着经济地理学开始向演化论转向，运用演化经济地理学理论来认识和研究经济韧性问题成为区域研究的一个新方向。演化思想认为区域没有稳定的均衡状态（Pendall，2010），因为在经济系统中，具有复杂适应能力的经济主体在持续学习过程中会不断调整和创新自身行为模式，因此难以在长时期保持相同的均衡状态。2011 年，基于复杂适应系统理论，罗恩·马丁（Ron Martin）提出了演化韧性的概念。他认为经济系统具备一种独特的韧性能力，能够灵活地进行结构转换，将外部干扰的影响最小化，甚至能够利用这些冲击实现自身的转型进化（杜志威等，2019）。

在演化思维影响下，区域被视为不断由外界获取新知识并不断发展演化的复杂适应性系统。演化韧性也被定义为区域不断调整自身社会经济和制度结构以适应长期外部环境变化并持续增长的能力（陈梦远，2017）。在对演化韧性内涵的解读过程中，演化经济地理学的代表学者戴维斯（Davies，2010）提出经济韧性可分解为三个维度，分别是抵御冲击、积极应对冲击的能力和开拓新发展道路的长期适应能力。在此基础上，马丁等（2015）进一步将经济韧性定义为区域在竞争性市场中抵御冲击、恢复增长及重组路径的能力（Martin et al.，2010）。徐圆和邓胡艳（2020）则认为经济韧性是一个经济系统遭受冲击后在多个不同阶段所表现出来的综合调整能力。钞小静和薛志欣（2023）以及安树伟和黄艳（2024）都认为经济韧性是经济系统应对不确定冲击的抵御能力及适应冲击后的新变化并重塑发展路径的能力。在具备高韧性的经济环境下，尽管外部冲击可能产生负面影响，但这些冲击实际上为经济体系提供了重新分配资源、调整产业结构以及确定新增长路径的宝贵机遇，也有助于以更高效的方式推动经济发展。

（二）经济韧性的影响因素

影响经济韧性的因素十分广泛，现有文献从不同角度进行了深入探讨，可为创新韧性影响因素的探寻提供借鉴。有学者关注经济系统的整体运行，重点从宏观全局视角对其可能的影响因素进行了全方位把握。例如，杜瓦尔等（Duval et al.，2007）认为经济合作与发展组织（Organization for Economic Co-operation and Development，OECD）成员国之间表现出不同的经济波动情况和不同的经济韧性水平，原因可追溯到劳动力市场、产品市场和金融市场的不同政策设置和制度。马丁等（2015）从四个方面进行了总结：一是与产业结构相关的因素；二是与知识基础、劳动力技能、金融结构、贸易开放等相关的外部性因素；三是包括企业文化、基础设施、政策体制在内的基本要素；四是预知、感知、商业信心等心理因素。李强（2020）则提出影响经济韧性的因素包含了人类社会生产系统的物理范畴和社会范畴两个部分。

也有学者重点探讨了影响经济韧性的关键因素及其作用机制。例如，计利群（2021）认为产业结构和多样化水平、创新能力、金融集聚、制度政策、劳动力结构等都会影响到地区经济韧性水平。其中，产业结构多样化被视为是最重要的因素（Rocchetta & Mina，2019）。有研究指出，经济活动的多样性能降低风险集中度和增强抵御能力，防止地区产业结构单一所造成的消极"锁定"，有助于经济的迅速恢复（Frenken & Boschma，2007）。同样，这一点也同样体现在产业结构的多样性方面（Crescenzi et al.，2010；徐圆和邓胡艳，2020；赵春燕和王世平，2021；邓又一和孙慧，2022）。越来越多的学者强调创新和人才对地区经济韧性的重要性。其中，技术创新和人力资源被认为对地区经济发展路径的转型和重构过程至关重要，这两者使地区的工业、技术结构能够随着时间的推移而适应经济格局的变化（Wolfe & Gertler，2016）。技术创新使区域扩展了现有的专业化工业部门，也成为发展多样化经济的关键。同时，受过良好教育的劳动力有助于产生新知识和吸收外部知识，并在区域适应短期经济冲击或中期经济变化方面发挥重要作用（朱琳和董藩，2023）。产业专业化程度、城市规模、人口密度、宜居性等因素成为城市经济韧性关注的重点。例如，芬格尔顿等（Fingleton et al.，2013）发现专业化程度越高的城市经济韧性越弱，大城市的经济韧性相对更好。潘特等（Pant et al.，2014）则从城市基础设施水平和工业部门的角度对经济韧性进行了实证分析。道格拉斯（Douglass，2016）建议将宜居性作为吸引全球投资和获得更大区域经济韧性的手段。此外，马丁和加德纳（Martin & Gardiner，2019）、王永贵和高佳（2020）等还探讨了具体某次金融风险或新冠疫情冲击对经济韧性的影响。以上研究都给出了相应的具有建设性的政策建议，这是对经济韧性研究的有益探索，也成为本书的重要参考。

（三）经济韧性的内在机理

深入研究冲击发生后，理解经济体对抗冲击与恢复的能力机制，不仅有助于理解短期危机下区域经济系统的响应、调整与变迁过程，而且能揭示区域经济系统在长期内如何适应演化并实现转型的深层次机制。此外，这一研究还为揭示区域经济适应力的空间差异和不均衡发展规律提供了新的研究思路。

经济韧性是一个融合了复杂反馈、涌现与自组织特质的非线性动态过程。为了更全面地描绘这一过程，西米和马丁（Simmie & Martin，2010）从生命循环周期的角度，将区域经济韧性的发展细化为重组、开发、保护和释放四个阶段。这四个阶段共同描绘了区域经济系统如何在面对外部冲击时，在保存自身的同时，还能进一步更新和增强发展活力的具体过程。在适应性循环的框架下，区域经济韧性的发展展现出了两个明显的适应环。一方面，区域经济会经历一个从涌现（重组阶段）到发展（开放阶段），再到稳定（保护阶段）的报酬递增型增长过程；另一方面，区域经济也会经历从僵化（保护阶段）到衰退（释放阶段），再到重构（重组阶段）的衰退或转型过程。赵莹（2020）将中国经济发展的整体韧性予以分维度解构，提出了四重维度的经济韧性内在机理分析框架。张振（2020）认为区域经济韧性主要包括区域供给系统和社会系统两个方面的内容，还分析了区域供给系统在应对自然灾害等各类冲击时的运行机制。安树伟和黄艳（2024）则认为产业结构是影响区域经济韧性的关键因素，遂从产业结构服务业化、多样化和专业化、所有制结构三个方面分析了突发公共卫生事件对经济韧性的影响机理和作用机制。此类有关经济韧性内在机理的分析既可深入理解经济韧性的内涵和机制，也为区域经济的发展提供了有益指导。

（四）经济韧性的定量测度

作为一个较新的研究领域，围绕经济韧性的测度研究十分有限。而制约其实证研究发展的主因在于经济韧性测度指标的选取与设定难度较大（Briguglio et al.，2006；Farrugia，2007；张晶，2021），而且数据的可获取性和可比性也是无法回避的技术问题。因此，关于经济韧性的测度仍在不断摸索中，但截至目前还是取得了一些有益探索。在参考既有文献的基础上，本书从方法描述、特点和文献举例几个方面整理报告了衡量城市和区域韧性的主要方法，见表1-1。

表1-1　　　　　　　　　　　衡量区域经济韧性的方法

名称	方法描述	特点	举例
描述性案例研究	基于地区宏观发展指标（如GDP、就业率、贸易值等）呈现不同区域的经济表现，对在经历各种冲击后长期经济发展状况和发展路径进行对比	主要基于叙述，使用简单的描述性数据，采访关键人物，询问政策等。可能采取比较的形式展现（如两个城市或地区）	Simmie & Martin（2010）；Hill et al.（2012）；Enelow（2013）；Hu & Hassink（2015）；Setiawati et al.（2023）；Corodescu et al.（2023）
统计时间序列模型	对冲击的抵御期和恢复期进行划分，使用似不相关和脉冲响应等模型来探讨冲击对区域经济的影响	ARIMA模型（带有抵御期和恢复期的模型），用于生成假设无冲击时城市或地区的反事实或预期状态，并与实际结果进行比较	Fingleton et al.（2012）；D'Lima & Medda（2015）；周侃等（2019）
因果推断的反事实法	使用冲击前的经济数据，反事实地构建未发生冲击的地区经济表现，通过实际值和期望值的差异来测算地区抵御力和恢复力水平	用于估计包括反事实变量的冲击模型，如产生冲击耗散的脉冲响应或误差修正类模型的测量。还包括选定因果回归变量作为韧性指数的模型	Salvati et al.（2016）；Pudelko et al.（2018）；Soufi et al.（2022）；Hu et al.（2023）
韧性综合指数	在描述性数据分析的基础上，该方法通过地区宏观经济发展指标来展现长期发展过程中冲击对区域经济的影响	通常使用关键经济指标来对比基准状态下的韧性表现。一般是比较性的（如多个城市、地区），以产生城市和地区的"韧性排名"	Martin et al.（2016）；Sensier（2018）；Spencer（2018）；Lei et al.（2023）；Enerlan et al.（2023）

资料来源：参考马丁和加德纳（2019）、张晶（2021）等文献后由笔者整理而得。

目前，常用的经济韧性测度方法主要有描述性案例、时间序列模型方法、反事实法和韧性指数法等。总体上，计量回归模型中的经济韧性研究偏好于采用单一核心变量的计算，进行经济体整体韧性评价的实证则多偏重采用多指标体系。因统计分析法在关于经济韧性的实证文献中使用频率最高，下面将进行重点介绍。

1. 核心变量法

用核心变量或敏感指数测度经济韧性是指采用一个或若干个核心经济指标，如国内生产总值（gross domestic product，GDP）、经济增长率、总产值、就业指标、投资指标、贸易量等（Capello et al.，2016；郭将和王蓓，2020；计利群，2021），分析其在受到冲击后的波动情况和反应程度来测度区域经济韧性。计算方法虽各异，但基本思想相近。其中，马丁等（2019）提到的反事实思想就是典型的以核心指标来测度经济韧性的思路。但这种方法需要设置一个基准状态加以参考，通过计算冲击后核心指标趋势值的缺口，即经济体实际产出与潜在产出之间的差距，以得到受到冲击的程度以及冲击后的恢复速度。但这种做法较适合度量剧烈冲击而非缓慢扰动因素对经济韧性的影响。

考虑到经济韧性的研究内容相当复杂，且每个学者关注的侧重点不同，因此有学者提出应针对自身研究目的设计合适的测度方法。例如，多兰和芬格尔顿（Davoudi & Fingleton，2016，2018）创新性地利用复杂空间计量模型对经济韧性进行测度，并根据真实经济条件和反事实的无外部冲击之间的结果差异，从恢复力方面测度经济韧性。徐圆和邓胡艳（2020）也基于 Dixon-Thirlwal 循环因果模型，利用静态凡登定律构建经济增长与就业之间的回归方程，得到了真实经济条件和反事实的无外部冲击之间的结果差异，以此来度量经济韧性（徐圆和张林玲，2019）。此外，还有学者使用区域增长轨迹的方法来计算经济韧性，并将其定义为经济韧性指数（周侃等，2019）。

2. 综合指标法

指标体系是基于一定逻辑内涵，通过若干关联性指标所组成的整体性评价体系。采用综合指标法测度经济韧性即要寻找能充分反映经济韧性概念内涵、内在机理、结构特征的指标群来对其进行准确表征和评价。它既可对单一目标的整体经济韧性状态进行评估，又可实现不同研究对象之间在相同评价体系上的比较。而经济韧性评价指标体系的关键在于找准影响区域经济韧性的决定性因素。

目前，具有代表性的评价体系有来自洛克菲勒基金会提出的韧性城市框架指标体系，该指标体系基于韧性城市建设关键领域的七大特性，包括健康和幸福、经济和社会、基础设施和环境、领导和策略四个基本维度。而纽约州立大学区域研究所发布了为应对大都市地区人口快速增长、经济衰退、自然灾害的韧性能力指标，该指标体系由区域经济能力、社会—人口、社区连通力三大维度12项指标组成（曾冰和张艳，2018）。也有学者基于社会—政治—技术、经济、自然三个方面，以鲁棒性（robustness）、冗余性（redundancy）、智慧性（resourcefulness）和迅速性（rapidity）四个特征建构了4R评价指标体系。

此外，国内学者也在指标构建上做了有益探索。例如，齐昕等（2019）从自我适应能力、创新转型能力和抵御风险能力方面构建了浙江省县域经济韧性指标体系。丁建军（2020）基于中国12个连片特困区的地市级数据，从区域经济韧性的抵抗、恢复、调整及转型四个方面构建了综合指标体系。程翔等（2020）则从抵御能力、恢复能力、再组织能力、创新能力四个维度构建了我国省域民营经济韧性的评价指标体系。赵莹（2020）从基础韧性、结构韧性、创新韧性、制度韧性四个维度构建了中国经济发展韧性评价指标体系。刘晓星等（2021）使用151种宏观经济指标估计时变脉冲响应，采用风险吸收强度和吸收持续期定量测度了宏观经济韧性。王素素等（2022）基于规模韧性、结构韧性、创新韧性、开放韧性、制度韧性和社会韧性六大维度构建了区域经济韧性综合评价指标体系，并取得了较好的测算效果。

二、创新韧性的研究综述

自1912年熊彼特提出创新理论以来，学术界关于创新的研究浩如烟海，但谈及创新韧性的研究却较少。"韧性"被引入经济学后，首先在区域经济和城市发展领域得到了较为广泛的关注（李连刚等，2019）。近年来，尤其在新冠疫情爆发后，韧性又成为组织管理领域的研究热点（Sabahi & Parast，2020）。此外，也有一些学者开始注意到创新过程、创新生态系统的韧性研究（杨伟等，2022），尝试着将经济韧性的研究范式移植到创新领域，以期为提升其抗冲击能力和治理能力提供理论参考。其中，又以创新生态系统韧性的讨论居多。因此，在进行创新韧性已有文献的综述时，将难以避免地对不同主题的创新韧性如创新生态系统韧性、组织创新韧性、合作创新韧性等进行回顾和梳理。

需说明的是，虽然创新韧性与创新生态系统韧性都是从演化论视角来探讨创新系统的韧性水平，但两者的研究侧重点并不相同。前者是基于创新系统本身及内部的各个有机构成部分（含要素），以探讨和提升创新系统的抗冲击能力、恢复适应、进化升级等能力为主要目标，来共同构筑宏观层面的整体韧性水平。而后者主要是将创新系统视作生态系统在创新领域的延伸，以生态系统为隐喻，用生态系统的分析范式和逻辑框架对不同区域的创新系统进行解构，带有浓重的生态学色彩。

（一）创新韧性的影响因素

截至 2023 年底，国内聚焦于创新韧性的文献约 15 篇，且关于创新韧性的探讨主要集中在识别其关键影响因素的实证研究上。例如，魏建漳和任颋（2022）探讨了创新投入多样化对合作创新韧性的直接作用及其通过调节产业结构和企业结构影响合作创新韧性的间接作用。徐维祥等（2022）发现创新合作的互惠性、交互性已成为创新网络韧性强化的主要驱动因素。在个体属性效应中，产业结构、对外开放及政府供给的作用逐渐凸显；在外生网络效应中，空间邻接、信息距离网络对创新韧性的提升作用也逐渐增强。近几年来，已有研究多聚焦于微观领域企业数字化转型对企业的组织韧性或创新韧性的影响大小和作用路径。譬如，胡甲滨等（2023）界定了数字创新韧性的内涵概念，并探讨了数字创新韧性随着韧性强度、创新产出水平、研发人员的变化而对高技术产业创新的影响机制；梁婧姝和刘涛雄（2023）则明确了企业创新韧性的内涵、特征及度量方法，并提出企业创新韧性依赖组织的资源和能力，其影响因素可从企业自身特征、外部环境、融资约束等角度展开分析。

在为数不多的国外有关创新韧性的文献中，暂未发现对整体或区域创新韧性的相关研究，而是主要集中在对微观企业组织创新韧性的探讨上。例如，有研究发现商业模式创新、业务战略、信息通信技术和组织结构设计、战略管理和企业家精神、社会网络和社会资本、企业创新、企业数字化转型等因素会影响组织创新韧性。梁和李（Liang & Li，2023）则发现区域创新生态系统韧性在政府支持和数字经济发展间起充分中介作用的同时，还对数字经济发展具有积极的空间溢出效应。卢正文和许康（2024）认为我国企业存在"创新停滞—继续"和"创新中断—放弃"并存的现象，这凸显出企业创新韧性仍处于低层级阶段。数字经济时代下，其详细剖析了数字化转型对企业创新韧性的赋能效应和负能效应，并结合企业生命周期考察了其异质性。研究发现，企业数字化转型的持续嵌入会通过企业信息不对称程度、企业合作文化以及企业与利益相关者的共生关系的中间路径影响到企业创新韧性。侯光文和刘青青（2024）将创新韧性定义为企业在动荡环境中持续进行创新、不断积累知识并将其转化为新能力的强化机制。从稳定性与灵活性的视角出发，对企业创新韧性构成要素进行了检验，并探讨了数字化情境下如何激活企业创新韧性的问题。

（二）创新韧性的演化机理

创新韧性的演化机理是研究和分析创新系统抵抗冲击的能力来源的重要内容。随着研究的纵深推进，国外学术界开始关注到创业生态系统和商业生态系统的创新韧性，并对其演化机理进行了探究。朗迪和布罗克曼（Roundy & Brockman，2017）分析了创业生态系统韧性的形成机制，认为创业生态系统的不同之处在于参与者、企业、商业模式和支持组织的多样性以及它们共同价值观和活动的一致性；拉梅扎尼和卡马林哈（Ramezani & Camarinha，2020）则梳理了既往研究的韧性定义，重点探讨了商业生态系统韧性干扰的来源和驱动因素。

国内研究方面，梁林等（2020）指出韧性理论的核心在于系统由外部变化所引发的内部缓冲性。在系统未受冲击前，其处于安全演化的初始阶段，具备韧性的系统展现出比无韧性系统更高的功能水平。当冲击袭来，系统功能水平会有所降低，但韧性强的系统能有效缓解外部冲击带来的压力。进入修复与恢复期后，韧性系统不仅可利用自身的缓冲机制恢复至原始状态，更能通过自我学习和适应机制，实现向更高发展阶段的跃升。赵玉帛等（2022）揭示了数字经济产业创新生态系统韧性的演化机理，并发现路径创造和破坏创新是系统韧性演化成功的主要作用机制。冲击主要是从需求和供给两个方面来影响数字经济产业创新生态系统：需求方面主要体现在社会公众和政府；供给方面则是相关企业和金融、创新服务等中介机构。梁婧姝和刘涛雄（2023）则从企业创新韧性可提供冗余资源增强创新战略调整适应能力、缓解融资约束保持创新投入稳定的能力、优化资源配置提升创新绩效恢复能力三角度分析了其作用机制。卢正文和许康（2024）深入分析了不同生命周期特征下，数字化转型对企业创新韧性影响的作用机制及其边界效应。发现成长期企业数字化转型显著促进了企业的创新韧性，成熟和衰退期企业数字化转型与创新韧性则呈现出倒 U 型关系。

（三）创新韧性的量化测度

如何准确测度创新韧性无疑是理解创新韧性形成机理和提升策略的重要立足点，也是研究其与创新系统和经济发展关系的基石。但迫于研究成果的丰富性和数据的可获得性，创新韧性的测度方法仍在探索之中。如前所述，国内外关于经济韧性测算的方法主要有综合指标法和核心变量法。但因不同学者选取的指标、权重、测量方法不同，结果仍存在较大差异。例如，赵莹（2020）、王素素等（2022）在构建经济韧性综合评价指标体系时，都将创新韧性作为其中一个维度。前者基于空间载体、资源供给和企业活动三个层次，后者则用研发投入、研发产出及研发主体等指标来测度地区创新韧性水平。也有学者采用核心变量法，如选取单个或多个对外部冲击反应明显的核心指标来衡量。但这种研究范式的前提是经济处于衰退期才能确保敏感指数越低，韧性越强，而这与中国长期以来的实际情况明显不符。

由此，对创新韧性的衡量也可参考经济韧性的测量方式，即选取对冲击反应敏感的核心指标来测算，如衡量创新产出效果和经济效益的新产品项目数、专利申请量、新产品销售收入、技术市场交易额等。例如，胡甲滨和俞立平（2022）通过分析新产品销售收入变化状况来表征遭受冲击后的创新系统的韧性水平。梁婧姝和刘涛雄（2023）则采用熵权法从企业创新的投入、产出和企业创新效率三角度，分别选择指标构建了企业创新韧性指数。卢正文和许康（2024）认为企业专利申请与当年所处研发环境密切相关，具备对外部冲击反应的敏感性，因而使用专利申请量变化状况来评估企业创新韧性水平。在创新生态系统韧性的测度上，梁林等（2020）、梁和李（2023）提出创新生态系统演化的韧性化理念，并识别出包括多样性、流动性、缓冲性、进化性在内的四维韧性特征，构建了创新生态系统韧性监测体系和预警模型。徐维祥等（2022）以"创新网络节点韧性—创新网络结构韧性—创新网络群落韧性"为主线，基于多方法融合视角构建了创新网络韧性测度体系。随着当今数字经济的蓬勃发展，也有学者关注到数字创新生态系统韧性在抗击冲击和适应现实变化中的重要作用。杨伟等（2022）和赵玉帛等（2022）结合数字创新和创新生态系统两个概念，在对梁林等（2020）构建的新区创新生态系统韧性监测指标体系进行修正的基础上，分别对区域数字创新生态系统和数字经济产业创新生态系统的韧性进行了测度。

三、文献述评

回顾相关文献，虽然创新韧性的理论体系尚未建立，但在解释创新系统转型和适应力的差异性方面，可对现有理论形成了较好的补充和拓展，并且在外部冲击不断的情况下，创新韧性研究可在创新系统管理和国家政策制定等方面发挥重要作用。目前，虽然已有一些学者开始关注到创新过程和创新生态系统的韧性问题，并尝试将经济韧性的理论框架和研究范式移植到创新韧性的分析中，以期为提升创新系统的抗冲击能力和治理能力提供有益借鉴。但总的来看，前人关于创新韧性的探讨仍严重不足，主要体现在以下四个方面。

（1）在研究视角上，未能基于整体性战略思维，从系统性、协同性和动态性视角来关注中国宏观整体和区域层面创新韧性的演化问题。迫于数据可得性等原因，现有的创新韧性研究仍主要集中于高技术产业、国家级新区、数字创新系统和数字经济产业等特定领域。相较而言，对国家整体、区域、城市和企业等视角的创新韧性研究明显匮乏。

（2）在研究内容上，已有研究多呈碎片化和零星分布，并且研究深度有待加强。前人研究主要限于探讨部分区域创新韧性的特征、演化机理、影响因素和监测预警体系等特定范畴。这虽然为测度和刻画创新韧性的发展状况奠定了坚实基础，但这些研究的本质主要聚焦于创新系统内部运行状况的评价与优化。在探讨创新系统面临不确定性冲击和扰动上，当前研究就如何抵御风险并实现自主适应等方面仍显不足。尤其在针对中国创新韧性的现状问题、整体特性、有机构成、内在机理、综合评价、治理措施以及不同区域的现实考察等方面现有研究仍存在明显不足。因此，在这些领域的深度分析上还存在较大研究空间。

（3）在测度方法上，创新韧性的定量分析方法并不成熟。目前，现有技术方法基本照搬经济韧性的测算思路，采用反事实分析逻辑下的核心指标在受到冲击后的波动反应程度来表征创新韧性值，未完整考虑创新系统的自身个性化特征与统计分析技术手段的有效融合。此外，它还忽视了演化经济地理学思想对测算过程的指导。因此未来还需进一步探索，将演化分析方法纳入创新韧性的研究框架中来。

（4）在研究形式上，本就为数不多的创新韧性研究基本上以数据和模型驱动的实证研究为主，在研究方法和形式上缺乏丰富性和多样性。下一步可立足于已有基础，在创新韧性的描述性案例分析（如中国具体区域的应用探索、疫情冲击下的企业访谈等）、研究现状评述和理论进展、关键影响因素的识别和作用机制分析、未来发展潜力与长期发展趋势、相关政策梳理和效果评价等方面进一步拓宽其研究边界，丰富相关理论研究成果。

基于既有研究的不足，本书以韧性为切入点，以我国创新系统为研究对象，本着整体性思维，在研究内容上，对创新系统是如何完成风险抵御和通过自主适应机制实现进化升级的演化过程进行了深入解析，并构建了包含五大维度的创新韧性内在机理模型。最终，建立了基本的逻辑分析框架，并通过计量分析方法，同时从理论和实证上全面揭示了创新韧性影响创新系统的内在机理，以及各变量之间的相互支撑作用和动态关联关系；在测度方法上，将可能影响创新水平的核心变量全部纳入综合指标体系中，构建了创新韧性评价指标体系和评价模型，并根据定量评价结果将各省份分为不同类别；在研究形式上，本书分别对中国东部、中部、西部、东北部区域创新韧性的现实表现和发展状况、治理措施等进行详细描述，丰富了创新韧性的相关研究形式。

总体而言，创新韧性的相关研究还处于起步阶段，对于其韧性形成机制和提升措施的研究还很不充分。创新韧性研究是在吸收借鉴了其他学科研究成果、方法的基础发展起来的（胡甲滨和俞立平，2022）。因此，创新韧性概念与其他学科韧性概念难免会有交叉重叠之处（杨伟等，2022）。考虑到韧性理论原发轫于西方，这要求我们必须更好地学习和吸收、借鉴其有益成分，未来在其内涵和外延上实现进一步突破，以更好地适应和指导我国创新系统在中国特色社会主义经济制度下的发展演进，最终实现打造具有强劲韧性创新系统的长远目标。

第三节　研究内容、框架与创新点

为了增强我国创新系统自身"免疫力"，使其在各类外部冲击中不受或少受影响，甚至转危为机实现转型和高质量发展，本书坚持以马克思主义理论为指导，以创新系统为主要研究对象，以创新韧性的内在机理和测度评价为主要研究内容，深入探究了创新韧性的内在作用机理、分析了不同地区创新韧性水平的状况及特征、提炼了其面临的问题和提升路径等。总的来看，计划达成以下目标：

第一，系统回顾创新韧性的相关文献，梳理其发展演进的研究脉络，并对其进行深入的认识性构建和内在解析。提出"创新韧性"和"创新韧性值"的概念，清晰界定了相关概念的内涵和边界。基于创新韧性不同组成部分"基础—缓冲带—动力—主体—保障"功能的分析框架，从五个维度完整建构了中国创新韧性理论模型，并详细阐释了创新韧性不同维度影响创新系统的内在机理和作用机制，为从学理角度破解创新韧性演化机理的黑箱奠定了坚实基础。

第二，基于中国创新韧性理论分析模型，厘清创新韧性构成和发展的逻辑思路，构建起创新韧性综合评价指标体系。然后，采用综合指标法定量测度出不同地区创新韧性水平并将其划分为五大类别，为清晰回答各区域创新韧性分布格局和时空分异特征等提供量化依据。

第三，系统考察中国 30 个省份①和东部、中部、西部和东北部四大区域创新韧性的现实表现状况、面临的发展障碍及深层次原因剖析，以明确不同区域创新韧性水平的分布格局、提升路径和经验启示等。在前文的理论与实证研究基础上，从整体上总结归纳出如何全面提升我国创新韧性的对策建议。

一、研究内容

(一) 主要内容

一是本书高度重视对基础理论和学术思想的继承和发展，将系统回顾和梳理创新理论、韧性理论的相关研究文献，厘清其发展演进的文献脉络，并对其进行深入的认识性构建和内在解析，争取达到一定的理论高度和深度，这也是本书的基本理论目标。在此基础上，提出"创新韧性"和"创新韧性值"的概念。

---

① 港澳台和西藏地区因数据不足被剔除。

二是从创新韧性有机构成和功能作用出发，将其细化分解为创新基础韧性、创新结构韧性、创新科技韧性、创新组织韧性和创新制度韧性五大维度，建构完整的中国创新韧性理论分析模型，这也是本书的基本理论分析框架。然后，进一步从创新基础韧性释放抵御和吸收能力、创新结构韧性发挥恢复和适应能力、创新科技韧性注入更新和发展动能、创新组织韧性赋予调整和重构能力以及创新制度韧性提供保障和调节能力等方面深入剖析了不同韧性维度深入影响地区创新系统的内在机理和作用机制。接着，分别从理论和实证角度对五大创新韧性维度的来源与构成要素、演化特点与规律、表现形式和制约条件等方面进行详细剖析。

三是基于创新韧性理论分析模型，构建了涵盖五大创新韧性维度的综合评价指标体系，并对不同区域的创新韧性水平进行动态评价和量化评级。一方面为不同区域创新韧性大小的考察和定量比较提供可能；另一方面有助于从实证角度回答遭受外部冲击后，为何不同区域的创新系统演进呈现出完全不同动态演化轨迹和发展路径的问题，这也是本书的现实需要和落脚点。

四是将创新韧性理论分析与我国 30 个省份和东部、中部、西部和东北部四大区域创新韧性的现实状况分析相结合，理论联系实际以更好地指导创新实践活动。在对抗冲击和风险过程中，对各区域创新系统所面临的具体问题和现实困难进行深入剖析，以明确各大区域创新韧性的提升路径和对其他地区的经验启示，最终从整体上总结归纳出如何全面提升我国创新韧性的总体方略和具体对策，这是本书的政策价值和应用价值所在。

（二）章节安排

据前文分析，全书可分为八章。

第一章：绪论。主要介绍本书的现实背景、研究意义以及研究目的，梳理归纳相关研究成果，阐明主要研究思路、内容、方法、创新点与不足之处等。其中，重点对韧性、经济韧性和创新韧性的相关研究展开文献综述，并对当前创新韧性的相关研究进行述评。

第二章：核心概念与理论基础。首先，对研究所涉及的创新、韧性、创新韧性等核心概念进行界定，并从五大维度层面对创新韧性的内涵进行了重点探讨；其次，从马克思主义的相关理论基础和西方经济学的相关理论借鉴两个视角出发，对涉及本书的关键理论逐一进行介绍。

第三章：中国创新韧性的要素解析。分别介绍了创新韧性五大维度的具体构成要素。创新基础韧性主要包括自然资源禀赋、人口资源、基础设施和基本风险防护等；创新结构韧性包括创新产业结构、创新区域结构、创新市场结构和创新需求结构等；创新科技韧性包括科技创新的投入、产出及环境方面等；创新组织韧性包括创新主体功能、主体间协同水平、创新管理水平等；创新制度韧性则主要包括优秀传统文化储备、创新制度调适能力、创新政策体系完备性等内容。

第四章：中国创新韧性的内在机理研究。本书主要从抗击冲击的基础支撑、弹性缓冲、动力来源、主体支持、能动保障五个方面来详细阐述创新韧性的五个有机构成部分为维护区域创新系统稳定和发展所发挥的功能作用。

第五章：中国创新韧性的评价指标体系构建。基于系统性、科学性、可行性、层次性、时代性等评价原则，采用系统分析思路初步构建了创新韧性综合评价指标体系。接着又从单项指标和指标间相关性两个角度对创新韧性综合评价指标体系的效果进行了检验。

第六章：中国创新韧性的定量评价与问题分析。根据测算出的各地区创新韧性值，先对创新韧性的发展状况在区域、省域和时间维度上的异质性特征进行了现实考察。然后采用二次指派程序 QAP 方法检验了创新韧性省域差异的形成机理。接着，结合创新韧性的定量评价结果，本书从各维度韧性实际情况及其重点要素构成出发，初步归纳了我国创新韧性存在的现实问题。

第七章：促进中国创新韧性全面提升的优化策略。本书分别从不同创新韧性要素的维度出发，有针对性地总结提炼出全面提升我国创新韧性的对策建议。

第八章：结论与展望。总结研究成果，提炼核心结论，并展望未来创新韧性的研究路径与方向。

二、研究方法

本书以历史唯物主义与辩证唯物主义为根本方法，综合运用了文本分析法、理论建模法、统计计量方法、比较分析法和案例分析法等研究方法。

第一，文本分析法。借助各类数据库和文献检索工具进行文献查阅工作，运用知网研学、EndnoteX7 等文本分析软件对相关经典和重点文献资料进行归纳、整理和分析，以厘清创新韧性概念的思想来源和演进脉络，并借鉴、吸收当代重要的相关理论研究成果，总结和述评当前研究的进展及成果，为本书奠定坚实的理论基础。

第二，理论建模法。本书对创新韧性的概念内涵、演化特征、发展现状、内在机理、影响因素以及提升对策等方面进行了定性分析。在此基础上，采用理论建模法构建了囊括创新韧性五大维度的理论分析模型，详细论证了在应对外部冲击时，各创新韧性要素是如何发挥作用维护创新系统正常和高效运转的内在机理。

第三，统计计量方法。本书的研究充分运用了统计数据、图表、计量模型等量化分析工具，使定性分析得出的结论更加科学、准确、可靠。同时，本书测算了创新韧性值，并根据定量评价结果拟将测算对象分为五大类别，为洞悉我国各省份和四大区域创新韧性水平的时空分布格局提供了量化参考。

第四，比较分析法。根据创新韧性评价指标结果，可对我国不同年限的某一特定区域创新韧性值进行纵向比较，进而可得出该地区创新韧性发展的总体趋势特征；接着，通过与不同区域或省份创新韧性值的横向比较，可基本归纳出我国整体创新韧性的发展水平和各地区在全国所处的地位及其优劣势。而横纵向的不同比较结果可为区域未来创新韧性值的提升提供可靠依据。

第五，案例分析法。以创新韧性理论模型为基本框架，对中国东部、中部、西部和东北部四大区域创新韧性的现状、面临的发展障碍和现实原因等进行了系统考察和深入剖析，明确揭示不同区域创新韧性的提升路径及对其他地区的经验启示等。

三、研究框架

（一）思路框架

本书聚焦于创新韧性的概念内涵、内在机理研究、评价指标体系构建、定量测度和提升策略等方面的研究。研究思路框架具体如下。

首先，率先提出创新韧性的概念。根据创新韧性的有机构成，将其细化分解为创新基础韧性、创新结构韧性、创新科技韧性、创新组织韧性和创新制度韧性五大维度。同时，基于创新韧性不同要素所发挥的"基础—缓冲带—动力—主体—保障"的功能分析框架建构了中国创新韧性内在机理模型，详细阐释了在各类外部冲击影响下，各韧性要素是如何影响创新系统的作用机理。

其次，深入探讨了创新韧性的内部运行机制。本书主要从来源与构成、演化特点与路径、面临的问题等维度详细剖析了创新韧性各大要素是如何实现自身演化发展的。能为接下来从不同维度评估和测度创新韧性水平提供了有力依据，也为解释区域创新进程呈现出完全不同的发展路径和演进态势的问题提供了新思路。

再次，采取自上而下、逐层分解的方法提取了影响创新韧性的关键指标，全面系统地构建了涵盖模块层、要素层和基础层的创新韧性综合指标评价体系，定量测算了我国各省份以及四大区域的创新韧性水平，并对其时空维度的异质性特征进行了比较分析。进一步地，本书还系统考察了四大区域创新韧性的现状、面临的发展障碍及其原因所在，明确了不同区域创新韧性的提升路径。

最后，从创新韧性的五大维度出发，提炼出全面提升我国创新韧性水平的对策建议，以期为有效增强我国应对外部风险冲击的抵抗能力、恢复能力和进化能力，以及为优化创新系统内部环境和实现创新系统的稳健发展提供一定参考。

（二）技术路径

本书围绕"理论溯源—要素解析—机理研究—模型构建—定量评价—差异成因识别—现实考察—对策建议"展开。具体技术路线如图 1 - 1 所示。

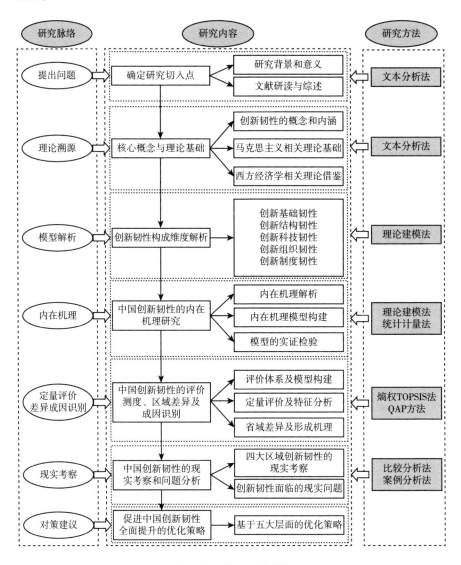

图 1 - 1　研究技术路线

四、创新点

当前，创新活动面临着越来越多的外部扰动和风险危机，但关于提高创新系统适应性和弹性复苏的韧性研究却非常匮乏。虽有极少数学者已经关注到创新韧性的重要性，但相关研究明显不足，亟须系统深入的理论探索和实证研究。本书高度重视对基础理论和学术思想的继承和发展，基于长期经济发展过程的演化视角，由以往仅关注特定时间节点下部分区域或产业创新活动的危机应对与韧性提升逐步延展到长期演化视角下宏观创新系统韧性的生成和积累，打破了传统创新韧性研究中广泛存在的仅聚焦于系统短期抗干扰能力的研究惯例。具体从内容来看，首先，本书系统回顾和梳理了创新韧性的相关研究，构建了创新韧性的内在机理模型作为本书的理论基础和分析框架；其次，提出"创新韧性"和"创新韧性值"的概念，较全面地选取了影响创新韧性的核心指标建立了综合评价指标体系，并进行了创新韧性值的定量测算，将理论和实践相结合，使研究结果更加稳健有效。进一步地，本书还把研究结果拓展到实际应用中，为中国各省份和四大区域增强创新韧性、优化创新发展过程中的风险应对和适应能力提供了参考借鉴，也使研究更接地气、更具有决策参考价值。总的来看，本书主要有以下三点创新。

（1）将马克思主义科技创新思想、创新经济理论、演化经济理论、经济韧性理论等引入创新韧性研究中，系统全面地回顾了创新韧性的相关文献，梳理了其发展演进的研究脉络，并对创新韧性进行了深入的认识性建构和内在解析。在此基础上，构建了创新韧性内在机理模型，对创新系统是如何完成风险抵御和通过自主适应机制实现进化升级的演化过程进行了详细剖析，并由此确定了本书的基本逻辑分析框架。接着，通过理论分析与实证检验相结合，较为全面地揭示了创新韧性影响创新系统的影响机制，以及各要素之间的相互支撑作用和动态关联关系。

（2）基于演化发展视角，较完整地界定了创新韧性的概念内涵，提出了"创新韧性"和"创新韧性值"的概念，建立了创新韧性评价指标体系和评价模型，并根据定量评价结果将 30 个省份分为高韧性、中高韧性、中等韧性、中低韧性和低韧性水平五大类别。接着，还重点关注了中国东部、中部、西部、东北部四大区域创新韧性的发展状况等现实表现，对不同区域创新韧性差距的现实来源与形成机理进行了深入探讨，为降低抗击冲击后各区域创新系统的出错概率，缩小区域之间创新韧性差距和维护创新系统正常高效运转提供了新的视角和政策参考。

（3）因已有研究对省域创新韧性的空间差异及形成机理鲜有定量分析，在对各省份创新韧性进行全面测算的基础上，本书基于关系数据范式，通过二次指派程序 QAP 方法实证考察和识别了造成创新韧性省域差异的形成机理，为回答五大维度中究竟哪一维度对中国创新韧性区域差距起主要决定作用这一问题提供了新的经验证据，也可为不同区域创新韧性的全面提升及区域协调发展的政策制定提供一定参考。

创新韧性的相关研究及其在经济学中的应用仍处于初步探索阶段。限于各方面因素，本书主要存在以下三个方面的不足。

（1）目前针对创新韧性的研究较少，可参考利用的素材十分有限。与此同时，本书在数据收集和现实分析上仍存在对现有数据、资料难以完全囊括、整理和归纳的不足。例如，在中国各省份和四大区域创新韧性的现实表现和发展状况的描述性分析中，仍缺乏地区微观层面创新项目中断或失败的相关数据。因此在未来的研究中，还可进一步考虑对城市、县域、行业、企业等数据进行收集，对不同层面的创新韧性水平进行量化测度和客观分析。

（2）在创新韧性评价指标体系的构建和指标选取上，本书还有继续优化调整的空间。目前来看，采用综合评价指标体系来度量创新韧性值虽是最为恰当有效的测度方法，但该方法仍存在一定的不足。创新韧性涵盖五大维度，各个创新韧性维度又有其各自不同的要素来源，因此涉及多个层面，关联指标众多。同时，少数指标在现有研究中尚未有成熟或相关的测算方法可供借鉴。因此，后续在创新韧性综合指标体系的构建上还可进一步完善。

（3）在回归拟合等技术方法的运用上，因牵涉的指标众多、受数据可得性和模型复杂性等因素的影响，本书在测度创新韧性时，仅考虑了当前区域内创新系统的构成要素和演化环境，并未将区域以外的影响因素纳入模型中。因此，在后续关联研究中，还可将创新韧性的计量模型进一步深化和拓展，为得出更具说服力更为科学的结论和政策建议提供实证指导和量化依据。

第二章 核心概念与理论基础

本章主要围绕几个核心概念与理论基础展开论述。首先，对本书的研究主题"创新""韧性""创新韧性"的概念进行了文献梳理和界定；其次，分别以马克思主义的相关理论作为本书的理论基础，以西方经济学的相关理论为借鉴构筑了本书的理论来源。

第一节 核心概念界定

"创新"和"韧性"是与本书研究主题"创新韧性"密切相关的概念，清晰定位三个概念的内涵和外延，是对创新韧性进行学理界定，是把握其本质属性及进行后续理论和实证研究的基本环节。

一、创新

"创新"这一词汇在21世纪的今天仍然流行，久盛不衰。上至国际社会、国家，下至微观企业、个人，都普遍将"创新"当作自身长期可持续发展的关键动力源泉。然而，事实上人们对其概念和内涵的理解千差万别，甚至还存在一定的误解。例如，把"创新"直接等同于新颖的创意或发明；一提到"创新"就马上联想到科技方面，将其理解为狭义的技术创新；很多人认为加入一项新生意或新事业就是创新（彼得·德鲁克，2009）。

　　"创新"一词在中国历史上由来已久，大致都围绕着"创造新的事物"这一内涵而展开。三国时训诂词典《广雅·释诂》中有云："创，始也"；新，则与旧相对。"创新"一词出现较早，在公元 6 世纪中期所著的《魏书》中就有"革弊创新"的表述，唐贞观年间所著的《周书》中也有"创新改旧"的说法。此外，和创新含义相近的词汇还有"维新""鼎新"等，如"咸与维新"（出自《书·胤征》）、"革故鼎新"（出自先秦《周易·杂卦》）、"除旧布新"（出自《左传·昭公十七年》）等。在最新的《现代汉语词典》中，"创新"的概念被解释为"创建新的"，而在《汉语大词典》和《辞海》中则将其进一步阐述为"抛开旧的，创造新的"。

　　西方经济学中的创新概念被公认为缘起于美国经济学家约瑟夫·熊彼特（Joseph A. Schumpeter）1912 年所著的《经济发展理论》一书，他将创新界定为："建立一种新的生产函数或供应函数"，即"企业家对生产要素或生产条件所进行的新组合"。熊彼特关于"创新"的界定甚广，基本涵盖了与企业经营相关的"创建新的"技术、方法、市场、资源和组织等范围。既囊括了技术性变化的创新，又包罗了非技术性变化的组织创新等内容。后来，索罗（S. C. Solo）在 1951 年发表的《在资本化过程中的创新：对熊彼特理论的评论》一文中首次提出了技术创新成立的条件：新思想来源和后阶段发展。此后，不少学者都在技术创新概念上做过一些接近性研究（傅家骥和程源，1998）。

　　20 世纪 50～60 年代，随着新技术革命的迅猛发展，美国经济学家华尔特·罗斯托（Walt W. Rostow）提出了经济成长"起飞"的六阶段理论，将"创新"的概念进一步具体化为"技术创新"。1962 年，伊诺思（J. L. Enos）在其《石油加工业中的发明与创新》一文中首次给出了技术创新的定义——"技术创新是包括发明的选择、资本投入保证、组织建立、制订计划、招用工人和开辟市场等几种行为综合的结果"。到 70 年代下半期，美国国家科学基金会在《1976 年：科学指示器》的报告中，把技术创新定义为"将新的或改进的产品、过程或服务引入市场"（Board，1977）。OECD 则认为技术创新指新产品产生及其在市场上的商业化以及新工艺的产生及其在生产过程中应用的过程（王艺霖和周勇，2007）。

被尊为"现代管理学之父"的彼得·德鲁克（Peter F. Drucker）在1985年出版的《创新与企业家精神》一书中将"创新"分为三类：产品的创新，即产品或服务的创新；管理的创新，即制造产品与服务后将其推广上市所需的各种技能与活动的创新；社会的创新，即市场、消费者行为和价值的创新。德鲁克在原有理论基础上进一步扩展了创新的定义，认为其不仅涉及了经济领域，还可作为社会性和经济性用语，而非科技性和技术性的专用名词。

20世纪80年代以后，中国学者也开始了创新方面的研究，主要集中在技术创新范畴。1988年，中国科技促进发展研究中心在北京召开"技术创新机制与政策"主题学术研讨会。时任国家科委委员林自新从创新的经济效益性出发，提出"创新要占领市场取得市场效益，而非搞一个产品，更不是样品和展品"，并认为这是创新区别于革新、发明、创造、发现等概念的不同之处。中国科技促进发展研究中心的徐旅翔则从过程和范围角度指出创新是从一个新概念开始直至形成生产力并成功进入商业化，且涉及各级组织决策的一系列多层次活动。西安交通大学的汪应洛教授则认为技术创新是多环节的科技活动，不仅包括新技术新产品，还能为社会创造出高附加价值（林自新等，1988）。随着学术界对技术创新研究的进一步深入，东北大学的董中保教授（1993）把技术创新直接定义为："科技成果转化为现实生产力，转化为商品的动态过程"。清华大学的傅家骥教授（1996）则认为创新的核心在于有效运用既有知识，进而催生全新知识，并整合企业多元化的技术能力，最终将这些新知识转化为具体的生产技术系统。这一过程不仅涉及组织员工高效生产，还包括创造新产品，并最终实现市场价值。浙江大学的许庆瑞教授（2000）将创新看作一个动态的、非线性的系统过程，提出技术创新泛指一种新思想的形成、得到利用并生产出满足市场用户所需产品的完整过程。

1999年，国务院在《关于加强技术创新 发展高科技 实现产业化的决定》一文中，将技术创新定义为："企业应用创新的知识和新技术、新工艺，采用新的生产方式和经营管理模式，提高产品质量，并开发生产新的产品，提供新的服务，占据市场并实现市场价值"。在这一定义中，技术创新的过程、手段和目标得到了较完整的表述，但其仍将技术创新限定在企业微观的范畴，未关注其他多元化创新主体所发挥的不同功能，也未明确技术创新本身过程的动态性和复杂性所带来的深远影响。一般地，科技创新既包括科学规律的认识掌握、科学知识的拓展创造（陈征，2005），又包括各项生产技术、工艺流程、制备方法的更新进步。而单纯的技术创新概念仅仅只覆盖了科技创新的一部分内容，也并非科学技术的终极目的（张宝英，2016）。

进入21世纪，创新已遍布人类世界的方方面面。随着信息技术的进步和创新主体由企业扩展到"政产学研用"各个阶段，创新双螺旋结构、创新系统、产学研协同创新等新概念应运而生，也使得创新的概念和内涵更为宽泛和丰富。陈建青和扬甦华（2004）构筑了包括宏微观两个层面，理念创新、制度创新和行为创新三个层次的完整创新体系，它们相互联系、相互作用，共同促进社会创新的生成（陈建青和扬甦华，2004），具体如图2-1所示。

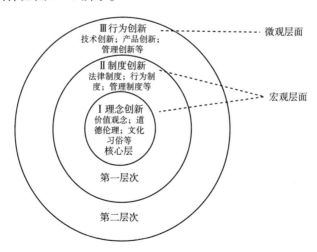

图2-1 创新体系的基本构成

资料来源：笔者绘制。

随着创新理论的不断完善，如今创新一般被认为是企业为了创造增加值而实施的革新改进活动（Business Council of Australia，1993；周亚虹等，2012），陈劲（2013）也认为创新是对新想法的成功开发与利用，包括产品/服务创新、过程创新、技术创新、管理创新。穆荣平等（2014）则指出创新的本质就是通过一系列特定活动创造各种新价值的过程。崔新健等（2013）则认为创新过程的本质是知识的创造、扩散、选择与应用过程，创新体系因而也可视为一种管理知识的体系。目前，创新已成为一个国家强盛繁荣、民族发展复兴的不竭动力。"国家创新体系"中的"创新"自然也包括了科学创新、技术创新、制度创新、管理创新等更为广泛的内涵（刘大海等，2019）。

基于以上分析，本书将创新定义为企业、高校、科研院所、政府等创新主体为进一步创造经济和社会效益增加值而实施的各种革新改进活动。由此可见，创新是多方面的，根据创新的内容和表现形式的不同也可细分为知识创新、技术创新、制度创新、组织创新、管理创新和服务创新等方面。其中，科技创新是提高社会生产力和综合国力的战略支撑和根本驱动力，因此也被摆在了当今国家现代化建设事业中的核心位置。

二、韧性

在《汉语大辞典》《当代汉语词典》《汉语倒排词典》等工具书中，"韧性"基本有两层含义。一是指"物体柔软坚实，受外力作用时不易折断破裂的性质"；二是被引申解释为"顽强持久的精神，坚忍不拔的意志"。但在第七版《辞海》中，并没有关于"韧性"这一词汇的具体解释，而其字面含义却近似于"塑性"（亦称"范性"），通常指材料或物体受力时，当应力超过屈服极限后，能产生显著的变形而不立刻断裂的性质。此外，还有与之相关的"冲击韧性"和"断裂韧性"的释义。其中，冲击韧性是指材料抵抗冲击载荷的能力，是材料的力学性能之一。而断裂韧性也是衡量材料抵抗裂纹开裂时不可或缺的力学性能指标。由以上分析可知，韧性最早是物理学和工程学的概念，随着其内涵和使用范围的扩大，而逐渐被延伸至经济学领域，成为初步描述经济体或经济系统受到冲击干扰后的弹性恢复能力。

事实上，韧性概念还历经了工程韧性、生态韧性、适应性韧性和演化韧性的发展过程。在过去的四五十年间，韧性一词逐渐成为多学科领域共同关注的热门词汇。它所呈现出的普遍适用性与其能帮助人们应对具有不确定性外部环境的能力密切相关（Zolli，2012）。在韧性研究兴起的过程中，不同学科分别结合自身实际对韧性进行了不同的定义。例如，生态学用其来形容物种群落及生态系统应对自然环境波动的生存策略与可能性阈值；灾害与风险管理学用其来描述人类社会系统、城市社区在风险暴露的自然环境中有效抵御抗击、从灾难中恢复进而维持稳定服务的能力；而在心理学中，其概念还涉及个体处在社会弱势或极端逆境中的心理体验层次（赵莹，2020）。又如沃克等（Walker et al.，2004）从社会生态系统出发讨论韧性，认为其是指面对冲击而被激发出的变化、适应并最后改变的能力；米罗夫等（Meerow et al.，2016）则认为城市发展领域韧性是指在外部干扰下自学习、自适应、自恢复，最终达到的新状态。而在社会工作领域，王思斌（2016）提出社会韧性是社会在遇到破坏性冲击时，依靠社会结构力量，实现社会有效整合，从而适应调整、调整适应和恢复重建。在经济学中，韧性一般指经济体在面对外部冲击时，系统所表现出的恢复到稳定状态或更高水平的能力，它是经济体本身所特有的属性，经常直接被表述为"经济韧性"。

20世纪90年代后，在演化思维的影响下，经济地理学出现了演化经济韧性的概念。在此基础上，马丁等（2015）进一步将经济韧性定义为区域在竞争性市场中抵御冲击、恢复增长及重组路径的能力。目前，演化型经济韧性概念不断发展，其目标并非恢复到经济系统的稳定均衡状态，并且它不仅本身独立于经济危机之外，还可根据外界环境不断调整而进行动态演变。与此同时，学术界对经济韧性内涵的理解正不断深化，从最初关注一国经济系统在遭受冲击后的恢复能力，逐渐拓展至危机发生前的事前防范、危机发生过程中的事中稳定以及危机过后的事后复苏等多层面。

综上所述，演化型经济韧性的概念更趋近于现实经济领域中经济韧性的丰富内涵，本书也倾向于接受基于演化视角所解读的经济韧性概念。为了符合学术界的习惯表述和前后概念表述的一致性，如无特殊说明，后文研究中提及的"经济韧性"皆视为演化型经济韧性的简称。

三、创新韧性

（一）创新韧性的概念

经济学中的创新被视为将发明创造等新事物转化为经济效益的过程。因此，创新本质上也是一种经济活动，这就为经济韧性相关理念向创新韧性的移植和推演提供了理论上的可能。韧性被引入经济学后，首先在区域经济和城市发展领域得到了广泛关注（李连刚等，2019），接着涌现了创新生态系统韧性、组织创新韧性、合作创新韧性、创新网络韧性等相关研究。围绕着"韧性"抵御和适应冲击、转型升级的核心要义，学者们在对不同研究方向的韧性进行界定的同时，也结合了研究对象自身的特点给出了较为恰当的定义。

具体来看，倪鹏飞等（2011）强调创新系统在遭遇外部冲击时，需具备足够的抵抗力，这种抵抗力源自系统内部资源的冗余与结构的复杂性，即创新韧性。梁林等（2020）进一步指出，创新生态系统的韧性体现为其自我学习和调整的能力，主要是通过优化要素配置和重构结构，提升创新投入产出比。胡甲滨和俞立平（2022）则认为，创新韧性表现为在外部冲击下保持系统稳定，并有能力进化至更高创新水平。特别是在高技术产业中，这种韧性体现为对冲击的抵抗、自我调整及路径突破的能力。徐维祥等（2022）将创新网络节点韧性定义为在外部冲击影响下的抵御、响应、恢复及转型能力。魏建漳和任颋（2022）提出合作创新韧性是合作创新网络在遭遇外部冲击后，通过自适应机制以保持稳定，并有能力恢复至更高水平状态的特性。赵玉帛等（2022）认为韧性是应对冲击的关键能力，数字经济产业创新生态系统的韧性体现在其通过自组织、自适应、自学习等方式，在面临冲击和不确定风险时，快速恢复并提升系统功能水平的能力。基于企业组织视角，侯光文和刘青青（2024）将创新韧性定义为企业在动荡环境中持续创新、不断积累知识并将其转化为新能力的强化机制。卢正文和许康（2024）则认为创新韧性即创新系统的韧性能力，并将企业创新韧性的演进视为"隐性基因驱动—显性实力发挥—隐性基因迭代—显性实力进化—隐性基因迭代"的螺旋递进过程。

创新韧性处于一个不断发展的动态演变过程。在吸收借鉴演化韧性理论的基础上，本书基于宏观整体视角，将创新韧性定义为创新系统在面临外部冲击时，抵御、吸收和适应各类冲击，以保持创新系统稳定、恢复至原有状态甚至进化到更高水平的能力。借此冲击，创新系统可通过重整内部资源和调整自身结构，达到突破系统原有路径依赖和路径锁定，最终实现全新创造路径的目的。与此同时，本书提出了创新韧性值的概念，即创新系统的韧性值，用以更好地衡量和比较不同地区所具有的创新韧性水平。

（二）创新韧性的内涵

创新韧性是一种演化韧性。截至目前，演化韧性的内涵主要涵盖四个方面，即抵抗力、恢复力、适应力和进化力。从应对冲击的具体过程来分析，创新韧性可对应分解为创新系统承接和抵抗冲击、缓解和吸收冲击、防止冲击扩散、在冲击中逐渐恢复、适应和突破冲击以及最终实现创新系统进化升级的完整过程。简单地说，创新韧性可被描述为创新系统应对冲击时的抵抗力—缓解力—恢复力—适应力—进化力五大能力。

具体而言，抵抗力就是创新系统面对外部冲击时所展现的承受直接冲击和干扰的抗压能力，它直接决定了创新系统在遭受冲击后的初始状态；缓解力是创新系统本身分散和消解冲击，并减弱化解压力、防止冲击扩散所造成的各种负面影响的能力。它是创新系统承载冲击带来的干扰后，系统本身韧性能力发挥的重要组成部分。综合来看，抵抗力和缓解力基本决定了创新系统直面冲击时的前期表现。而恢复力指的是创新系统在遭受冲击后，通过内部不断优化的过程，逐渐恢复到原有功能水平的能力。这种能力体现了系统在面对挑战时的自我调整与恢复潜力，它是决定创新系统能否顺利回弹的核心要素；适应力是创新系统逐渐适应了各类冲击带来的波动和创伤，并通过重整内部资源，调整自身结构以适应冲击过后新环境的能力；进化力则是创新系统通过自组织、自学习、自适应从而突破原有发展路径，实现路径创造并最终进化到一种全新状态的能力（任远，2021）。适应力和进化力也因此成为影响创新系统未来能否再次应对重大冲击的关键因素。这五种能力相辅相成，互为补充和依赖，缺一不可，最终形成了创新系统的韧性合力，详见图2-2。

由以上分析可知，"韧性"绝非单一维度的概念，而是包含着多维度、多元素的复杂体系，必须从全局视角采用多维度体系加以考察。例如，在洛克菲勒基金会所提出的韧性城市框架指标体系中，就包括健康和幸福、经济和社会、基础设施和环境、领导和策略四个维度；在适应长期气候变化方面，美国《纽约适应计划》就将基础设施韧性、社会韧性、气候韧性、组织韧性作为其主要内容；荷兰《鹿特丹气候防护计划》则包含基础设施韧性、环境韧性、社会韧性；在区域韧性方面，2014年世界银行就提出由基础设施、社会、生态、制度四个方面构成的区域韧性评价指标体系。

把握创新系统运行的内在规律是顺应新形势下经济发展的必然要求。基于韧性理论来研究创新系统，一方面有利于洞察和总结区域创新系统的内在运行与演化规律，另一方面有助于全面探究和把握中国经济发展的总体特征与发展趋势（石峰，2012）。因此，本书从演化视角下韧性的不同层次功能与作用领域出发，基于五大维度所发挥的"基础—缓冲带—动力—主体—保障"的功能属性，比照和推演出创新韧性的有机构成，并将其细化分解为创新基础韧性、创新结构韧性、创新科技韧性、创新组织韧性和创新制度韧性五个维度。本书第三章将具体阐释创新韧性不同维度的概念内涵和构成要素，为下一步解析在各类外部冲击影响下，不同创新韧性维度是如何作用于创新系统的内在机理提供前提条件。

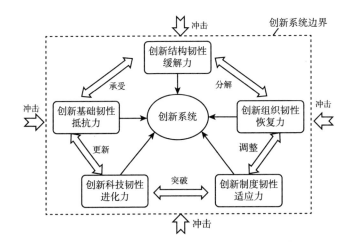

图 2-2　创新韧性的能力结构

第二节　马克思主义的相关理论基础

不论是 19 世纪研究资本主义生产方式及其生产关系和交换关系的马克思，还是 20 世纪以来不断追寻和坚定探索社会主义道路的中国共产党人，他们对于科学技术的重大作用和进步意义皆具有十分前沿的把握和独到的洞见，都无一例外地正确和较全面地认识到了科学技术对于经济发展、社会进步、人民生活水平提高乃至实现共同富裕的关键作用。由于时代背景和生产力发展水平的限制，科技创新更多地表现为生产资料的革新和升级换代。随着科技创新发展，机器工业取代手工工场，资本主义经济得到迅速发展，社会化大生产发生变革，深刻地改变了人们的生活。

虽然在那个时期，马克思还没有系统深入地考察科技创新对于生产力的积极进步作用，但马克思在其经典著作中却有多处对科技创新推动经济增长的相关或类似表述。后来随着生产力的进一步解放和发展，新知识的创造，新技术、新工艺的广泛采用，更加凸显了科技创新对于经济发展的重大意义，创新理论也日渐丰富。本书结合马克思政治经济学和马克思主义中国化中的相关理论，重点从马克思关于科技进步与经济增长的思想、现代科学劳动价值论的新发展、习近平总书记关于科技创新和韧性的重要论述三个方面来论述本书的理论基础。

一、马克思关于科技进步与经济增长的思想

马克思是最早看到技术进步直接内生作用于经济增长的学者，这一点也得到了英国创新经济学家弗里曼、新帕尔格雷夫经济学大辞典的主编约翰·伊特韦尔等学者的认可。而目前世界公认的最早系统提出"创新理论"的熊彼特也曾坦承马克思的创新思想对其创新理论的启发，并认为自己的研究"只包括他的研究领域的一小部分"（周利梅，2016）。

（一）马克思关于技术进步与经济增长关系的观点

在借鉴《资本论》的前提下，从商品生产、社会必要劳动时间，劳动过程，再到资本的积累过程，简要梳理了马克思关于技术进步与经济增长关系的观点。技术进步与经济增长的关系首先体现在商品中。资本主义生产方式占统治地位的社会财富，表现为"庞大的商品堆积"[①]，商品的交换数量及生产过程除了劳动者、劳动对象外，还直接受到劳动工具或劳动资料如生产技术水平、生产工艺流程等因素的直接影响。"劳动熟练程度"和"劳动时间"同样受到包含了生产技术的生产工具的限制和约束（大卫等，2007）。

其次，技术进步与经济增长的关系还体现在劳动过程中。马克思指出，劳动过程的简单要素是：有目的的活动或劳动本身，劳动对象和劳动资料[②]。而劳动资料是劳动者置于自己和劳动对象之间，用来把自己的活动传导到劳动对象上去的物或物的综合体[③]。"物或物的综合体"恰恰就是"生产工具、生产工艺、自己的灵感、创新的想法"等狭义的技术概念。

---

① 马克思. 资本论：第一卷（第2版）[M]. 北京：人民出版社，2004：47.
② 马克思. 资本论：第一卷（第2版）[M]. 北京：人民出版社，2004：208.
③ 马克思. 资本论：第一卷（第2版）[M]. 北京：人民出版社，2004：210.

另外，机器和大工业的相关研究是马克思最直接地证明技术进步推动社会发展的论述。"随着大工业的发展，实现财富的创造较少地取决于劳动时间和已耗费的劳动量。相反地却取决于一般的科学水平和技术水平，或者说取决于科学在生产上的应用"①。从这一点可看出，马克思已开创性地洞见了科技进步对产业发展、社会进步的关键作用。同时，他还指出，"大工业必须掌握它特有的生产资料，即机器本身，必须用机器来生产机器。这样，大工业才建立起与自己相适应的技术基础，才得以自立"②。相较于其他要素，如劳动力、资本等，马克思认为技术进步要素也是推动经济增长、积累社会财富的直接且必要的力量（周利梅，2016）。

（二）获取超额剩余价值是企业科技创新的根本动力

马克思关于技术进步重要性的观点让人们开始关注并更加重视科学技术对生产力的推动作用。但具体到企业层面，究竟是什么因素直接催生了企业科技创新的动机，不由自主地加快了革新技术的步伐呢？下一步本书将重点从剩余价值的角度来讨论这一问题。

根据"最大限度地追求剩余价值是资本主义的基本经济规律"可知（《马克思主义政治经济学概论》编写组，2021），单个企业为了能获取更多的剩余价值，尤其是超额剩余价值，始终具有不断改进生产技术、提升劳动生产率的直接而强烈的动机。因为劳动生产率的提高不可能离开科技创新而单独存在，因此只有实现了技术的革新，不断扩大生产规模，才能生产出更多的可供交易的商品。甚至，以低于社会平均价格（当然高于自身生产成本）的超低价格将商品进一步倾销出去，以物美价廉的优势寻求到更广阔的销售市场，顺利完成商品"惊险的跳跃"。资本家们进而才能获得更多的资本增值机会，也就能瓜分到更多的剩余价值。

---

① 中共中央马克思恩格斯列宁斯大林著作编译局. 马克思恩格斯全集：第46卷（下）（第1版）［M］. 北京：人民出版社，2004：217.

② 马克思. 资本论：第一卷（第2版）［M］. 北京：人民出版社，2004：441.

具体来说，由于绝对剩余价值的生产要受到劳动者生理因素、社会法律和道德等现实条件的固有限制。因此，在工人劳动时间既定的情况下，只有通过缩短必要劳动时间，增加相对剩余劳动时间的方式才能实现劳动生产率的不断提高，这也就成了资本家增加剩余价值的主要手段。而企业的新生产技术正是围绕这一点诞生的。例如，在第二次科技革命中，新机器设备的使用和流水线生产作业的方式将工人固定在某个具体工种范围内，专业的分工大大提高了工人从事专业生产的熟练程度，迫使工人能在单位时间内创造出更多的剩余价值。

在现实的经济运行过程中，劳动生产率的提高总是先从某个企业开始。为了获取更大的竞争优势，企业必须通过技术革新等方式不断地提高自身劳动生产率，降低单个产品的生产耗费，才有可能在激烈的市场竞争中获得生存和发展的空间。单个企业劳动生产率的提高能使其获得超额剩余价值，这也可以帮助资本家实现榨取更多剩余价值的目的。因此从这一点看，单个企业势必具有参与研发、革新技术、提升劳动生产率从而扩大生产能力的强烈动机。

二、现代科学劳动价值论的新发展

根据前文分析，显而易见，价值的源泉必定是来自工人的劳动。随着生产力的发展和时代的进步，现代企业的剩余价值是从何而来的问题引起了学者们的广泛关注。随着资本主义的劳动方式由以分工为基础的工场手工业转变为以机器大工业为基础的现代工厂，科学技术的进步使得手工劳动的方式大部分被智能化、机械化、自动化的生产劳动所替代。虽然仍有少部分工人在生产车间从事辛勤劳动，但无疑劳动的人数和劳动方式都发生了巨大的变化。单纯从"剩余价值的唯一源泉"是雇佣工人的劳动这个命题出发，很难解释现代工厂中雇佣工人数大大减少的情况下，资本家和工厂主却能获得远远高于过去经营生产时所创造的剩余价值。若只考虑现代生产工人自身教育水平和职业技能等自身能力的提高来解释这一现象未免也过于牵强，因为工人自身劳动技能的提高确实有助于创造更多的剩余价值，但少数工人剩余价值提高的增量是无论如何也弥补不了现代工厂所创造的巨额剩余价值总量的增量的。因此，有必要从现代科学劳动价值理论的视域出发来分析这一问题。

在知识经济时代，科技创新的作用得到进一步发挥，已成为经济发展的核心动力。因此，现实经济情况的变化促使我们必须与时俱进，审时度势，用马克思主义政治经济学的基本原理来解读和分析现代经济社会中出现的新现象，解决新问题。必须进一步发展和深化剩余价值理论，加深理论与实践之间的血肉联系，使其能与现代市场经济下的生产现实相匹配。下面本书将简单描述基于科技进步情况下现代企业相对剩余价值生产的增殖过程。

（一）基础性理论科学成果的价值表示

基础性理论科学成果主要是由历代科学人员付出的创新性劳动所生产的（刘冠军和邢润川，2005）。科学劳动是掌握了科学技术知识的科学劳动者所进行的高级或超高级的复杂脑力劳动，一定时间内能凝结出更多的价值量（陈征，2017）。为了与其他劳动相区分，可将其产生的价值称为科学价值。正如萧伯纳关于苹果和思想交换的名言所阐述的那样，单纯的苹果交换只是物和物之间的等价交换。它与知识、思想还有科学技术等脑力劳动的交换在价值、结果和所带来的影响上有着本质区别。从这一点也可管中窥豹，科学价值的转移和交换具有其特殊性，而这种特殊性突出地表现为转移后不减的奇异性和潜在的增殖性。当然，科学知识产品在作为商品进行交换时同样也服从等价交换原则的价值规律。因此，历代科技工作者的辛勤脑力劳动为后世留下了大量的文献资料、技术工艺、传统制备方法、专利发明等极具科学价值的精神知识财富，而这些长年累积的基础性理论科学成果在一定意义上为人类提供了一个取之不尽、用之不竭的"科学价值库"（柳卸林和何郁冰，2011）。因此，在某个具体时期可假设其价值量为：

$$W_0' = W_1 - A_1 = W_0 + m_1 \qquad (2-1)$$

式中，W_0 表示这一时期之前的历代科技研究人员所创造的理论科学成果价值总和；W_0' 表示截至该时期科学价值库中的剩余价值量；W_1 和 A_1 分别表示这一时期科技研究人员所创造的价值和价格；m_1 表示在此时期科技研究人员新创造的剩余价值。

根据历代科学家工作的共性特点和社会一般惯例可知，大部分科学工作更多的是出于科学家好奇心驱动、研究兴趣和为科学献身的高尚精神，同时十分注重科学研究的自主性、探索性和超前性，且一般由国家等部门的科学基金支持，并非以追求剩余价值的实现为根本目的。因此，此时科技研究人员新创造的剩余价值 m_1 在其价格中一般很难体现出来。马克思也曾经指出，"对脑力劳动的产物——科学的估价，总是比它的价值低得多"[①]。但本阶段研究设施的价值 C_1 和科技研究人员自身创造的价值 V_1 是维持该阶段理论研究的基本条件，因此一定要在其价格中体现出来才能达到维持基础科学研究"简单再生产"的目的（刘冠军和邢润川，2004）。假设理论科学成果的价格为 A_1，那么其公式为：

$$A_1 = C_1 + V_1 \qquad (2-2)$$

（二）科学价值库中的价值向技术成果中转移

在现代企业的研发创新过程中，技术人员已成为研发创新的主体，主要负责企业技术成果产出这一脑力劳动过程。接受过高等教育或长期专业训练的技术人员，首先必须熟练掌握本学科大量的学科专业知识、操作技能和经验，才能为科学价值通过技术人员的研发创新劳动实现转移提供可能。因为一开始，科学价值库中的价值先是融入企业技术人员的劳动过程，在顺利实现技术成果转移后，被技术产品最终吸纳为自身潜在价值，并在技术产品交换转移过程中体现出来。本书用 W_2 来表示技术成果的价值，它主要包括四个部分：

---

① 中共中央马克思恩格斯列宁斯大林著作编译局. 马克思恩格斯全集：第 26 卷第 1 册 [M]. 北京：人民出版社，1974：377.

$$W_2 = W_1 + C_2 + V_2 + m_2 \qquad (2-3)$$

式中，C_2是技术研究设施本身的价值；V_2是技术人员创造的劳动力价值；m_2是技术人员创造的超出劳动力价值部分的剩余价值。尽管技术研究的过程中伴随理论科学成果的运用已经将其转移到技术成果中，但是人们在计算价格时，一般只计算购买理论科学成果的价格A_1，而非理论科学成果的实际价值W_1。因此，技术成果价格A_2的价格构成公式为：

$$A_2 = A_1 + C_2 + V_2 + m_2 \qquad (2-4)$$

（三）技术成果的价值向企业创新产品中转移

在现代企业的研发创新过程中，技术成果并不是企业最终追求的目标所在。将技术成果应用到企业生产的产品中，最终将新技术产品推向市场并售卖出去，实现创新产品的价值才是企业的生产目标。随着创新价值链环节的不断过渡，科学价值库中的价值通过技术成果这一中介形式逐渐融入企业生产产品工人的劳动过程中，最终被企业创新产品所吸收而成为其产品价值不可分割的一部分。因此，企业创新产品的价值构成W_3可表示为：

$$W_3 = W_2 + C_3 + V_3 + m_3 \qquad (2-5)$$

式中，W_2是上一环节技术成果本身的价值；C_3是本环节生产设备等不变资本的价值；V_3是生产工人创造的劳动力价值；m_3是生产工人创造的超出劳动力价值部分的剩余价值。此时，创新产品的价格A_3可表示为：

$$A_3 = A_2 + C_3 + V_3 + m_3 \qquad (2-6)$$

若企业将创新产品价格定为A_3，则不仅可收回企业所预付的资本，还可获得本阶段生产工人创造的剩余价值，其他变量含义同上。但在现实中，为了最大限度地攫取剩余价值，企业不会以较低价格A_3来出卖产品。因为技术成果的价值W_2在生产过程中已全部转移至企业产品中。根据等价交换原则和考虑到新产品本身的稀缺性，创新企业便有可能以W_3卖出该产品。在W_3的价格下，企业不仅可收回技术成果的成本A_2、本环节生产设备等不变资本 C_3 和生产工人创造的劳动力价值 V_3，也同时获得了生产工人创造的剩余价值 m_3，还可获得超出 m_3 价值的部分 M。M 用公式可表示为：

$$M = W_3 - A_3 = W_2 - A_2 = W_1 - A_1 = W_0 + m_1 \qquad (2-7)$$

承前所述，科学价值库中的潜在价值通过技术成果的形式转移到了企业的新产品中。而这部分转移的潜在价值恰恰就是被企业或资本家所获取的超出产品生产工人所创造的剩余价值 m_3 的那部分价值（$W_0 + m_1$）。但必须指出的是，以上分析是基于科学知识创新—技术创新—产品创新的单一线性过程中创新价值链的运动形式。但科学价值库本身并非静止不变的，它在历代历任所有科学家的基础研究中逐渐充实和壮大，也就是说，科学价值具有累加效应（刘冠军和邢润川，2004）。所有的科学研究都必须站在"巨人"的肩膀上，充分汲取和借鉴前人的研究成果才能实现新的突破。

由此，全程机械化、智能化、数字化生产的现代企业家所获取的高额利润从何而来的问题基本得到了解答。这些超出生产工人所创造的剩余价值的那部分价值均是来源于历代科技工作者辛勤研究所创造的科学价值（陈征，2017），历代科学价值成年累月地积聚，形成了一个巨大的科学知识宝库。正是科学知识的特殊性，使得科学价值库中的知识资源和科学价值取之不尽、用之不竭。总的来看，科技创新不仅让资本家拥有了可获得更多的超额剩余价值和相对剩余价值的机会，在当今经济全球化的大背景下，还可通过畅通国际资本循环的方式来提升剩余价值生产和实现的国际化程度。如今，资本流动的空间约束和时间限制被大大缩小，也更加便利了跨国资本的扩张和在全球范围内攫取更多剩余价值。

三、习近平总书记关于科技创新和韧性的重要论述

马克思主义重视科技发展的传统由来已久，并且在中国得到了继承和发展。中国共产党在各个历史时期都高度重视科技创新事业。在科学

分析我国经济、科技发展局势和国内外形势的基础上，作出了实施科教兴国战略、人才强国战略、创新驱动发展战略等一系列伟大决策。中国共产党不但继承了马克思主义关于科技创新的理论思想，更在新形势下发展了马克思主义，形成了中国特色社会主义的创新理论，这已成为我国在新时期加快推进科技创新、促进产业结构升级的重要指导思想。当前世情、国情发生深刻变化，在内外多重约束交织影响下，大力开展和推动科技创新，增强经济韧性、创新韧性已成为解决现存问题的有效手段和适宜方案。下面本书主要从习近平总书记关于科技创新和韧性的重要论述来逐一展开分析。

（一）习近平总书记关于科技创新的重要论述

近年来，创新的重要性被提升到前所未有的高度。以习近平同志为核心的党中央高瞻远瞩地研判了当前国内外最新情势，围绕实施创新驱动发展战略，对当前我国科技创新面临的国内外背景、科技创新的重要性、实现路径和科技创新过程中需注意的问题提出了一系列新思想、新论断，作出了新的要求。本书紧跟国情时政，选取了跟文章主题相关的内容，并将其视为本书的理论基础。

一是从当前科技创新面临的背景上看，"人类先后经历了农业革命、工业革命、信息革命"。其中，科技已成为推动经济发展和社会变迁的核心动力。18世纪以来，伴随着三次科技革命的陆续兴起，世界经济政治格局加速演变。"从某种意义上说，科技实力决定着世界政治经济力量对比的变化，也决定着各国各民族前途命运"①。当今世界百年变局持续演进，国际环境波云诡谲，世界经济增速低迷，全球产业链供应链面临重塑，逆全球化暗流涌动②。与此同时，新一轮科技革命和全球产业变革突飞猛进，科技创新既是各国摆脱国内外严峻局势的关键手段，也是国际战略博弈的主战场。

---

① 中共中央文献研究室. 习近平关于科技创新论述摘编［M］. 北京：中央文献出版社，2016：27.

② 习近平. 加快建设科技强国 实现高水平科技自立自强［J］. 求是，2022（9）：1-7.

改革开放以来，在中国共产党的正确领导下，依托政府主导的新型举国体制和社会主义制度优势，我国有效积累了坚实的物质基础和系列创新成果，各方面建设取得了举世瞩目的重大成就（张建锋，2022）。作为世界最大的发展中国家和最活跃的创新经济体，我国综合国力长期稳居世界第二，全球创新指数（GII）排名连续十年稳步提升。但不得不承认的是，我国发展中面临的人口、资源、环境压力日益增大；跨越"中等收入陷阱"难度高，核心技术"卡脖子"问题依旧突出。过去几十年，重引进、轻消化的问题还大量存在。随着传统的要素驱动、投资驱动等粗放型发展方式难以为继，再加上高端、核心技术遭遇封锁，我国必须加快转变经济发展方式和实现新旧动能转换，力争以创新驱动来支撑经济社会的全面发展。加强自主创新能力，加快科技创新由"跟跑""并跑"向"领跑"转变，是实现我国高质量发展和践行国家创新驱动发展战略的必然要求。但就当前局面而言，要实现第二个百年奋斗目标和中华民族伟大复兴，我国科技创新还有很长的一段路要走。

二是在论及科技创新的重要性时，习近平总书记指出："当今世界，科学技术是第一生产力、第一竞争力"[1]。由此可见，创新对一个国家、一个民族、一个地区、一个企业的重要性怎么形容都不为过。马克思主义始终高度重视科技创新的历史作用。恩格斯曾说："在马克思看来，科学是一种在历史上起推动作用的、革命的力量"[2]。邓小平同志更是最先提出"科学技术是第一生产力"[3]的著名论断。党的十八大以来，以习近平同志为核心的党中央把"科技创新摆在了国家发展全局的核心位置"[4]，并清醒认识到"科技创新对中国来说不仅是发展问题，更是生存问题"（刘鹤，2021）。他还曾指出"创新是引领发展的第一动力"和"主导国家命运的决定性因素"，也是"企业持续发展之基、市场制胜之道"。当前，随着

---

[1] 学习强国网. 习近平论科技创新（2023 年）［EB/OL］.（2023 – 05 – 15）. https：//www. xuexi. cn/lgpage/detail/index. html？id = 17383297661905640874&amp；item_id = 1738329766190 05640874.

[2] 弗·恩格斯. 在马克思墓前的讲话［J］. 毛泽东邓小平理论研究，2018，366（3）：2.

[3] 中共中央文献编辑委员会. 邓小平文选（第三卷）［M］. 北京：人民出版社，2001：274.

[4] 习近平关于科技创新论述摘编［M］. 北京：中央文献出版社，2016：23.

科技创新的重大突破已成为重塑全球经济格局的关键力量，我们必须比历史上任何一个时期都要更加重视科技创新的核心引领地位和关键支撑作用。

三是从我国科技创新的实现路径上看，实现高水平科技自立自强，是中国式现代化建设的关键。中国式现代化不同于西方发达国家"串联式"的发展过程，我国现实国情决定了"我国发展必然是'并联式'过程，工业化、信息化、城镇化、农业现代化是叠加发展的"①。自2012年以来，以习近平同志为核心的党中央对我国如何有效实现科技创新作出科学谋划和全面部署。总的来看，就是要抓好科技创新的顶层设计和任务落实。在顶层设计上，要"完善党中央对科技工作统一领导的体制，健全新型举国体制"②，继续"深化科技体制改革，充分发挥市场在创新资源配置中的决定性作用"③。在具体的任务落实上，以增强自主创新能力为根本目标，"坚定不移走中国特色自主创新道路"④。本书将着重从以下几个方面来分析。

首先是深化科技体制改革，指出"要着力从科技体制改革和经济社会领域改革两个方面同步发力"⑤，"进一步突出企业的科技创新主体地位"⑥，推进政府科技管理职能由研发管理向创新服务转变，加快修改完善相关法律法规，进一步打通科技和经济社会发展之间的堵点和断点；其次是坚决贯彻落实"科技创新，一靠投入，二靠人才"的指导思想⑦。在创新投入方面，不仅要加大政府科技资助力度，还要大力引导企业、社会增加研发投入水平；在创新人才方面，不断改革和完善人才发展机制，重视开发、培育和集聚创新人才，持续加强科技人才队伍建设；再

---

① 中共中央文献研究室. 习近平关于科技创新论述摘编［M］. 北京：中央文献出版社，2016：25.

② 资料来源：http：//yn. people. com. cn/n2/2021/1209/c372441 – 35042801. html.

③ 共产党员网. 习近平代表第十九届中央委员会向党的二十大作报告（摘登）［EB/OL］. (2022 – 10 – 16). https：//www. 12371. cn/2022/10/16/ARTI1665906022988661. shtml.

④⑤ 中共中央文献研究室. 习近平关于科技创新论述摘编［M］. 北京：中央文献出版社，2016：35.

⑥ 中共中央文献研究室. 习近平关于科技创新论述摘编［M］. 北京：中央文献出版社，2016：63.

⑦ 学习强国网. 习近平论科技创新（2022 年）［EB/OL］. (2023 – 03 – 28). https：//www. xuexi. cn/lgpage/detail/index. html？ id =10043527841614500892&amp；item_id =10043527841614500892.

就是要加强自主创新团队建设，搞好科研力量和资源整合，健全同高校、科研院所、企业、政府的协同创新机制①，"营造有利于原创成果不断涌现、科技成果有效转化的创新生态"②。与此同时，还要"共同加强知识产权保护，在充分参与、凝聚共识的基础上制定规则，为科技发展打造开放、公平、公正、非歧视的环境"③。最后在国际交流方面，"全方位加强国际科技创新合作，积极主动融入全球科技创新网络"④，推动全球创新链产业链的深度融合。

（二） 习近平总书记关于韧性的重要论述

2014 年 11 月，习近平总书记发表了《谋求持久发展 共筑亚太梦想》的主旨演讲，首次提及"韧性"⑤。韧性本身词义丰富，内涵深厚，不仅深刻体现了我国在发展过程中遭遇内外部冲击和波动的抵抗力、恢复力、适应力以及进化力，而且集中反映了我国经济的巨大潜力和回旋余地。

近年来，习近平总书记在出席国际论坛、多国会议、国内经济工作会议等国内外不同场合时曾多次表示"中国经济韧性强、潜力大、活力足，长期向好的基本面依然不变"⑥，这不仅科学分析了我国当前经济新常态叠加百年变局下的形势、准确把握了我国的发展大势，还为我国快速走出经济低迷期，实现经济恢复和稳定运行、形成良好市场预期、增强经济发展动能注入了坚实信心。同时，随着"韧性"一词内涵意蕴的不断扩展，其使用范围也由国内经济领域延展到了全球发展和国际关系中。譬如，在 2022 年 11 月召开的二十国集团领导人第十七次峰会上，

---

① 中共中央文献研究室. 习近平关于科技创新论述摘编 ［M］. 北京：中央文献出版社，2016：60.

② 资料来源：http：//www. hnzy. gov. cn/content/646847/56/13621361. html.

③ 资料来源：https：//www. ndrc. gov. cn/fggz/tzgg/byggdt/202206/t20220601_1326754. html.

④ 学习强国网. 习近平论科技创新（2018 年）［EB/OL］. （2023 - 04 - 21）. https：//www. xuexi. cn/lgpage/detail/index. html？ id =4337450889901215523&amp；item_id =4337450889901215523.

⑤ 习近平. 谋求持久发展 共筑亚太梦想 ［N］. 人民日报，2014 - 11 - 10 （002）.

⑥ 国家主席习近平发表二〇二三年新年贺词 ［N］. 人民日报，2023 - 01 - 01 （001）.

习近平总书记提出"要推动更有韧性的全球发展"和"构建稳定和富有韧性的产业链供应链国际合作倡议"①。随着 2023 年国内经济局势平稳向好发展，考虑到国内外不稳定的因素依然存在，总书记又多次强调要"增强产业链供应链韧性"②。

在习近平系列重要讲话数据库和学习强国平台对习近平总书记论及"韧性"的系列讲话梳理后发现，习近平总书记在国家经济建设、科技创新、全面深化改革、新发展理念、以人民为中心、经济新常态与供给侧结构性改革、社会主义生态文明建设等十余个主题中都谈及了"韧性"这一概念。具体来看，在经济建设方面，习近平总书记提出"要让经济更具活力和韧性"，且必须通过深化体制机制改革，"实现更高质量、更具韧性、更可持续的增长"③；而要推动高质量发展，离不开提升产业链供应链韧性和安全水平；具体到深化供给侧结构性改革的主线上，则要求"增强供给体系的韧性"④；在阐述新发展理念时，习近平总书记既充分总结了我国制度和经济上的特有优势，明确指出我国市场空间广阔，经济发展韧性强大，又清醒认识到了我国现阶段发展的不平衡不充分、"创新能力不适应高质量发展要求"等现实国情⑤；在论及科技创新主题时，习近平总书记则再次指出要"强化科技创新和产业链供应链韧性"⑥；

---

① 习近平. 共迎时代挑战 共建美好未来——在二十国集团领导人第十七次峰会第一阶段会议上的讲话［N］. 光明日报，2012 – 11 – 16（002）.

② 学习强国网. 习近平论科技创新（2023 年）［EB/OL］.（2023 – 05 – 15）. https：//www. xuexi. cn/lgpage/detail/index. html？ id = 17383297661905640874&amp；item_id = 1738329766190 5640874.

③ 习近平. 共同开创金砖合作第二个"金色十年"——在金砖国家工商论坛开幕式上的讲话［N］. 人民日报，2017 – 09 – 04（02）.

④ 学习强国网. 习近平论全面深化改革（2021 年）［EB/OL］.（2021 – 01 – 11）. ht-tps：//www. xuexi. cn/lgpage/detail/index. html？ id = 7235366296298864420&amp；item_id = 7235366296298864420.

⑤ 学习强国网. 习近平论以人民为中心（2020 年）［EB/OL］.（2022 – 07 – 19）. ht-tps：//www. xuexi. cn/lgpage/detail/index. html？ id = 12790482541700099510&amp；item_id = 12790482541700099510.

⑥ 学习强国网. 习近平论社会建设和保障民生（2021 年）［EB/OL］.（2022 – 05 – 18）. https：//www. xuexi. cn/lgpage/detail/index. html？ id = 11244960928824917859&amp；item_id = 11244960928824917859.

此外，在城市建设方面，还提出要"更好推进以人为核心的城镇化宜居、韧性、智慧城市"①；在国际交往方面，则指出要"共同实现更高质量、更具韧性的发展"②。

当前，逆全球化思潮涌动，世界经济面临极大不确定性，新一轮风险冲击蓄势待发。在坚持习近平新时代中国特色社会主义思想为正确指引的前提下，增加社会经济系统各方面韧性已成为实现高质量发展不可或缺的重要一环，也是本书创新韧性理论构建的重要理论来源。

第三节　西方经济学的相关理论借鉴

自熊彼特 1912 年提出创新理论以来，西方学术界关于"创新"的理论卷帙浩繁，近年来对"韧性"的研究和探讨也比较丰富。本节仅基于现实需要从中摘取几个与本书主题关系密切的理论加以分析。

近 100 多年来，随着创新在国家经济实力中的重要性和国际竞争中地位的不断提升，学者们从各个方面开展了丰富研究，并形成了一系列理论。20 世纪 50 年代开始，许多国家的经济出现了长达 20 年的"黄金增长期"，学者们无法用"凯恩斯理论"进行解释，因而重新审视创新理论，并从技术创新的角度进行阐释。八九十年代，学术界把重点放在国家创新系统（Freeman，1987）、区域创新系统（Cooke，1994）的研究上，本质上都是研究政府应如何创造更好的环境引导企业有效创新。波特（1990）提出创新驱动概念后，创新被视为经济增长的主要动力，社会各界愈加重视创新，对创新的研究也更加活跃。本书以创新韧性为主要研究对象，此处主要从熊彼特创新理论、国家创新体系理论和创新驱

---

① 习近平. 高举中国特色社会主义伟大旗帜 为全面建设社会主义现代化国家而团结奋斗——在中国共产党第二十次全国代表大会上的报告 [M]. 北京：人民出版社，2022.

② 学习强国网. 习近平论中国特色大国外交（2020 年）[EB/OL]. (2021 – 11 – 10). https：//www. xuexi. cn/lgpage/detail/index. html？ id = 9166011422024661423&amp；item_id = 91660 1422024661423.

动发展理论、演化经济理论和经济韧性理论来进行分析。

一、熊彼特创新理论

西方经济学中的创新理论公认为缘起于美籍奥地利经济学家约瑟夫·熊彼特 1912 年所著的《经济发展理论》（*Theory of Economic Development*）一书。熊彼特也因此被视为创新理论的鼻祖，他本人更被誉为"创新理论之父"。在书中，熊彼特提出"创新是把生产要素和生产条件的新组合引入生产体系中""创新包括一种新产品的创造、新生产方法的采用、新市场的开辟、新资源的开发和新产业组织的形成五种模式"，并基于创新理论的视角深刻揭示了资本主义的本质及其发生、发展和灭亡的基本规律。

特别地，熊彼特在对企业家及其精神上有着不同一般的理解，并突出了两者的重要性。他把新组合的实现称为"企业"，把以实现新组合为基本职能的人称为"企业家"。他认为一个人只有当他实际上实现"新组合"时才是一个企业家，而当他安定下来经营这个企业时，就不再具有企业家的特征了（熊彼特，2018）。熊彼特认为企业家的职能就是创新，而经济发展就是整个资本主义社会不断实现新的组合。在他看来，技术创新是资本主义的发展之源，而企业家精神驱动着技术创新，不断淘汰旧有的生产模式，"创造性的破坏"经济循环的惯行轨道，推动着经济结构从内部进行革命性的破坏从而带来新的发展，并由此产生经济增长的周期性波动，最终引致资本主义的崩溃瓦解和社会主义的兴起发展。此外，他所提出的破坏性创新、创新群和经济周期循环理论等思想也为现代创新理论的扩展延伸奠定了基础。其中，经济周期循环理论从技术创新的视角解释了经济波动和商业周期发生的原因，突出强调了生产技术的革新及生产方法变革在充满波动的市场经济中所扮演的关键角色（熊彼特，2018）。

现在来看，熊彼特的创新思想依然极具远见，有着巨大的理论价值和启发性的实践指导意义。但就当时来说，这一思想并未得到应有的重视，而是被弃之一隅。直到凯恩斯"投资拉动增长"模式遭遇发展瓶颈时，人们才发现破解经济困局只能着眼于长远的创新。当然，熊彼特创新理论也并不完美。例如，陈劲（2013）从其对创新的定义和创新主体的界定上提出了不同意见，认为熊彼特将"创新"局限于生产过程中的新变化，仅突出了新技术的商业应用。与此同时，又将创新主体仅局限于企业家，忽略了经济活动中政府、高校等其他主体的创新行为的影响等。

随着创新与经济增长关系越来越密切以及其对经济发展的贡献越来越突出。20世纪50年代以来，以"创新是经济发展源泉"为核心观点的新熊彼特增长理论得到迅速发展。新熊彼特增长理论是在熊彼特理论基础上，结合演化经济学、复杂性科学、系统理论等发展起来的跨学科理论体系（颜鹏飞和汤正仁，2009）。它认为创新与技术进步是推动经济增长的核心内生因素，并着重突出了研发、知识和企业家精神等对经济增长的显著贡献。它在一定程度上补充了新古典增长理论在解释区域经济增长差异和持续增长方面的不足（柳卸林等，2017）。带有演化经济学特质的新熊彼特主义，不仅认为经济体在学习、形成、溢出、重组过程中的异质性导致了创新能力本身的差异，还从演化的角度看待经济增长全过程，将其视为创新理念下经济关系非均衡破坏的产物，从而深入分析了区域发展路径和非均衡发展的问题（张晶，2021）。

因此从这一点上看，创新理论中也蕴含着较深的韧性思想，并且主要体现在创新本身的内涵和创新带来经济发展的持久动力两个方面（赵莹，2020）。一方面，在后续创新研究中，"技术—经济"分析范式在引入制度因素后，创新的内涵被不断延伸拓展。创新、制度和长期经济发展变迁三者相结合，经济体也变得更为开放、异质和多元，这无疑为孕育和提升经济体韧性提供了良好条件。另一方面，经济发展本身就是一个不断演进变化的过程，经济波动也一定程度上源于创新的非连续性和非均衡性。经济发展将带来内部经济结构的持续变革，甚至将创造出新的结构取代原有的旧结构，它既是对原有均衡的干扰和破坏，又象征着整个经济体的更新和进化，即所谓的"创造性毁灭"。其中，企业家就是

"实现新组合"这一特殊职能的最佳载体，也就是说越具有创新潜力的经济体或组织将越具有抗击经济波动的能力，它也是经济发展的持久动力来源。

二、国家创新体系理论

国家创新体系（national innovation system，NIS）又被称为国家创新系统。1982 年 8 月，OECD 召开专家组会议，作为高级顾问的克里斯托弗·费里曼（Christopher Freeman）在会上作了关于《技术基础与国际竞争力》的报告（Freeman，1982），并首次提出 NIS 的概念。20 世纪 80 年代，弗里曼在考察日本企业后发现日本在二战后萧条和技术落后的背景下，通过以技术创新为主导，同时在加快组织创新和制度创新的前提下，仅用了二三十年的时间就一跃成为新兴工业大国，实现了二战后经济的恢复和赶超。在熊彼特创新理论和德国学者弗里德里希·李斯特（Friedrich List）著作《国家政治经济体系》的交汇影响下，费里曼于 1987 年出版了《技术、政策与经济绩效：来自日本的经验》一书，基于国家创新体系的理论框架从制度环境方面深入探讨了日本实现跨越式发展的原因。90 年代后期，NIS 研究呈现出后发国家及转型经济的创新研究、NIS 的动态复杂性研究和创新绩效导向的定量评价研究等研究趋势（张俊芳和雷家骕，2009）。

那到底何为国家创新体系？不同研究主体对这一概念的理解有所不同。费里曼（1992）认为，宏观广义的 NIS 包括国民经济中设计、引入和扩散新产品以及与此有关的过程和系统中的所有结构；狭义上则仅包括与科学技术活动直接相关的机构。OECD（1997）则将其看作由企业、大学、研究机构组成的一个为创造、储备和转让知识、技能和新产品的相互作用的网络系统（郑小平，2006）。在国内研究方面，学者们将国家创新体系理论与我国具体国情相结合，使之呈现出日益完善的发展态势。路甬祥（2002）借鉴了 OECD 的观点，提出 NIS 是由科研机构、大学、企业及政府等组成的网络，它能更有效地提升一国创新能力和创新效率，使科学技术与社会经济融合协调发展。王春法（2003）则从科技与经济增长关系的角度指出，NIS 是有关科学技术加入经济增长过程之中的制度安排。其核心内容就是各创新主体间的相互作用，并在此基础上所形成的科学技术知识在整个社会范围内循环流转和应用的良性机制。马松尧（2004）认为完整的 NIS 应包括作为创新主体的企业、担当宏观调控者的政府、作为创新成果供应者的高校院所和科技中介服务机构四个部分。陈劲（2013）提出 NIS 是一个以政府、企业、大学、研究院所及中介组织为主体，旨在追求共同社会和经济目标的系统。该系统通过各主体间的建设性互动，将创新视为推动变革与发展的核心动力。其主要功能是发挥政府的作用，优化创新资源配置以及协调国家的创新活动。

国家创新体系理论吸收借鉴了多种思想，在学术界也引起了一定争议，主要体现在理论的可操作性、"国家"这一边界所带来的概念适应性等方面（张俊芳和雷家骕，2009）。这些争议不仅影响了 NIS 的研究趋势，也为后续研究的深入提供了新的视角。

三、创新驱动发展理论

"创新驱动"最早由美国著名管理学家迈克尔·波特（Michael E. Porter）于 1990 年提出。自此，创新被视为经济增长的主要动力，社会各界愈加重视创新，对创新的研究也更为丰富。提到波特，其最广为人知的莫过于用于分析国家竞争力的钻石理论模型。该模型主要包括关键要素和附加要素两个部分。具体地，关键要素包括生产要素、需求条件、相关产业与支持性产业、企业要素四个；而附加要素即机会和政府。其中，生产要素是创新发展的根本，需求条件是创新发展的动力，相关产业与支持性产业是创新发展的优势（刘凯，2020），企业要素是创新的主体。而机会本身具有不确定性，政府政策则是激发创新活力不可或缺的重要组成。六大要素相互联系、相互作用，形成了一个自我强化的有机整体，并共同统一于该模型中。

围绕"钻石理论"的分析框架，波特以竞争优势来考察国家的经济表现和分析一国经济的发展过程。在细分一国经济发展阶段时，波特提出了四个主要阶段：生产要素驱动、投资驱动、创新驱动和财富驱动。他强调，经济体通常会按顺序或交叉并行地经历这些阶段。特别地，波特认为前三个阶段标志着国家经济逐渐走向繁荣与强大。然而当经济进入财富驱动阶段时，可能会出现转折点，甚至引发衰退趋势（王海燕和郑秀梅，2017）。波特进一步指出，当国家迈入创新导向阶段时，众多产业已经形成了完整的钻石体系，其中各个关键要素不仅各自发挥功能，相互之间的作用效果也达到了最佳状态（迈克尔·波特，2012）。这也成为判断一个经济体是否实现了创新驱动发展的重要准则。此外，波特将宏观层面的制度创新、国家创新体系与微观层面的产学研创新相融合，重点强调了内外部环境和不同创新主体间的协同效应（孙耀华和窦志铭，2020），为后续创新理论的拓展深化提供了极富启发性的观点。

不可否认，波特乃创新驱动发展理论的集大成者。但同时，波特的经济发展四阶段理论也引起了一些争议。格兰特（Grant，1991）认为波特用微观的企业理论来解释宏观的经济发展是站不住脚的。哈里斯和沃森（Harris & Watson，1991）也认为其仅由贸易和投资数据来判断一个国家经济发展阶段的做法过于简单和片面。张金昌（2001）则质疑他提出的"一个国家将从创新阶段过渡到衰退阶段"的结论。

四、演化经济理论

（一）演化经济理论的起源和发展

演化经济学是西方创新经济学理论中的重要组成部分，其实质是研究生成（动态），即经济增长动力的经济学。有研究指出，演化经济学兴起是西方主流经济学遭遇范式危机、自然科学取得发展和社会科学领域演化思想的积累三个方面综合作用的结果（杨宏力，2008）。因此，不同于主流经济学采用简化而静态的分析方法来追求恒定均衡状态的前提假设，演化经济学可被理解为是在自然科学取得重大进展的基础上，借鉴生物进化论等学科成果，借由演化性思想来探讨技术创新和制度更替以分析并概括经济活动和行为变化的规律（吕鲲，2019）。

英文"evolve"既可翻译为"进化"又可译为"演化"，但在中文中两者意思并不完全相同。除了"进化"本身的发展、复杂化、高级化等积极的指向性含义外，"演化"还可指代相反的意义，因此也就有更宽泛普遍的内涵。事实上，演化概念最早可追溯至古希腊哲学，后与"适者生存"相联系被引入经济学中。索尔斯坦·凡勃伦（Thorstein B. Veblen）是首位将达尔文的变异、遗传和选择思想广泛运用于经济演化的学者，并主张建立以达尔文进化论为基础的经济学以替代正统经济学（陈劲和王焕祥，2008）。1982年，纳尔逊（Richard R. Nelson）和温特（Sidney G. Winter）出版了《经济变迁的演化理论》一书，将经济增长视为由技术变迁所推动的演化过程，标志着演化经济学思想及其规范模型的正式形成。自此，"演化"一词逐渐成为西方学界流行术语。

在演化概念的界定上，威特（Witt，1993）将其定义为所考察的系统沿着时间轨迹的自我变化过程。弗罗门（Vromen，1995）在《经济演化——探究新制度经济学的理论基础》一书中指出"演化"通常是指渐进的变化和发展过程，并认为"如果一个机制是通过实际的，即已经实现的、过去的结果来发挥作用的话，那就可称其是演化的"。显然，弗罗门认为演化同时具有动态性、历史性、累积性及路径依赖等特点。科里亚特和多西（Coriat & Dosi，1995）在分析经济变迁的演化理论时，最终得出了演化模型应具有的七个特征，基本囊括了演化经济学方法论中的主要内容。齐曼（Ziman，2003）在生物进化论的启示下，深化了对演化的理解。他提出演化并非仅限于渐进式的发展过程，它同样涵盖了遗传变异和自然选择等机制，而且这些过程有时旨在适应外部环境的变化的自发行为。

毋庸置疑的是，从创新产生到扩散再到持续创新的动态完整过程本质上就是演化过程。而演化创新关注的是解释创新何以发生以及有的创新活动被选择或淘汰的原因。演化经济学可被视为一门探讨经济体系中新奇的创生、传播及其所引发的结构变迁的学科。它一直把创新放在其理论的核心地位，高度肯定了"新奇"（指新知识、新技术和新制度等）这一主要思想在经济变迁中的关键作用（陈劲和王焕祥，2008）。与此同时，新奇的模糊性和不可预见性也决定了创新行为及其结果的不确定性、风险性和非均衡性等特征。

（二）演化经济理论中的韧性思想

事实上，演化经济理论中也蕴藏着丰富的韧性思想，并逐渐生成了演化经济韧性等重要概念。在经济危机频发背景下，主流经济学的均衡分析范式备受质疑。演化经济学吸收了德国历史学派、旧制度学派的观点，形成了"获得性惯例—新奇性变异—适应性选择"的研究框架和演化机制的新范式（赵莹，2020）。韧性原本是指系统受到干扰后恢复到原状态的速度和能力。从研究对象上看，韧性所强调的长期性、历史性、动态性与演进性以及对制度和创新影响的重视，都与演化经济学的基本观点一致。中国人民大学的贾根良教授是将演化经济学引介到国内的先行者，他曾指出"生命的力量在于它'积极求变'的本能。进化的道路并非线性的，而是融合了'渐变'与'突变'。只有最大限度地保证'多样性'和'新奇性'的持续产生，才会有最大的生存概率"（贾根良等，2015）。这里所说的"积极求变"和适应生存都与经济体的韧性特质密切相关。

与此同时，演化经济地理学中的动态演化、有限理性、路径依赖和锁定效应等观点也可在一定程度上解释不同经济体的发展差异。当然，韧性本身也深受原有制度、历史文化、传统惯例等基础性因素的影响，而且其长期动力的来源恰恰就是创新。总的来看，韧性是经济体生命力量的重要构成，可被视为经济体自身的免疫力，即经济体抗风险能力、吸收恢复力、适应性能力和进化更新能力的集中体现。

五、经济韧性理论

为更好地解决经济系统在遭遇经济周期、政策调整、技术革新、自然灾害、公共卫生事件等重大冲击后的经济波动问题，进一步揭示造成经济不稳定和复杂性的原因，实现区域长期平稳向上的经济增长，经济地理学家们把工程学、生态学中的韧性概念引入空间经济学的研究中（苏杭，2015），由此拉开了经济韧性研究的序幕。自 20 世纪末以来，国外学术界涌现了较为丰富的经济韧性理论研究成果。有学者检索 ASP 英文数据库发现，2004～2008 年关于"经济韧性"的文献仅寥寥数篇，但2008～2016 年相关研究呈 10 倍增长态势，2016 年已达 160 余篇（孙久文和孙翔宇，2017）。然而，经济韧性理论目前仍处于孕育形成阶段，研究成果零散分布，也尚未构建出独立成熟、系统完整的理论体系。韧性的区别是揭示经济发展差异来源的重要因素，并且对区域发展不平衡及未来发展路径走向具有重要影响。本书侧重于分析创新系统的韧性特质，但截至目前，"创新韧性"这一主题并无现成理论可供借鉴，又因创新本质上也是一种经济行为，遂将经济韧性理论作为本书的理论参考来源之一。此处主要介绍经济韧性理论的发展阶段、研究起点、不同经济韧性类型下经济体发展路径的差异等。

（一）经济韧性理论的发展阶段

目前，有关经济韧性的理论研究主要集中在演化经济地理领域。20年多来，学术界关于经济韧性的研究涌现了大量成果，可粗略地将其分为起步发展阶段（2002～2010 年）和探索研究阶段（2010 年至今）。

此类研究的兴起主要是受当时各类危机丛生、生态学领域扰沌理论的提出以及演化经济韧性理论的发展等几个方面的影响。再加上各国应对 2008 年金融危机取得了一定成果，使得各界对经济韧性的研究也更为重视。但此阶段并未对经济韧性的内涵形成统一认识，仍停留在对其他学科的简单借鉴中。虽然韧性理论以新的视角为区域在受到冲击后的不同表现和面临的不同发展路径提供了独创性解释。但这一阶段照搬其他学科的痕迹较重，再加上对政策、制度环境等重要因素的忽视，以及理念本身所包含的多均衡思想都使得韧性理论在经济学领域面临着"水土不服"的困境。进入探索研究阶段后，经济学分析模式开始逐渐融入区域经济韧性的研究中，相关实证分析呈现出迅猛增长的态势，然而理论层面的研究发展仍相对滞后。从目前韧性理论在经济学应用的领域上看，有关研究主要集中在新经济地理学、发展经济学、区域经济学和宏观经济学等领域，且已取得了实质性进展。因本阶段研究成果丰硕，在文献综述部分也将进行重点阐述。

（二）经济韧性研究的起点——冲击与扰动

正是因为经济运行过程中存在各种冲击与扰动，为了破解不同经济体在冲击中为何走向不同发展路径的奥秘，有学者开始期待从韧性理论中寻求答案。因此从这个角度讲，冲击与扰动可被看作经济韧性研究的现实起点。经济体所面临的风险主要由其可能遭遇的各种扰动、经济系统自身的脆弱性等因素共同构成（李强，2020）。

在描述经济体韧性前，有必要先辨析"经济体""冲击""扰动""压力"这几个概念。经济体一般是指个人、家庭、企业、城市、区域或国家等经济行为主体（王永贵和高佳，2020）。李强（2020）指出在韧性理论体系中，形成具有破坏性灾害的冲击与压力都可被称为扰动（disturbance），如洪灾地震、极端天气、环境污染、流行疾病、袭击暴乱和经济危机等。而扰动的内外性取决于不同经济体的规模边界。其中，压力通常指的是来自系统内部的一种持续性变化，这种变化可被控制在正常的承受范围（或称为阈值）内；与之相对，冲击则着重于由系统外部产生的突发性变化，但这种变化超出了正常的变量范围。对经济体来说，分析扰动的核心目的在于掌握其对经济影响的时效性和破坏规模。也就是说，要识别出扰动所带来的影响是暂时性的还是长期或永久性的，对经济体造成的破坏性影响是否具有可逆性、可修复性和可适应性等。根据扰动影响程度的不同可简单分为突然且紧急的扰动和缓慢破坏性的扰动两种类型，而由扰动影响规模的区别可分为地方性扰动和全球性扰动，具体如图 2-3 所示。由以上分析可知，决定不同经济体面临扰动时表现差异的关键变量恰恰是经济体本身的韧性水平。

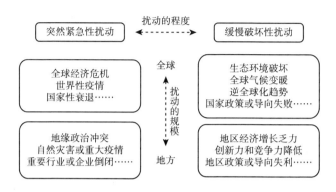

图 2 - 3　全球及地方扰动的程度和规模

资料来源：马丁和森利（Martin & Sunley，2020）和张晶（2021）。

此外，长期以来的经济实践表明，相同扰动下不同经济体的防御、抵抗、吸收、恢复、适应和进化等表现及能力并不相同，这就涉及经济系统自身的脆弱性分析。经济脆弱性是一种在遭遇扰动时才会显现的特性，它反映了经济健康度与扰动发生概率共同影响下的结果。而经济健康度包括经济维度和社会维度，前者主要受到经济规模、经济结构和产业部门相关多样性等因素的影响，后者则取决于经济体的社会资本水平。此外，扰动概率也是影响经济脆弱性的重要变量，在韧性理论中被称为暴露（exposure），即系统受到压力与冲击的程度、持续时间与范围（Adger，2006）。经济外联度与地理位置是与扰动概率紧密关联的因素。例如，经济外联度越高，它虽然能保护经济体缓冲国内冲击，但也可能使其暴露于源自其海外出口市场的需求或其他冲击下；就地理位置而言，越靠近首都或大中心城市，其从衰退冲击中恢复的能力就越强（Martin & Gardiner，2019），这也反映了韧性强的城市所具有的辐射扩散效应。

（三）经济韧性与经济体发展路径的关系

马丁是剑桥大学地理系经济地理学方向的教授，也是当代研究经济韧性的重要代表人物。2012 年，他在国际区域经济学顶级期刊 *Journal of Economic Geography* 上发表了《区域经济韧性、迟滞和经济衰退冲击》一文，较为完整地提出了经济韧性的概念和内涵，并详细列举了不同经济

韧性条件下经济体受到冲击后将产生的不同响应模式。后续又分别在
2015 年、2016 年、2019 年和 2020 年发表和出版了经济韧性的系列研究
成果，为经济韧性理论的丰富和完善奠定了重要基础。韧性作为经济体
的固有属性，强调的是一个国家或地区在遭受外部冲击时自身作出适应
性调整的动态演变过程。根据经济体对冲击响应模式的差异，可将经济韧
性分为复原型、脆弱型和创新型韧性三类（张晶，2021），具体如图 2 - 4
所示。

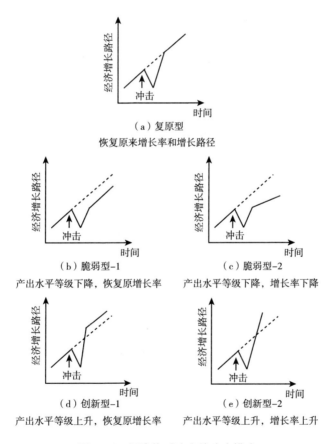

图 2 - 4　经济体对冲击的响应模式

资料来源：笔者绘制。

　　第一类是复原型。假设经济系统在原有发展路径上突然遭受冲击，
如图 2 - 4 中（a）所示，各项经济产出指标受到负面影响后将面临下降

或衰退。经过一段时间系统自身内部资源的逐渐恢复和系统结构的修复重组以及对其他不利因素的消化吸收后，经济体将重整旗鼓，以高于原来增长率的增长动力以较快速度恢复到原有的健康状态，实现原先正常路径的增长。

第二类是脆弱型，又分为两种形式，如图 2 - 4 中（b）和（c）所示。一种是遭受较大冲击后，经济系统通过充分调动自身资源、重组结构后虽能恢复原有增长率，但只能以较低的经济产出规模路径发展，如图 2 - 4 中（b）所示；另一种是由于冲击本身的破坏力过于巨大，经济系统在遭受冲击后短期内虽能得到一定恢复，但也远不及原来的正常状态，而且出现了永久性衰退，最终走上比冲击前更为消极、收缩的增长之路。此时，经济体不仅难以恢复到原来的增长率，同时产出水平等级下降幅度较大，如图 2 - 4 中（c）所示。

第三类是创新型，也分为两种情况，如图 2 - 4 中（d）和（e）所示。经济受到冲击出现衰退后，经济体迅速调整自身结构，通过自我转变、革新与再造，以高于以往的增长率恢复并超越原状态（张晶，2021），创造出更高的发展路径，实现了更高质量的发展。一种情况是如图 2 - 4 中（d）所示，经济体实现了产出水平等级的上升，但在一段高增长过后又恢复到了原有的增长率；另一种如图 2 - 4 中（e）所示，经济体不仅实现了产出水平等级的直线上升，还获得了比冲击前更强劲和可持续的高增长率和新发展路径。

关于经济韧性研究的起源和发展过程、影响因素、内在机理和定量测度等具体研究现状，本书在第一章绪论中已有详细介绍，故此处不再赘述。

第三章　中国创新韧性的要素解析

由前文可知，创新韧性是经济体面对复杂多变的国内外局势变化，包括但不限于自然灾害频发、生态环境脆弱、经济增长低迷、区域动荡加剧、逆全球化潮流泛起等发展压力，同时还要经受国内经济环境变化、市场需求变化、技术变革加快、竞争压力较大等挑战后，仍能够保持独立创新意识、创新灵活性和适应性，有效应对和化解各类冲击并最终取得成功的能力和品质。具有创新韧性的经济体总是能够在不断变化的环境中寻求保持创新领先的竞争优势。由创新韧性的概念内涵可知，创新韧性可进一步细化分解为创新基础韧性、创新结构韧性、创新科技韧性、创新组织韧性和创新制度韧性五大维度。

其中，创新基础韧性作为创新韧性的第一个维度，主要来源于自然资源禀赋、人口资源水平、基础设施水平和经济体自身基本风险防护等方面，它提供了创新系统应对风险的基础准备能力。创新结构韧性是创新韧性的第二个维度，主要包括产业结构韧性、区域结构韧性、市场结构韧性和供需结构韧性等内容，它可为系统对抗外部冲击提供重要的空间回旋和缓冲介质。创新科技韧性是创新韧性的第三个维度。科学技术是撬动创新系统不断演化发展的核心动能，具体可从科技创新的投入、产出和环境因素三个方面来剖析创新科技韧性的要素构成。创新组织韧性是创新韧性的第四个维度，可为创新系统对抗外部冲击提供主体支持。创新主体功能、主体间协同水平和科技管理部门的创新管理水平是构成创新组织韧性的关键来源。创新制度韧性是创新韧性的最后一个维度，主要来自我国的优秀传统文化储备、创新制度调适能力和创新相关政策体系等，是对抗外部冲击的能动保障机制。下面将重点分析创新韧性各个维度的要素来源，为后文进一步解析其作用机制提供理论准备。

第一节 创新基础韧性的构成要素

创新基础韧性具有相对稳定、缓慢演化的特点。此外，它还具有较强的历史承继性、时空规定性和前摄准备性，其要素构成常常属于历史、社会的范畴（赵莹，2020）。创新基础韧性演化过程虽相对缓慢，但影响是基础性和不可替代的。一般认为，创新是一个包含各种不确定性的高风险增值过程。国家或区域的创新系统在面临渐变式或突变式经济波动与冲击时，都强烈依赖其原有的基本要素储备和组织系统结构。而这恰恰与国家（地区）长期发展所累积的基础条件密切相关，同时还具有明显的历史依赖性。由于创新过程所涉及的不同环节以及人、财、物等环境变量十分复杂多元，因而与创新系统直接相关的基础性因素也呈现出多样化特征。

其中，创新基础韧性主要受地区自然因素、人口因素、交通通信和本身抗风险能力等因素的直接影响。受制于不同的基础韧性水平，不同地区创新系统在应对冲击的一开始就有着明显不同的表现，最终也直接影响了创新系统是走上衰退、维持原状还是更新升级的不同发展路径。承前所述，创新基础韧性主要来源于自然资源禀赋、人口资源水平、基础设施水平和经济体自身基本风险防护等方面，各要素围绕如何筑牢抗击冲击和风险的基础屏障而统一于创新基础韧性的范畴之中。下面将对其具体构成进行介绍。

一、自然资源禀赋

自然资源是存在于自然界、能为人类提供福利的物质与能量。从创新系统内部来看，自然资源属于相对静态的物质层面（戴均，2020）。它既是创新系统高质量发展的物质基础（王广华，2022），也是创新系统存在、维系和更新发展的基本空间载体，并且已成为地区创新韧性的基本要素来源。后来，各国自然资源丰裕程度的差异直接导致了地区间生产分工的出现，并成为前期工业化的关键决定力量。在工业化初期，社会经济生产严重依赖于大自然所提供的原料、燃料等资源，自然资源禀赋甚至成为资源型产业和工业布局的主要决定因素。

事实上，在《〈中共中央关于全面深化改革若干重大问题的决定〉辅导读本》中明确将自然资源定义为"天然存在、有使用价值、可提高人类当前和未来福利的自然环境因素的总和"，而具有稀缺性、有用性（经济效益、社会效益和生态效益）以及产权明确的自然资源，即为自然资源资产。我国自然资源种类多，数量丰富，主要包括气候资源、水资源、土地资源、生物资源、矿产资源、海洋资源等。但我国所面临的人均资源占有量低、主要资源分布不平衡的矛盾也十分突出，一定程度上制约了我国经济社会的快速发展。

从创新起源来看，技术创新最开始也是先从工业部门逐渐兴起，以提升生产效率和增加工业利润为基本目标。自然资源禀赋与一国的工业化、现代化息息相关。后工业化时期，随着科技发展和社会进步，虽然自然资源在经济发展中的地位和作用相对有所下降，但仍然是影响工业部门和社会正常运行的基础性制约条件。如何通过利用科技创新逐渐摆脱对自然资源的强烈依赖仍是现代工业部门发展过程中面临的世界性课题。因为，这不仅可以缓解自然资源渐进枯竭所带来的供应链中断威胁，还对改善生态环境、实现绿色发展具有举足轻重的意义。

二、人口资源水平

人口资源是一个国家或地区在一定时期内的人口总量，它是经济社会发展的基础性、全局性、长期性和战略性要素，也是社会进行物质资料生产不可缺少的基本条件（金牛等，2023），已成为地区创新韧性的核心构成之一。具体可从人口的数量、质量和结构等方面来把握。

世界上任何市场存在的目的皆以为人类生存和发展服务，并据此创造经济利润。因此，从创新角度来看：首先，人口的数量就直接决定了地区创新市场的容量和体量。"人口红利"的形成就与劳动人口数量和规模紧密相关。需要指出的是，人口资源和地区消费水平也密切相关，特别是新技术研发推广、大数据产业等，更需要庞大的消费市场来稀释创新风险、稳定创新收益。人口数量越多则说明本地消费市场越广阔，相应的其消费能力也将更强；其次，人口的质量决定了创新市场的发展成熟程度。人口质量常常用人口的受教育程度来表征，受教育水平高则意味着地区人口质量相对较好，而各类创新所需要的人才资源也更为充足，创新市场的发展也会更为充分；最后，人口的结构对创新市场的生产、消费结构也具有重大影响。例如，随着社会老龄化的速度的加快，针对老年人这一特殊群体的产品和服务创新层出不穷，为丰富地区创新市场、提升创新韧性都提供了重要支撑。

目前国内外已达成共识的是，一切创新成果最终还是依赖于人的智力创造，特别是高技术复合型人才的潜心钻研。"人"尤其是"人才"已成为决定地区科技创新能力乃至一国综合国力的核心关键要素，为地区创新系统的发展和完善提供着至关重要的智力支持。人类科技发展史也已经无数次证明了"人才是创新的根基，创新驱动实质上是人才驱动，谁拥有一流的创新人才，谁就拥有了科技创新的优势和主导权"（黄金新和张大鹏，2021）这一观点。

三、基础设施水平

基础设施是为社会生产和居民生活提供公共服务的物质工程设施。它是社会赖以生存发展和正常运行的一般物质条件，而基础设施韧性也成为地区抗风险能力的重要来源。具体而言，城市的基础设施系统涵盖了交通、通信、电力、供水、能源、消防、防空、医疗防疫、排水防涝等方面（沈清基，2017），是城市韧性的重要组成部分。随着我国科技的快速发展，区块链、元宇宙、人工智能等新技术和战略性新兴产业不断涌现，其背后都离不开各类基础设施的强力支撑（余建斌，2023）。重大基础设施，如5G、大数据中心、国家产业互联网的设施网络、设施质量和服务能力都紧密关系到国民经济体系和创新系统整体效能的发挥，是直接影响地区创新系统改造升级的重要硬件支撑。钞小静和薛志欣（2023）就指出，随着数字经济的不断发展，在国内外多重超预期因素的影响下，人工智能、云计算等新型信息基础设施作为数字经济发展的底层支撑，对增强经济体韧性具有重要意义（钞小静和薛志欣，2023）。

近年来，国内基础设施建设取得了巨大成就，有力保障了我国经济发展事业的进步。但当前世界生态环境持续恶化，极端天气频发的趋势愈演愈烈。为了适应短期内急剧变化的气候和生态环境，必须加强社会新型基础设施的韧性建设，提升地区抗击自然灾害的适应和应对能力。2019年，世界银行和全球减灾与恢复基金（the Global Facility for Disaster Reduction and Recovery，GFDRR）发布了《生命线：韧性基础设施机遇》的报告，专门提出了一个理解基础设施韧性的框架，即基础设施系统在自然灾害期间、灾后运行和满足用户需求的能力，还对电力、水利、环境卫生、交通和通信等基础设施系统作了详细介绍。另外，具体到科技管理基础设施方面，我国还建成了覆盖国家科技计划管理全流程的科技管理信息系统，并对科技基础条件平台和设施进行了有效整合。当前国家科技创新基地主要分为三类：一是科学与工程研究类，如国家实验室等；二是技术创新与成果转化类，如国家技术创新中心等；三是基础支撑与条件保障类，如国家科技资源共享服务平台等（贺德方等，2019）。

四、风险防护水平

现代社会风险无时无地不客观存在。风险源于未来不确定因素的干扰，可能导致与预期相悖的负面结果的发生概率。在创新活动中，风险一般指创新行为的预期收益不能实现或遭受损失的可能性。随着生产力的持续进步，人类社会已演化为一个庞大且复杂的系统。系统中各类重大风险呈现出显著的系统性特征，它们在种类、时空上相互交织、联动，并相互叠加，共同构筑了一个错综复杂的风险网络（钟开斌，2020）。按风险是否可规避，一般可分为系统性风险和非系统性风险；按风险的来源不同，可分为外部输入性风险和内部原发性风险；按风险发生领域的不同，又可分为自然风险、社会风险、政治风险、经济风险（特别是金融风险）、科技风险等。

从国际来看，当前在俄乌冲突和巴以冲突等影响下，世界经济政治形势严峻复杂，矛盾风险挑战层出不穷。世界经济论坛自 2006 年开始，每年都发布了《全球风险报告》用以警示深度互联的各项全球风险。据《2023 年全球风险报告》显示：生活成本上升和气候变化应对不力分别是当今世界所面临的最严重短期和长期风险。此外，能源和粮食供应短缺、偿债成本飙升、通货膨胀加剧以及经济衰退风险等问题也将不断凸显。与此同时，这些危机还会对国际社会为应对长期风险所采取的行动产生破坏性影响，尤其是与气候变化、生物多样性保护以及人力资源投资相关的风险应对措施（Marsh，2022）。

从国内看，百年变局下经济增长乏力与产业转型发展困难等多重冲击叠加，我国经济发展正面临着前所未有的困难和挑战。党的十八大以来，党中央围绕防范化解政治、经济、科技、社会、外部环境等领域的重大风险提出了明确要求。随着科技革命和产业变革的加速推进，全球范围内的科技创新竞争也愈加激烈，科技领域的风险对于国家发展的影响越来越显著。具体来说，科技发展面临着外部环境紧张的风险、受制于人的风险、研发及应用的脆弱性风险以及科技进步本身所可能引发的社会风险以及其他风险等。王新成和李垣等（2021）则认为中国企业创新面临的四种风险挑战：一是新技术带来的挑战。研发投入越来越大导致创新成本急剧上升，但少数科技创新的高额成本是任何单一企业甚至国家都无法独自承担的；二是新产品的寿命周期缩短，升级换代过快，这要求其投入市场应用的速度要加快，其收益风险也随之提高；三是逆全球化思潮下，中国企业原来构建的全球价值网络、供应链和价值链受到严重破坏，"卡脖子"技术的负面影响进一步加大；四是新冠疫情过后，全球竞争加快从企业竞争转向全球价值网络竞争，产业竞争转向经济社会综合生态竞争。

当前，地区基本风险防护能力已成为创新韧性的基础要素来源。针对基本风险的防护一般是指通过有效的预警与约束机制来对分散到各个领域又紧密关联的风险点进行提前预防、研判、识别、监测、预警和处置等。创新系统的基础韧性不仅需要稳定的资源、人口、基础设施等物质和智力保障，同时也需要经济体发挥本身所具备的基础风险防护能力，这也是经济体抵御和缓冲外部风险干扰的第一层屏障，可为后续子系统及相关组织赢取更多窗口时间来应对冲击。

第二节　创新结构韧性的构成要素

从创新系统来看，创新结构主要用于揭示创新系统内部的组织排列情况以及不同组成部分的重要性。也就是说，创新结构的实质是从某一特定视角所观察到的创新系统的构成方式。创新系统作为经济系统的核心组成部分，深受地区经济发展水平的制约，同时区域创新能力与经济发展水平也表现出高度的动态相关性。那么，创新结构韧性自然也与一国经济结构（如产业结构、区域结构等）的基本构成紧密相关。因此，创新结构韧性可被定义为创新系统在面对外部环境的动态变化和各类外部冲击时，通过对自身产业结构、区域结构、市场结构等方面进行适应性调整或重塑，为创新发展和风险防范提供有效的缓冲回旋，从而保障经济体和创新系统实现纵深发展的能力。

考虑到创新发展水平与经济发展水平的高度一致性，创新结构也与经济结构高度动态相关。并且，只要一谈及宏观经济，就难以绕开困扰中国经济发展的各种结构性问题。当前，我国产业结构仍不够合理，应对外部冲击的能力依然有限（王素素等，2022）。因经济发展水平不平衡，地区间差距长期较大，也使得我国的区域结构、国内外市场结构和供需结构的问题比较突出，并逐渐成为影响我国创新结构韧性区域差异的重要来源。需说明的是，此处的创新结构主要是用于描述宏观视角下创新系统的构成，而非创新系统内部主客体的组织结构形态和关联关系。关于创新系统内部创新主体的组织结构和分布情况，本书将在"创新组织韧性"中探讨。在创新结构韧性的构成上，借鉴已有研究，本书主要从产业结构韧性、区域结构韧性、市场结构韧性以及供需结构韧性四个方面来具体考察。

一、产业结构韧性

产业结构对创新发展十分重要，多用来分析各产业之间的技术联系、合作交流以及产业内部的比例构成关系等。当前，产业结构处于一个动态调整的发展过程。从纵向时间角度来看，产业结构的演进始终遵循从低级到高级的变迁升级规律；从横向空间运动来看，产业结构的组合布局又呈现出相关多样性和产业集聚的特点（赵莹，2020）。而不论是产业结构的演进升级还是产业的集聚扩散，都离不开科技创新、管理创新、服务创新等各类创新活动对产业发展的支撑作用。

相较之下，产业结构韧性则是指经济体的产业体系在面对外部冲击或内部变化时，能够快速适应、调整和转型的能力。一个极具韧性的产业结构往往具有灵活性强、高度多样化、创新能力好和结构较复杂的特点。它不仅能在冲击和扰动中保持稳健，而且能够在这些变化中挖掘到新的成长机会和价值提升空间，最终实现自身的增长和发展。同时，不同产业的专业性与多样性特征，也能够带来具有差异的产业韧性和创新效应。一方面，产业集聚程度越高，产业相关性越强，越能实现"抱团取暖"，增强区域应对冲击威胁的产业内部合力；另一方面，产业结构更为多元，异质性产业分布更为完善，可有效避免将"所有鸡蛋放在一个篮子里"，也有利于分散和减轻风险扩散程度，进而切断风险的外部传导路径。

中国经济具有结构韧性，这一韧性来源于我国长期以来形成的门类齐全的国民经济体系（韩保江，2020），更来自发展日趋合理的三大产业结构。2021年，我国第一产业、第一产业和第三产业对 GDP 的贡献率之比分别为 6.4∶38.9∶54.7，而这组数据在 2000 年则为 4.1∶59.6∶36.2①。由此可知，进入 21 世纪以来，我国产业结构不断向高级化趋势迈进，逐渐弥补了现代服务业发展不足的短板，基本消除了产业结构失衡的弊端。近 20 年间，第二产业占比下降了 20.7%，而第一产业，尤其是第三产业的贡献率提升较快。2014 年，第三产业首次超过第二产业成为驱动经济增长的最大动力。从产业发展态势来看，我国 2022 年三大产业增加值在 GDP 增加值中的比例结构分别为 7.3∶39.9∶52.8，相比 2000 年的 14.7∶45.5∶39.8，三次产业的构成也得到进一步优化，第三产业的经济带动能力和产业主导地位进一步巩固②。

二、区域结构韧性

区域结构实际上是指区域空间结构。我国著名地理学家陆大道认为：社会经济的空间结构是指社会经济客体在空间中的位置关系、集聚程度及通过线状基础设施而发生相互作用的方向和强度（陆大道，2001）。本书将区域结构界定为在一定的范围内，不同地区之间的经济、社会、文化和生态等方面的差异所形成的一种地域性空间结构。它是各种资源要素的空间分布格局和一定地域范围内所有人类活动综合作用的结果。

实际上，区域结构概念涵盖的范围十分广泛，它既可以表征城乡结构，又可以描述县域间、城市间、省域间、中心城市群等某一具体地域空间的分布格局。区域结构作为反映地域空间分布的有机整体，其形成和发展是一个复杂而漫长的演变过程，主要受到自然地理、历史文化、人口经济、制度政策等各方面因素的影响，也由此使得不同地区的发展状况呈现出高度不均衡的状态。例如，一些地区的发展水平较高，具有良好的经济、文化和社会发展条件；其他地区则因资源贫乏、自然条件恶劣、交通不便等原因而发展严重滞后。目前，在我国区域结构中，最难以忽视的就是长期以来演化而成的东部—中部—东北部—西部区域经

---

①② 资料来源：笔者根据国家统计数据计算整理。

济阶梯式分布格局。考虑到区域结构的特征凸显了不同地区间各项能力的内部差异，因此，积极优化和调整区域结构，提升其对抗外部冲击的韧性空间，对于实现可持续发展和共享共赢的目标都具有十分重要的作用。

　　结合本书研究，这里的区域结构主要是指区域创新发展的空间结构或格局，它也可以被理解为基于地域特色而形成创新活动的分布状态及其组织形式。因此，本书认为区域结构韧性（即区域创新发展的空间结构）在抵御外部冲击时所呈现出的抵抗、适应和更新能力。同时，需要说明的是，本书研究创新活动的区域结构韧性，其重点在于更加深入地了解不同地区的创新发展格局，分析和比较不同区域之间的创新差异和特色所在，从而为本地区创新活动的开展和创新结构韧性的升级提供更多经验准备和选择空间。当然，它也可为在优化区域创新资源配置、推动区域间创新协同发展、促进地区间经济高质量发展提供可行思路的同时，还可为创新政策的制定提供一定科学依据。

三、市场结构韧性

　　市场结构常用来反映市场内部各要素之间的内在联系及其特征。从微观视角来看，市场结构常用来指代市场中某个特定产品或服务的竞争格局。在微观经济学中，市场结构还可简单地划分为完全竞争市场和非完全竞争市场；相较之下，宏观意义上的市场结构则是指市场中所有生产者、销售者、消费者及其行为关系的总体特征；而从地域范围视角来看，市场结构也可表述为某个特定产品或服务在国内市场和国外市场的投资、生产、销售和消费的分布情况。

　　习近平总书记在党的十九届五中全会第二次全体会议上着重强调："新发展阶段贯彻新发展理念必然要求构建新发展格局"[①]。其中，"以国内大循环为主体、国内国际双循环相互促进"的指导思想就是要充分利

---

　　① 习近平. 新发展阶段贯彻新发展理念必然要求构建新发展格局 [J]. 求是，2022（17）.

用国内、国外两种资源，统筹协调国内、国外两个市场，不断激发我国超大市场规模的发展潜力，重点提升我国市场经济在面对国内外不同冲击来源时的抵抗力和恢复力。因此，本书的市场结构重点强调的是通过内外部市场的规模体量、潜在容量、市场质量、市场环境和吸引力等方面的构成，来描述我国市场在面临外部重大冲击时能否"掌稳船舵"，顺利实现抵御危机冲击和冲破别国战略遏制的长远发展目标。

那么，相应的市场结构韧性则是在面对外部冲击或变化时，市场结构本身所表现出来的通过市场规模、主体、质量和绩效等途径以保持其内部稳定性和快速从干扰中恢复的能力。它是市场韧性的主要表现形式，体现了市场本身对不利因素的抵御和适应能力。特别地，市场结构韧性主要取决于市场的规模、市场的稳定性、市场竞争能力和市场的监管管理水平等因素。在市场经济运行中，市场结构韧性是保持市场平稳发展的重要因素，也是市场经济行稳致远的重要保障。

四、供需结构韧性

供需结构一般是指市场中供给与需求的比例关系，是经济结构的重要组成部分。供给和需求分别是指市场中由卖方提供或买方需要的所有商品和服务总量。因供需结构的变化会直接影响市场价格和交易量，进而影响到企业收益乃至整个经济面，所以实时把握市场的供需结构有助于市场主体更好地制定产品定价和市场策略，以满足市场多样化需求，进而取得更高的市场份额。

然而，本书供需结构研究的重点是市场中各类创新产品的供给和需求状况。由此，供需结构韧性即指创新市场的供求关系对外部冲击所具有的抵御能力，也就是市场的供给和需求对外部影响的承受能力。供需结构韧性是衡量市场健康程度的重要指标，只有具备韧性的市场才能够长期稳定发展。具体地，供需结构韧性主要表现在以下几个方面：一是抵御价格波动的能力。当市场供给过剩或者需求不足时，市场价格将可能产生剧烈的波动，而供需结构韧性强的市场能够更好地平抑波动并抵御价格波动产生的不利影响。二是抗击外部冲击的能力。市场会受到各种因素的影响，如政治冲突、国家政策、自然灾害等。供需结构韧性强的市场能够更好地承载和消解外部冲击的影响。三是适应市场变化的能力。市场瞬息万变，对市场供给和需求进行合理引导和调整是市场健康发展的关键，只有供需结构韧性强的市场才能够更好地适应各类市场变化。

当前，我国技术创新供需的结构性矛盾十分突出。早在 2012 年我国就已成为国际 PCT 发明专利申请及授权量的第一大国，但在世界国家创新指数排名中，我国却长期处于十名开外（WIPO，2022）。一方面是创新产出数量众多，但专利转化率却长期低于两位数。这主要是因为市场中充斥了大量模仿甚至抄袭而来的"小规模创新"或"边际创新"等低质量创新产出（黎文靖等，2021；张杰和郑文平，2018）。另一方面是能带来高额技术回报的高质量产出，如原始创新或自主创新仍极其匮乏。直到如今，我国依然面临光刻机、高端芯片、操作系统等高精尖技术稀缺带来的"卡脖子"问题。因此，以往单纯只关注创新产出量而不重视创新产出质的政策激励模式难以为继，必须实时作出调整，重点强调科技创新的供需结构平衡及其韧性提升的问题。

第三节　创新科技韧性的构成要素

创新科技韧性是创新韧性的第三个维度，可为创新系统注入更新的发展动能。科技创新是产业升级的需要，也是从基于后发优势的"追赶式创新"转向国际科技前沿"开拓式创新"的需要（王素素等，2022）。随着"创新"对经济发展作用的不断提高，如今，科技创新已被公认为是推动人类发展进步的根本性驱动力，其中"科技"包括科学和技术两个方面的内容。具体来说，科学是人类对客观世界中各种事物的现象、本质、特征及其运动规律认识不断增长的知识体系，而技术是根据生产实践经验和自然科学原理而发展成的各种工艺操作方法和技能。科学是技术的源头活水，而技术的进步也推动着科学知识边界的不断延展。创新系统的功能是促进创新的产生，而创新的本质是价值创造。所以，创新系统的主要功能即实现科学、技术、经济、社会和文化等价值的创造（陈劲等，2013）。

从这个意义上看，创新系统的科技韧性就是由科学创新和技术创新所主导的，在面对各种不同的冲击、压力和挑战时，仍能够通过保持科学技术的先进性、稳定性和可持续性，并且不断适应外界变化以维持创新系统活力和实现长期价值创造的能力。由此可见，创新科技韧性的提升有助于提高创新系统应对外部冲击时的应变能力和抵抗能力，也是促进创新系统新陈代谢的主要来源。当前世界风云变幻，科学技术日新月异，这对创新系统中的科技韧性及创新主体的灵活性、学习力和风险管理能力都提出了更高的要求。为了更好地探析创新科技韧性，本书从科技创新的投入、产出和环境因素三个方面来剖析创新科技韧性的要素构成。

一、科技创新投入

科技创新是提升一个国家经济和技术竞争力的重要手段。但科技创新并非自动生成的，必须先进行知识、技术、人力、资金、设施设备、制度政策等全方位的投入才可能培育和孵化出更为先进的科技创新产出成果。具体来看，科技创新的投入维度包括以下几个方面。

首先，研发投入是科技创新投入维度的核心。研发投入主要包括经济体研发经费、研发人员数量（包括研发人员全时当量）的投入。有研究指出，人力资源投入和资金投入是技术创新的基础条件（魏江和许庆瑞，1995），也是造成区域创新差距的主要原因。并且，在国家科技创新能力提升进程中，企业 R&D 经费投入和 R&D 人员投入起决定性作用（李盛竹和马建龙，2016）。例如，基础研究、开发新技术、新产品和新服务，进行研发实验和新产品测试以及招聘和培训研发人员等都需要大量的资金和人力资源参与其中。只有通过大量的研发投入，才有可能不断提高自身的技术水平和科技竞争力。

其次，科技人才的培育和引进也是科技创新的重要投入维度。尤其对于外来高层次人才，政府和企业每年都需要投入大量的引进资金及配套资源（如科研平台、入编落户、配偶工作和子女入学等各项安排）来支持"高精尖缺"人才的引进工作，为当地科技创新补充新鲜血液。

再次，科技创新的硬件设施和基础设施也必须持续加以投入。例如，投资兴建配套高端实验设备的区域研发中心和研究园区等。此外，包括5G 基站、三网融合、物联网、下一代通信网络等在内的软硬件基础设施建设也为强化科技创新的平台和技术支撑能力提供了广阔空间。

最后，创新政策和法律法规的支持也是科技创新的重要投入维度。目前，我国科技创新政策的制定涉及全国人大及其常委会、国务院、科技部、国家发展和改革委员会、财政部、国家知识产权局、商务部、教育部等诸多部门。当前，我国已逐渐形成了一整套布局较合理、层次多样化的包含动力型政策、环境型政策和保护型政策的立体化引导政策体系。与此同时，为进一步深化践行创新驱动发展战略，诸多政府部门也制定了相应的专门政策，如税收减免、研发扣除、资金扶持和科研经费补助等，以鼓励企业和研究机构进行科技创新。此外，政府还制定了保护知识产权和保障创新安全的环境法规以更好地促进科技创新的发展。

二、科技创新产出

创新产出反映了一个地区的创新发展成效，可为创新驱动经济增长提供知识和技术保障（白俊红和王林东，2016）。目前，创新科技产出尤其是专利产出，是衡量一个地区科技创新水平高低的合意指标和有效量化手段（杨明海等，2018；杨骞等，2022），并成为区域经济发展和创新差异的重要来源。一般而言，科技创新产出不仅包括物质性，还包含精神性、社会性等多重维度产出。它为新经济新动能、产业智能化奠定了科技基础，也为人类未来高质量和可持续发展提供了更大空间。具体来说，科技创新产出涵盖了包括知识产权、科技产品、科技服务等对经济、社会和环境具有直接贡献的各方面产出。科技创新能提高经济效益，推动产业升级，带来多学科交叉、多行业融合的创新成果。而这些成果既能满足人们对美好生活的需求和向往，还可帮助人类更好地认识自然、把握自然规律，解决在改造自然、保护生态中遇到的棘手问题，达到永续发展的目标。

首先，专利技术等知识产权是科技创新的核心产出部分。这里的知识产权主要是指科技方面的知识产权，包括科技商标（含标志、名称、图像等）、专利技术（包括发明专利、外观设计专利和实用新型专利等）、科技类版权（如科技论文、科技著作、国家或行业标准等）以及其他各种科技方面的智力创造。知识产权是企业无形资产的重要组成部分。如果这些科技类知识产权能被高效利用，将创造巨大的经济效益和占据更大的市场竞争优势。其次，科技产品是科技创新带来的重要产出。例如，手机、计算机、硬件设备、软件程序等各种具象的信息技术产品。科技产品的出现改变了人们的生产生活方式，其更高级别的使用功能在带来更好用户体验的同时，也逐步改善了人们的生活工作条件，提高了社会福利和经济效率。最后，科技服务也是科技创新产出的重要维度，如云计算、物联网、大数据、软件开发等。科技服务一般是以科技产品为基础，以解决科技产品应用场景中出现的各种难题为基本目标，提供更多的增值服务和优化解决方案。它不仅可以帮助人们更好地掌握科技产品的使用诀窍、更方便快捷地获取不同信息，还能在数据和信息大爆炸的大背景下通过提取真实、准确、有效且高价值的信息来引导企业正确决策，进而提高企业决策效率和经济效益，更好地推动创新企业的发展进步。

除此之外，在《中国科技统计年鉴》中，国家级科技奖励、企业新产品项目数、地区技术市场的成交额和地区专利所有权转让及许可数等也是衡量地区科技创新产出的重要指标，它一定程度上可有效反映科技成果转化对经济、社会和环境的直接贡献，能为进一步全面洞察区域科技创新成果的真实情况提供量化依据和指标指引。

三、科技创新环境

除了创新投入维度和产出维度外，科技创新的成效还面临外部环境因素的制约。创新环境反映了地区支持创新驱动发展的条件水平（白俊红和王林东，2016），成为企业开展创新活动的重要因素。创新环境的特殊性主要在于它是外部系统性指标，并非由企业自身可随意加以控制和主导，有时甚至能直接决定创新活动的成败，由此也成为影响创新科技韧性的重要来源。如今，企业早已成为我国技术创新的主体，贡献了超过70%的创新成果产出。因此，从创新企业的角度来分析创新环境因素将具有典型的代表性。弗曼等（Furman et al.，2002）认为创新环境是系统性创新的一种基本制度安排。赵彦飞等（2020）认为创新环境是支撑创新主体开展创新活动的重要条件。创新企业立足于现有情况考虑是否应采取科技创新策略时，将重点从企业当前所面临的内外部环境来具体考察。同时，企业为了在激烈的市场竞争中实现自身生存和发展，同样也有来自内部环境的驱动力和外部环境的推动力驱动或倒逼企业开展创新活动。

具体来看，企业开展科技创新的外部环境因素包括地区经济发展水平、资本存量水平和创新人才基础等，而内部环境因素则包括政府研发资助经费、企业竞争的行业环境和同行竞争意识等。因企业内部自身的创新意愿、创新文化氛围等因素是企业可自身加以控制和主导的因素，因此未纳入创新内部环境的讨论中来。一般而言，经济越发达的地区越有利于企业创新行为的萌发，地区创新水平与其经济发展水平显著正相关（张辽和黄蕾琼，2020）。一方面，经济发达地区的生产率更高，经济形态更为发达，市场环境更为宽松，创新活动也应更为活跃（Liu et al.，2020）；另一方面，企业的创新活动需要投入大量的智力资源与物质资本，经济发达地区汇聚了大量优秀人才与丰富资金，该环境下的企业通常具有更强的创新意愿（Basu & Getachew，2019）。具体而言，一个地区的创新人才越丰富，企业可供选择的范围也就越广，人才类型也更趋于多样化，这就为不同学科专业知识的交叉、碰撞以及跨学科领域重大创新的出现奠定了良好基础。同时，创新是一项具有高投入、高收益但同时面临高风险和高不确定性的活动。创新前期需要巨大的投入，甚至还要经过数十年的积累才可能有颠覆式、爆发性的重大成果产出，这无疑需要雄厚的地区资本存量做基础。

　　从内部环境因素来看，熊彼特的创新理论认为，资金的可获得性在技术创新中发挥了重要作用。创新活动因收益的不确定性、创新过程中信息不对称性和较高的监管成本易面临严重的外部融资约束，而融资约束会明显抑制企业创新活动（徐佳和崔静波，2020）。地方政府对企业研究与试验发展（research and experimental development，R&D）行为的支持力度可有效缓解企业的融资困难。此外，企业竞争环境和同行竞争意识等表征市场竞争程度指标的提升也可在一定程度上倒逼企业主动开展创新活动以获取市场优势，但在此过程中也可能增加对人力、资金与能源等生产要素的激烈争夺，造成创新成本的上涨，进而导致创新绩效的下降。因此，企业技术创新将会受到市场竞争正反两个方面的影响（赖一飞等，2021）。

第四节　创新组织韧性的构成要素

　　创新组织韧性是创新韧性的第四个维度，也是创新韧性的核心构成之一，主要可赋予创新系统调整和重构能力，为创新系统对抗外部冲击提供主体支持。参照工具书，本书将创新组织理解为名词，即主导创新这一活动的机构或人群集体。从创新系统组织内部来看，创新组织的实质就是创新系统组织内部各主体的有序构成及各创新主体之间形成的竞争、合作等共生共存共同演化发展的复杂关系。通过对创新组织结构的剖析可清晰揭示创新主体的组织排列模式和各构成部分之间的关联，并借此凸显出各个主体的不同重要程度。例如，罗玛和哈洛宁（Luoma & Halonen，2010）认为创新生态系统的内部创新主体是构成关键，创新主体在系统中交换思想、合作互动、彼此促进，成为推动形成创新发展的原动力。阿德纳和卡普尔（Adner & Kapoor，2016）提出系统的创新主体是由核心企业、上游组件供应商、客户和下游互补供应商这四个紧密协作的互补性组织共同构成的复杂连接网络。

在理解创新组织结构的概念内涵后，本书认为创新组织结构韧性是指对抗外部冲击时，创新系统内部各创新主体所发挥的适应变化、调整策略、重构组织和持续创新的能力。它的核心特征是创新主体能够沉稳面对市场动荡、技术封锁等各类冲击带来的变化和挑战，在不确定的环境下适应干扰并通过组织内部的不断调整、重塑受损网络链条、通过渐变式或突变式技术创新等方式重新获得竞争优势，最终保持创新组织的长期稳健发展势头。为与前文"创新结构韧性"相区别，本书将创新组织结构韧性简化为"创新组织韧性"。具体来看，对创新组织韧性而言，创新主体能否全面发挥各自功能、不同主体间能否顺利实现协同演化、政府的科技管理服务水平如何等都将直接影响创新系统能否有效应对市场动荡、技术封锁等各类冲击所带来的不利影响。

一、创新主体功能

创新主体是创新活动的核心构成，是创新过程中的决策者、执行者和推动者。一般地，区域创新系统的主体主要包括企业、政府、高校和科研机构以及各类服务于科技创新的中介机构或个人等。不同的创新主体所具有的不同功能，可有效推进传统产业升级，推动经济发展、社会进步和科技繁荣。从韧性视角看，创新主体的多样性也意味着创新系统拥有了多元异质的组成部分所带来的不同选择，而这恰恰可有效削减外部冲击所引起的不利影响，为创新系统演化争取到更多的试错与环境应答空间（梁林等，2020）。

具体来看：首先，企业是创新系统的核心主体。早在 2019 年，工信部就曾公开表示我国民营企业贡献了 70% 以上的技术创新成果。党的二十大报告对强化企业科技创新主体地位作出新的部署，企业已从"技术创新主体"转变为"科技创新主体"。在创新过程中，企业主要承担着对创新活动进行投入决策、实施研究开发、转化创新技术并将创新成果产业化等功能。同时，企业也在内部管理创新、营销方式创新、利基市场挖掘等方面具有举足轻重的作用。其次，政府作为科技创新的引导者、管理者和维护者，具有制定科技创新政策、战略规划、实施纲要和完善相关制度、法律，提供共性公共技术基础设施、弥补企业研发投入不足等重要功能。政府对创新系统的演化至关重要，为区域创新提供力量保障。若将创新系统隐喻为生态系统，则它决定了创新系统演化的整体方向和发展进化过程，尤其在推动制度创新、保持技术创新活力上具有不可替代的关键价值（李万等，2014）。再次，高校和科研机构是我国科技创新的战略先导和基础构成，也是知识创新的主体和主要源头（曾小彬和包叶群，2008），一般具有提供创新所需的知识源、技术源、人才源的功能。高校和科研机构不仅是科研成果孵化的重要来源，还承担着培养高质量人才的基本职能。"双一流"高校、国家重点实验室和国家级科研院所等已成长为我国的重要战略科技力量。最后，科技中介服务机构是为创新主体开展科技创新活动提供服务的机构，也是联系创新主体的重要纽带和直接桥梁，主要包括生产力促进中心、金融机构、咨询机构、技术市场、孵化平台、工程中心、产学研联合体、创业中心、信息服务机构等。它们的存在直接降低了创新企业之间因信息不对称所带来的信息搜寻成本，减少了因前期经验不足所引起的创新失败风险和创新融资约束等问题，具有实际助推和催化新技术商品化、产业化的重要功能（黄鲁成，2000）。

二、主体间协同水平

区域创新系统运行的过程就是企业、政府、高校、科研院所、各类中介服务机构等多样化创新主体在市场需求或社会需要的拉动下协同创新的过程。创新系统内的创新主体在相互作用、相互适应中发展变化，甚至相互转化，遗传—变异—选择三大机制在系统进化过程中交替发挥作用，这也促进着创新系统的良性变异、创新主体的优化选择和创新知识的学习扩散（高月姣和吴和成，2015）。其中，创新主体的多样性和数量级是保障创新系统满足众多主体间合作并开展创新活动的前提，能显著提升系统的创新速率和成功率。同时，创新主体间利益相关者的互惠共赢关系是创新组织韧性的基石，有利于塑造良好的组织关系韧性（李晓娣和张小燕，2018）。贺德方等（2019）则指出国家创新体系理论的贡献之一就在于意识到了一个国家或地区的创新效能不仅同创新主体的能力有关，还与主体间的协同水平有至关重要的关系。如何加强创新关联已成为全球创新体系建设需共同面对的难题。

因各创新主体的功能不尽相同，为适应创新活动需要，创新主体间的协调关系和运行机制也有所不同。具体来看，政府是制度政策创新的主体，引领和指导了企业、高校、科研院所、中介机构等进行科技创新的战略方向。在为其创新活动提供必要的经费、人员、基础设施等方面支持的同时，也协调着各创新主体之间的相互关系，为合作创新营造良好的环境，促使"无序盲目式创新"向"有序协作式创新"转变；企业则是科技创新的核心实践主体，更是实现知识资本向创新价值转化的关键力量。企业的科技创新能力不仅是企业生存发展的生命线，还是一个区域经济增长的发动机和加速器。它可通过开展研发试验、注入风险资本和优化人力资源等方式将高校和科研院所开发的最新知识和技术快速地应用到生产、经营、管理实践中，及时变现为社会生产力与经济效益；高校和科研机构是原创性、颠覆性技术思想的主要来源，已成为知识创新的主要载体，也是践行国家创新战略和方针政策的重要力量。当前，随着科技创新链不断前移，产业创新已由工程师时代进入科学家时代（洪银兴，2017），高校和科研机构基础研究功能的重要性越来越突出；中介机构主要是配合其他创新主体加速创新产出、实现创新成果顺利转化和产业化的重要支撑，也是消弭创新交易成本，提升创新资源配置能力的主要载体。创新主体间的关系具体如图 3 - 1 所示。

还需要指出的是，各创新主体表面上看似各司其职、相互独立，但因创新过程极其复杂，具有典型的非线性特点，仅凭单一企业是很难完成创新价值链的所有环节的。科技创新的成功离不开前期基础研究的积累、地方政府的支持配套、创新资源的投入供给、创新企业的研发转化、创新市场的实时反馈等跨行业、跨部门、跨学科、多元主体的网络式合作。各创新主体在相互影响、相互作用、相互制约的过程中产生协同作用，统一于创新系统的框架中，为区域创新能力的提升发挥主导性作用。

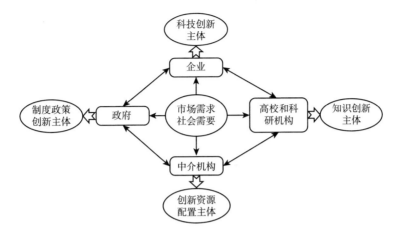

图 3 - 1　创新系统主体间关系

资料来源：笔者绘制。

三、创新管理水平

创新管理水平主要体现为政府科技管理部门对创新事业的管理能力。科技管理部门是政府公共管理在科技领域实施一系列制度政策的中介载体，集中反映了政府在科技创新管理中的定位、内容和手段等，也是创新组织韧性的重要来源。当前，新一轮科技革命和产业变革正在重构全球创新版图，国际环境正处于"大变局"之中，科技创新环境越发严峻，科技治理也显得越发紧迫和必要。但就目前而言，国内科技管理政府部门旧有的以"项目制""管理本位"为特点且极具计划色彩的职能设置已严重不适应当前的创新发展需求（孙福全，2014），亟须对其职能进行变革和转型。中共中央也曾明确指出"政府职能要从研发管理向创新服务转变"，这也为各层级科技管理部门的职能升级提供了有力遵循。

政府在科技管理过程中应当实施怎样的组织架构、如何有效发挥政府职能是其科学引导、管理和服务区域创新活动的基础，也是实现政府由科技管理到科技治理过渡的关键。贾小峰等（2006）认为新时期地方科技管理部门职能应包括科技计划、科技体制改革和科技成果管理等内容，而不应只注重科技计划职能。毕娟（2011）认为政府应不同程度地介入科技活动，如应全面支持纯公共科技领域，深度扶持准公共科技领域和适度干预私人科技领域。杨继明和冯俊文（2013）主张要围绕统一的创新战略目标来完善创新系统治理体系，建立跨部门的组织协调机制以消除不同政策领域间隙。孙福全（2014）则提出政府科技管理部门要从原来的以控制为中心的管理主义向以协调为中心的治理主义转变。姚威和张婉滢（2018）从新公共服务理论出发，基于价值目标转变、治理结构转变及具体服务转变三个维度构建了地方政府科技管理部门职能转变的分析框架。

2014年，我国进行了科技计划管理改革，建立了包括"一个制度""三根支柱""一个系统"的统一国家科技管理平台（贺德方等，2019），推进了创新治理体系和治理能力的现代化。根据2023年3月新印发的《党和国家机构改革方案》，我国组建了中央科技委员会并重组了科学技术部，进一步深化了科技体制改革的力度。这不仅明晰了不同部门和不同政府层级的职责功能，还将原科技部的部分职责剥离划归到国务院其他相关部门，优化了我国科技创新的全链条管理过程。

第五节　创新制度韧性的构成要素

创新制度韧性是创新韧性的最后一个维度，可为创新系统提供保障和调节能力，是对抗外部冲击的能动保障机制。制度是指在特定社会范围内统一的有约束力的规则体系。这些规则可以是正式的法律法则，也可以是非正式的风俗习惯，道德伦理（陈建青和扬甦华，2004）。而本书重在强调经济体在发展演进过程中所形成的政治、经济、文化等方面的制度体系对创新系统的影响。因此，创新制度韧性可理解为我国现有的各类制度在面对内外部变化、冲击和挑战时通过制度性调整和适应性策略帮助创新系统降低冲击破坏力、抵御干扰，进而保持创新系统稳定运行并持续创新的能力属性。

纵观中国40多年的改革历程，其实质就是一个制度适应性效率不断提高的过程（田湘波和谭丰华，2008）。在历经多次金融危机与突发公共卫生事件过程中，我国经济均表现出极强的韧性（王永贵和高佳，2020）。这不仅反映了我国政党制度自我革命和自我纠错的适应性能力（魏丽莉和张晶，2021），也体现了我国经济体制的有效性、灵活性以及中国经济的巨大韧性空间（胡若痴和武靖州，2020）。王素素等（2022）认为制度韧性是经济韧性的基础，制度的改革会带来资源的重新分配。任远（2021）指出制度韧性是社会发展能力的集中体现和面对风险挑战的重要维度，也是现代国家治理体系和治理能力现代化不可或缺的内容。借鉴已有文献并结合中国现实情况，本书将从优秀传统文化储备、创新制度的调适能力和创新相关政策体系三个方面来分析我国创新系统制度韧性的构成。

一、优秀传统文化储备

传统文化储备水平是一定区域内的人类社会在长期发展过程中积累下来的精神财富和文化积淀的总和，其涵盖的内容极其广泛，包括历代存在过的各种物质的、制度的和精神的文化实体和文化意识（高健岭等，2012）。习近平总书记曾指出"中华优秀传统文化代代相传，表现出的韧性、耐心、定力，是中华民族精神的一部分"[①]。文化的产生是一个社会和历史的过程，它集中体现了不同历史时期、不同地域、不同社会阶层和群体在劳作、生活、学习等各项实践过程中所形成的文化多样性、丰富性、复杂性、稳定性和延续性。历史文化传统作为人类文化的基石和文明的灵魂，也是制度体系的重要组成部分。

中国是一个具有五千年悠久历史的文明大国，其历史文化传统深刻影响了本国人民的创新意识、思维方式和韧性活力，也赋予了本国制度形成过程中的文化基因特性。贾小峰等（2006）认为统一的地域文化会对区域创新意识产生正面影响，而创新意识差异是造成创新结果差异的重要原因。赵莹（2020）在分析经济韧性时，也着重强调了历史文化基因和文化价值体系中的观念、道德、信仰等对制度、体制和机制生成的

[①] 资料来源：http://politics.people.com.cn/n1/2023/0709/c1001-40031311.html.

长远影响。在演化经济学中，韧性通常被认为是经济体受历史遗产（historical legacy）和外界环境（包括冲击、干扰等）影响而不断自我强化所表现出的历史路径依赖（陈梦远，2017）。李强（2020）也认为韧性这一特性确实存在较强的地理依赖性与历史依赖性。

文化是影响制度的深层次因素。马克思和恩格斯曾指出"理论一经掌握群众，也会变成物质力量"①，即认为先进的文化一旦经群众掌握后就会转化成强大的物质力量。习近平总书记也指出"文化是一个国家、一个民族的灵魂"②。正因制度与文化存在的双向互动性和共生演化特点，使得在文化的历史性延续与传承环境中建立的制度规则具有了更强大的执行力和约束力。如今，我国优秀传统历史文化已为创新系统制度韧性的形成和发展打下了深刻烙印。未来进一步坚定文化自信，增强历史文化储备，也成为实现创新韧性提升的重要途径。

二、创新制度调适能力

创新制度的调适能力主要表现为在面对新的形势和外部冲击时，创新系统仍可通过改革、调整、适应的方式来完善和优化现有的创新制度，以满足新的现实挑战，进而保持和发展创新系统的活力和竞争力。从实质上看，制度、体制和机制都属于广义上的制度范畴（赵莹，2020）。创新制度调适能力主要源于我国各项制度、体制和机制本身的灵活性、适应性、包容性和进化性。奥斯特罗姆（Ostrom，1999）曾提出具有创新能力和社会文化适应性是制度蕴含韧性的必备条件。它依赖于灵活与多中心（polycentricity）的制度过程，并从根本上确保了局部创新试错不会引致整个制度体系的崩溃。

张贤明和张力伟（2023）认为中华人民共和国成立后，我国探索到了一条顶层设计与地方创新融合发展的新型治理之路，成功构建了制度韧性。此外，改革开放后建立的中国特色社会主义市场经济体制也具有

---

① 中共中央马克思恩格斯列宁斯大林著作编译局. 马克思恩格斯全集：第 1 卷 [M]. 北京：人民出版社，1956：460.

② 资料来源：人民网，http：//politics. people. com. cn/n1/2024/0129/c1001 - 40168938. html.

强大的自我纠错机制和自我革新动力。在当前百年变局下，国内外各类潜在的复杂风险层见叠出，新兴技术革命与产业转型如日方升。制度变革将面临更多的全局性、长远性、战略性与突发性状况。如今，新产业、新业态、新商业模式已成为我国经济增长的新动能，它也对经济和创新体制变革提出了更高的要求。有研究指出，中国经济逐步从高速向高质量转变并非结构性、技术性调整，而是体制激励制度的转向和变迁（张平和刘霞辉，2019）。承前所述，防范和化解各类重大风险，增强经济体制度韧性变得异常重要，也对我国制度创新能力和调适能力提出了更高要求。

当前，我国已形成了多元化、市场化的科技创新体系，构筑了更加强大有效的创新系统。创新系统的制度韧性不仅使得各类创新主体的能力得到了广泛的提升和扩展，一定程度上还有效满足了不同领域、不同层次、不同主体的创新需求。此外，我国创新制度还具有自我革新的长期动力和调节机制。通过持续的体制、机制改革和调适优化，不仅有利于探索创新系统新的发展模式和进化路径，而且有助于推动创新制度体系不断适应时代和市场的发展变化，达到有力确保创新系统健康发展的长远目标。

三、科技创新政策体系

政策是制度形成的重要来源，也是制度建设的重要组成部分。我国科技创新政策体系已成为构筑创新系统制度韧性不可或缺的关键一环。科技创新政策其实质是政府影响国家科技创新体系运行与发展的行为和措施，也是塑造良好创新环境、科学引导创新活动、激发创新主体活力、促进创新成果转化的重要手段。

截至目前，我国已基本形成了覆盖全面、门类齐全、工具多元的中国特色社会主义科技创新政策体系，并涉及全国人大、国务院、科技部、国家发展和改革委员会、财政部、国家知识产权局、商务部、教育部等诸多部门。具体来看，我国科技创新政策既涵盖了企业、高校、科研机构、科技中介等各类创新主体，又覆盖了从基础研究、技术开发、技术转移到产业化等创新链条各环节，还包括了财政、税收、金融、知识产权等多样化政策工具。

　　考虑到不同的政策目标、内容和效果的复杂性，有必要将包含不同领域、不同层面、不同主体的科技创新政策放置于统一的分析框架，以进一步明晰和优化体系性的政策实施路径。根据科技创新政策的发展过程，可将其按线性模型简单地划分为科学政策、技术政策和创新政策。伦德瓦尔（Lundwar，2009）基于科技创新政策发展流程，提出创新政策包含技术政策，技术政策包含科学政策的层层包含的关系。罗斯韦尔和泽格沃尔德（Rothwell & Zegvold，1985）按照政策工具的着力面开发出经典的供给型、环境型和需求型三类划分方法。按照科技创新政策发挥作用方式的不同，陈劲和王飞绒（2005）也将其分为供给侧政策、需求侧政策和环境侧政策三类。吕文晶（2019）则将科技创新政策划分为科学研究类、产业化类和商业化类三个大类。其中，贺德方等（2019）基于国家创新体系理论，建立了包含创新要素、创新主体、创新关联、产业创新、区域创新、创新环境、开放创新和系统反馈政策八大模块的科技创新政策体系框架，具体如图3-2所示。这一政策分类思路为我国科技创新政策的优化调整提供了新的参考借鉴。

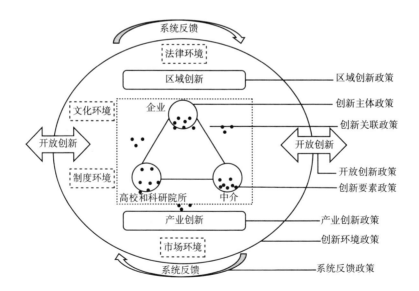

图 3-2　基于国家创新体系的科技创新政策分析框架

资料来源：笔者绘制。

第四章 中国创新韧性的内在机理研究

基于区域创新韧性不同组成部分所发挥的"基础—缓冲带—动力—主体—保障"功能分析框架，本书建构了创新韧性内在机理理论分析模型。从五大维度所发挥的创新基础支撑、创新空间回旋、创新动力来源、创新主体支持和能动保障机制的作用出发，深入揭示创新韧性不同维度在应对外部冲击时是如何发挥作用以维护创新系统正常运转和更新升级的作用机理。

如图4-1所示，创新系统一般面临着来自各类自然灾害、经济危机、政策调整和创新失败等风险因素的外部冲击和内在压力，它们所释放的脆性因子和干扰因子将侵蚀和破坏创新系统，严重影响系统的正常运转和健康发展。此时，唯有通过创新系统本身不同维度的韧性因子发挥抵抗、恢复、适应冲击的功能，才有可能恢复创新系统的原有状态或实现整个创新系统的进化升级。同时需要说明的是，五大维度韧性相辅相成，具有极强的联动性，且存在密切而复杂的依存关系，共同统一于创新韧性这一整体框架。本章节标题的设置只是为了更好地识别和凸显不同维度在创新系统应对冲击时发挥的主要功能，但并非意味着各维度仅发挥节标题所指的单一作用。比如，创新基础韧性不仅会释放抵御和吸收能力，其基础要素的冗余还能对冲击起到一定的缓解和适应作用，为系统其他部分迅速应答和采取积极行动争取到宝贵的窗口期。而创新科技韧性也不只是起到提供发展动能的作用，它在发挥系统恢复力、适应力和进化力等方面同样不可或缺。

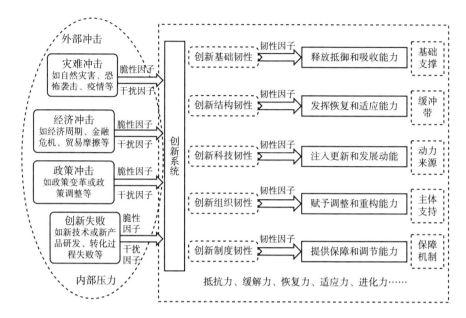

图 4 - 1   创新韧性的内在机理模型

资料来源：笔者绘制。

第一节   创新基础韧性释放抵御与吸收能力

创新基础韧性是区域创新系统在面临挑战、风险和压力时，其所具备的软硬件条件所释放出来的抵御和吸收能力。它是平抑系统波动状态，维持其正常运行和可持续发展的基础性支撑，也是经济体长期发展和成功进化不可或缺的重要因素。这一韧性主要来源于创新系统内部的人才、资本、技术、信息、能源、基础设施等各种资源要素。具体来看，创新系统可充分利用经济体的自然资源禀赋、科技教育水平、信息基础设施和系统抗风险能力等来凸显其抵御和吸收外部冲击的基本功能。创新基础韧性发挥作用的机理如图 4 - 2 所示。

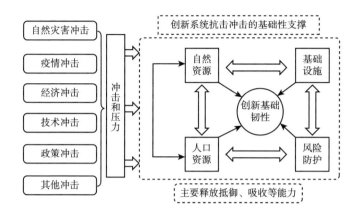

图 4 - 2 创新基础韧性的作用机理

资料来源：笔者绘制。

一、自然资源提供创新基础性支持

自然资源和创新系统密不可分，并已成为创新系统赖以生存和发展的基础性条件。与此同时，科技创新也是科学开发和有效保护自然资源的关键手段。具体来看：自然资源是创新系统维持运行发展的基本物质载体。自然资源为工业化进程中的初始技术创新提供了必不可少的原材料、能源等必备支持，如矿产资源、水资源、能源资源、土地资源等。可以说，迄今为止还没有任何一项科技创新可以完全脱离自然界支持而独立发生。无论是科技创新过程中涉及的实验室、研究中心、工厂等基础性场地，还是在实验操作过程中所使用到的计算机、机器和其他实验仪器设备，抑或是实验条件中的水、空气、矿物质、生命等，这些究其本源都无一例外地来自自然界。因此不得不承认，是大自然给人类的科技创新提供了基础性支持，人类一直都是在依托着自然资源的同时改造自然的。

当然，科技创新也可以帮助经济体更有效地开发和保护自然资源，提高自然资源的使用效率。例如，新的农业技术可以提高农作物的产量和质量，节约日益紧缺的土地资源，减少水资源的浪费。新型环保技术也可以赋能企业降低自然资源的消耗和环境污染物的排放，为保护生态环境，实现绿色"双碳"发展目标贡献力量。当然，自然资源和创新系统也是互相促进、共同发展的。科技创新还可以创造新的材料和资源，如新金属材料、精细陶瓷和光纤等，而新型生物技术可以开发出新型农作物、疫苗等生物资源。

事实上，随着人类工业化进程的不断加快、自然资源的日益枯竭和环境污染的逐步加剧，给资源领域新一轮的科技革新提出了更为迫切的现实要求。为了解决这些问题，科技创新必须与自然资源保护、环境保护相结合，亟须加快绿色科技创新。这主要是因为自然资源的开采利用一方面为人类社会的生产生活提供了可靠而丰富的物质来源，同时人类活动所产生的废弃物，如生活垃圾、工业污水、有毒废气等也被源源不断地排放到了自然界，成为环境污染的主要来源。因此，加强对可再生资源的开发和培育，降低对不可再生资源的依赖和利用，保护自然环境也已成为创新系统自身更新的重要组成部分。此时，既要充分利用废弃物处理技术、清洁生产技术、环保能源技术等手段，从源头上减少污染物的产生和排放，也要积极利用绿色科技手段治理现存的污染，实现环境净化和可持续发展的目标。譬如，可采用新的环境监测技术来实时动态监测各类环境污染行为，利用最新的环境治理技术减少资源的消耗和污染排放等。

总之，自然资源和创新系统互相依存、互利共生。合理开发自然资源、推动科学技术创新，才能保障可持续的经济发展和生态平衡，才能更好地为创新系统的发展提供基础性支持。

二、人口资源提供创新基础性要素

人口资源，特别是"人才"已成为区域创新韧性的核心构成要素。甚至可以毫不夸张地说，创新发展中最关键的要素就是"人"。习近平总书记在党的二十大报告中曾鲜明指出"教育、科技、人才是全面建设社会主义现代化国家的基础性、战略性支撑。必须坚持科技是第一生产力、

人才是第一资源、创新是第一动力"①,深入实施人才强国战略。具体地,
人口资源涵盖了人口的数量、结构和素质等方面的内容。

一是从人口数量上看,人口的增加可以直接促进创新的发展。一方
面,它扩大了创新创业活动的人口基数,为克服因宏观层面原因导致的
创新失败和中断风险提供了更多的试错机会和应答空间;另一方面,随
着人口数量的增加,市场规模也会随之扩大,这将促使企业更有动力加
大投资研发的力度,提高自身技术水平以获取更高的创新收益,进而良
性地、循环地推动科技创新和产业创新的深度融合。

二是从人口结构来看,人口结构的变化会导致人们的切身需求发生
变化,进而可能直接影响创新发展的重点和方向。例如,随着人口老龄
化的加剧,人们对于医疗保健、健康养老等方面的需求会增加,这会刺
激和促进"银发经济"等相关领域的创新和发展;而少子化的出现也会
使得母婴市场和教育行业深受冲击,不得不面临消费体量萎缩和创新收
益下降的困境,最终可能使得该领域的优质创新资源逐渐转移到边际效
益更高的行业领域。2024年的国家统计局数据显示,由于出生人口持续
下降,2023年的全国人口为14.1亿人,比上年净减少了近208万人,
而65岁及以上人口为2.17亿人,占15.4%。老龄化不仅带来了沉重
的社会养老负担,而且将引致经济体创新活力匮乏和创新动力严重不足
等问题。

三是从人口素质来看,人口资源无疑是创新基础韧性最为重要的软
实力和智力支持来源,它的提高能有力促进创新质量和创新效率的提升。
其中,受过高等教育的劳动人口已成为经济体能否保有创新韧性的关键
显性指标。这是因为随着人口素质的提高,人们的知识水平不断提升、
所掌握的知识结构更为多元,处理信息、解决问题和开拓创新的能力显
著提升。此外,我国人口素质的提高不仅缩小了与世界发达国家之间的
差距,也更容易掌握、消化和吸收国际前沿的科学知识和先进技术。这

---

① 习近平. 高举中国特色社会主义伟大旗帜 为全面建设社会主义现代化国家而团结奋斗——在
中国共产党第二十次全国代表大会上的报告 [M]. 北京:人民出版社,2022.

为充分利用科技创新的溢出效应和学习效应引领新一轮创新，提升地区创新基础韧性水平创造了有利条件。

与此同时，创新还能促进人口资源的可持续发展，这集中体现在它可提高劳动生产效率、实现资源的可持续利用、降低资源消耗水平、保障人口资源的可持续发展等方面。然而，"人"这一因素也可能会对区域创新能力的波动产生负面效应。从企业和管理者的微观层面上看，一方面，人力资源是创新资源中最活跃的要素，极具能动性和创造性。但当面临人力资源结构不合理、人才供应短缺、人才流动不畅和人才劳动保障体系不健全等多方面因素困扰时，创新系统所能获得的人力资源的供给通常是不连续的，而这种不连续性会对区域创新能力产生冲击，甚至造成创新能力的下降和衰退。另一方面，区域创新主体之间合作的可能性、稳定性都和相关部门的人员直接关联，而个人性格和领导风格可能放大人与人交往过程中的各种不确定性，进而威胁区域社会资本的合作基础（苏屹和李柏洲，2009），成为提升创新能力的不稳定因素之一。

三、基础设施提供创新基础性依托

基础设施是指包括通信网络、电力、道路、桥梁等其他供应系统的基本物理和组织结构。基础设施为创新系统提供了基础性依托，基础设施韧性也成为创新韧性的重要来源。一般地，基础设施韧性被视为城市或社区韧性建设的物质层面，属于静态的韧性治理资源（戴均，2020）。沈清基（2017）认为基础设施韧性属于技术韧性的范畴，是指基础设施系统对各类灾害的应对能力和灾后的恢复能力，也指灾害发生时基础设施系统抵御灾害、吸收损失并及时恢复至正常运行状态的能力。

具体来看，创新韧性的提高得益于知识、信息、数据和人员等要素的交流，而这种交流网络的形成离不开区域内交通、通信网络等基础设施的支持。也就是说，基础设施要素的完备与否直接关系到创新主体的创新积极性和创新活动的顺利开展。然而，由于各类天灾人祸，如地震、海啸、台风、暴雨和自然环境恶化、人为恶意破坏等风险的存在，再加上固定设施自身的老化和使用寿命有限等因素，都会给地区内基础设施系统带来了极大的毁损、灭失风险。所以从这点来看，基础设施的完备性存在间断的可能（程雁和李平，2007）。而这种基础设施的中断将不可避免地冲击到区域创新能力，并成为引起创新系统波动的重要原因。

综上所述，加强水电、交通和通信等基础设施系统的韧性建设至关重要，并且主要体现在减少各类灾害的发生频率和破坏程度上。它不仅可避免长期以来高额的设施维护费用，还有利于当地民生事业的改善和企业收益的稳定性。世界银行行长戴维·马尔帕斯也曾指出："韧性基础设施事关人民、家庭和社区，因为优质基础设施是改善健康、教育和生计的生命线"，而缺乏韧性基础设施的危害程度实际远超世人以往的想象。具体到气候方面，2022 年 3 月，联合国政府间气候变化专门委员会（Intergovernmental Panel on Climate Change，IPCC）发布了《气候变化2022：影响、适应与脆弱性》的报告，指出气候变化对人类福祉和地球健康已构成严重威胁，而韧性基础设施建设是有效应对这一变化所带来严峻挑战的实质性举措（Pörtner & Roberts，2022）。

创新系统作为经济系统的关键组成部分，难以避免地受到各类自然灾害的冲击和侵扰。如何建设更具韧性的基础设施群，强化其对灾难的抵御和吸收能力，以期为创新系统提供更好的基础性依托也是当前加强基础设施建设所面临的艰巨挑战。

四、风险防护提供创新基础缓冲带

党的十九大报告将"坚决打好防范化解重大风险"作为三大攻坚战之首，中央经济工作会议又再次强调其重点是防控金融风险（郭树清，2018）。重大风险既包括国内的经济、政治、意识形态、社会风险以及自然界风险，也包括国际经济、政治、军事风险等（钟开斌，

2020）。其中，国家高度重视金融风险，特别是系统性金融风险的有效防控。

目前，创新系统的风险因素主要来源于三个层面：一是国内外宏观经济大环境中的各种不确定性，如经济周期性波动、中美贸易摩擦、逆全球化趋势，地缘政治冲突，还有国内经济转型、新旧动能转换、供给侧结构性改革带来的阵痛等；二是创新系统内部长期演化发展过程中累积的冲突矛盾等风险因素，如新技术带来的产业颠覆性变革、研发失败带来的市场波动、创新主体之间的利益争夺和技术创新供需矛盾等；三是经济开放背景下的风险外溢、共振和叠加效应等，特别是世界性金融危机的负面影响。2008 年金融危机快速席卷全球后，全球经济复苏缓慢，经济增长长期低迷。2019 年底爆发的新冠疫情又一次将全球经济拉入深渊，不仅严重阻碍了世界范围内人员、货物、服务的正常流通，还导致部分地区产业链供应链停滞和断裂，给世界整体创新进程都产生了极为不利的影响。

我国风险防护能力是创新系统遭遇风险时的基础缓冲带，主要体现在以下几个方面：首先，平稳的宏观经济环境尤其是金融环境，为创新系统的健康发展提供了良好条件。当前，我国国内局势稳定，国力日益雄厚，经济发展长期积极向好，宏观政治经济风险可能性小，创新意愿和创新活力强劲，各区域创新活动有序开展。金融环境方面，我国针对金融风险的防护已形成多层级立体化的管理架构、制度性风险防火墙（即风险隔离制度）、规模性缓冲器（如外汇储备、公共债务、居民储蓄规模）等内容（赵莹，2020）。根据 2023 年最新的《党和国家机构改革方案》，我国新组建了中央金融委员会、中央金融工作委员会和国家金融监督管理总局，形成了以中国人民银行、国家金融监督管理总局、中国证券监督管理委员会和国家外汇管理局为主体的管理架构，进一步优化了我国金融机构的管理结构，提升了规避金融风险和金融监管的效率。同时，在创新创业支持方面，也出台了一系列金融支持和优惠政策，为企业和个人的创新融资提供了多样化渠道，也为创新系统的平稳运行创造了良好的金融环境。

其次，创新系统内部的风险监测预警机制、各类应急预案等风险防护措施也为遭遇外部输入性风险和内部原发性风险提供了保护屏障和基础缓冲，可有效减少或防止不确定因素、不良事件对创新系统的负面影响，使得企业、团队和个人等微观主体仍能继续深耕研发创新。与此同时，"防护带"的存在还可减少创新行为出现不良事件的概率，缓冲企业在创新过程中所面临的风险压力，同时也能提供显著区别于其他风险防护能力较差区域竞争对手的优势。总而言之，系统各项风险防护措施可提供一个安全保障，使得创新环境更加稳健可靠，已成为企业创新成功不可或缺的重要因素。

第二节　创新结构韧性发挥恢复与适应能力

面对突如其来的外部冲击和干扰，创新系统必须具有足够的缓冲性以赢取宝贵的系统反应和适应时间，而缓冲性主要来源于系统内部资源的冗余度和结构的复杂度。创新系统通过内部各项资源的长期积累和多元连接的复杂结构整合（倪鹏飞等，2011），一方面能第一时间对资源的流失或断供进行迅速调遣和补充；另一方面，多维度多层次多回路的内部系统结构有利于形成抗击冲击的回弹韧性空间，这也为触发系统核心保护机制，进而快速提升系统对灾害的响应和抵御能力创造了有利条件。梁林等（2020）也认为从创新结构作用于创新系统的内在机理来看，通过内部多元连接的复杂结构可保障系统在遭受外界冲击时，拥有足够应对的节点资源和结构储备，从而有效避免部分节点网络连接断裂的脆弱性进而导致整个系统的失灵和崩溃。

如图4-3所示，本书将重点从动态相关的产业结构催生抗冲击创新动能、耦合协调的区域结构释放抗冲击创新效能、国内外市场加速融合提升抗冲击创新势能以及日趋平衡的供求结构激发抗冲击创新潜能这几个方面来解析创新结构韧性助力创新系统抵御冲击的作用机理。

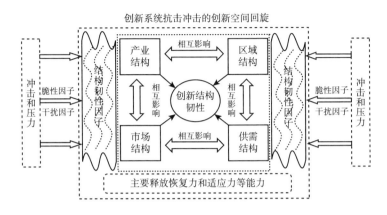

图 4 - 3　创新结构韧性的作用机理

资料来源：笔者绘制。

一、动态相关的产业结构催生抗冲击创新动能

动态相关的产业结构是指现代工业体系下，不同产业之间已形成千丝万缕般互相影响、相互渗透、密切相关的动态依存关系。任意一个产业的发展都将直接影响与之关联的其他产业，一荣俱荣，荣损相依，最终影响整个经济部门的兴衰。相关多样性产业结构的积极作用主要体现在：一是当外来冲击造成不利影响时，其外部性将使濒危产业更易于创新和转型，或使地区萌发新产业，实现生产的持续经营；二是该结构使得不同岗位上的劳动力技能具有较高的相似性，劳动力在产业间的流动和转换效率更高（郭将和许泽庆，2019）。具体而言，动态相关的产业结构缩短了产业间技术距离、深化了投入产出关系，强化创新生态系统共生性（武翠和谭清美，2023），进而增强了经济体的创新韧性。

新中国成立以来，作为经济发展的关键支撑，在科技创新起决定性推动作用下，我国产业结构历经了新中国成立以来的七十多年的沉淀，逐步实现了纵向的调整升级与横向的相关多样性布局。各类资源要素从第二产业转向第三产业是产业结构趋向合理化、高级化的本质要求和必然结果。它从根本上保证了经济增长和创新发展的韧性，防止了产业发展路径依赖和路径锁定带来的产业萎缩、退化等不良后果。当前，我国三大产业转型升级成效显著，农业基础性地位进一步夯实，工业制造业向更高质量发展转变，现代服务业已成为引领经济发展的新引擎。党的十八大以来，我国第一产业、第二产业、第三产业的增加值占比已由2012 年的 9.1%、45.4%、45.5%进一步优化调整为 2023 年的 7.1%、38.3%、54.6%。

在工业方面，我国已形成了涵盖 41 个工业大类、191 个中类和 525 个小类的完整工业体系。这不仅意味着不同工业之间的转换、弥补和替代更为便捷，有助于加强工业体系的韧性水平，而且可减少工业配套的生产成本，从而进一步提升国内产品在国际市场上的竞争优势（韩保江，2020）。这是因为工业门类的分工越精越细越完整，其本质上的差距和区别也就越小。当某一工业门类受到外部冲击的干扰破坏时，来自共同产业利益网络的其他门类的可用资源和链接结构可迅速补充其资源破溃的漏洞和结构断裂处，提升整体工业体系的风险抵御能力和恢复适应力。此外，我国产业集聚发展迅速，其衍生而来的关联性企业、创新合作网络以及快速流动的人才要素对于产业间的关联匹配、技术互补、知识溢出、集聚效应和协同创新等都提供了广阔空间。此外，国家经济技术开发区、高新技术开发区、自主创新示范区等产业创新集聚区的设立，也成为保持创新空间稳定性和联动性的重要介质。相关多样性产业集聚的正外部性不仅降低了企业的学习成本与创新门槛，使其在面临任何冲击时保持有效的适应性调整能力，而且还使得企业与企业之间更为邻近，产业链与创新链深度嵌入融合，有利于企业创新价值的最终实现。

随着我国居民收入水平的逐步提升，人们精神消费需求逐步与工业化物质供给相脱离。这引致了三大产业结构的调整升级，并突出表现为现代服务业的占比越来越高，产业结构韧性越来越强。这是因为：一是现代服务业的发展进一步促进了经济多元化。现代服务业覆盖面广，发展速度快，还可为其他产业提供服务支持，促进经济结构的多元化。而多元化的经济结构不仅可降低整个经济体系的脆弱性，还能使产业结构更加灵活高效。二是现代服务业的生产和消费过程的参与主体更为广泛。

服务业包括金融、教育、医疗、文化娱乐等多个领域，其生产和消费过程涉及的人员和机构更为多样化。同时，现代服务业的风险传导能力较低，即使某一领域出现问题，对整个经济体系的影响也相对较小。三是现代服务业的发展提高了经济的稳定性。服务业不同于制造业等实体产业，生产过程中不需要大量的原材料和能源投入，产品的需求弹性也较小，因此能在产业波动时积极分散并降低经济突然断档降速的不利影响，起到逆周期调节的稳定器功能，增强整个经济体系的韧性。

综上所述，除日趋合理、动态相关的三大产业结构催生了对抗冲击的创新动能外，而且高技术产业和数字经济的蓬勃发展也为赋能我国产业结构韧性提供了源源不断的动力来源。作为科技创新战略先导的高技术产业是我国工业产业链高质量发展的核心进步力量，具有技术含量高、关联效应强、增长速度快和附加值高的特点，在技术支撑和发展引领方面占据着核心地位，是各国产业发展的重点（张珺和江元祥，2019）。大力发展高技术产业，提高高技术产业的科技创新效率不仅是大势所趋（郑威和陆远权，2022），而且对提升整体区域创新能力和践行我国创新驱动发展战略都起着举足轻重的作用。特别地，数字经济重塑了产业要素系统，加速了产业间的深度融合与弹性链接。而基于移动互联、物联网新技术的新产业、新业态、新商业模式的"三新"经济也已成为推动数字时代我国产业结构和经济结构转型升级的新动能。

二、耦合协调的区域结构释放抗冲击创新效能

耦合协调通常是指不同部门、子系统或组件之间的相互配合、共同协作的协调交互关系。在创新过程中，耦合协调的区域结构可以更好地释放出对抗外部技术革新和克服内部创新失败等冲击的巨大效能。这是因为，一方面，区域内部各组成部分在相互支持、相互适应的良好合作状态下，有利于形成一个强大的有机整体进而释放系统创新合力。当面临不同风险和挑战时，整体功能协同效应的发挥可更好地抵御创新中的冲击干扰并适应新环境的变化。另一方面，各类创新也需要一个开放、

灵活和相对宽松自由的发展环境。在耦合协调的区域结构下，各地区可更为便捷地分享各种信息、便利地促进不同要素流动、广泛地进行技术协作和共享各类公共创新资源，这都有助于促进区域内不同企业创新空间溢出效应和学习效应的发挥，并直接刺激了中小企业的技术升级和渐进式创新活动的开展，从而进一步带动了区域整体创新能力和抗风险能力的显著提升。所以说，耦合协调的区域结构为创新韧性的发挥提供了更好的环境和条件保障，是创新发展不可或缺的重要一环。但还需看到的是，科技创新反过来也大力助推了我国西部大开发、东北全面振兴、中部地区崛起、海南开放合作等区域战略的践行，成为健全区域协调发展新机制的关键着力点。

党的十八大以来，我国立体化、各具特色的区域创新体系日渐完善，创新发展的区域格局随之发生了深刻变化，逐步形成了优势互补、高质量发展的多层次战略布局，为进一步释放区域结构抗冲击创新效能、实现我国创新型国家和科技强国建设提供了有力支撑。在国家区域创新发展战略的指引下，众多创新高地引领带动作用持续增强。具体来看：首先，北京、上海、粤港澳大湾区已跻身全球科技创新集群前十位，创新能级和国际化水平显著提升，有效辐射带动了京津冀、长三角、泛珠三角等区域的创新能力，创新溢出效应不断释放，大区域协同创新格局逐步形成。其次，作为地区科技创新资源的聚集地，国家自主创新示范区和高新技术产业开发区高质量发展步伐加快。国家高新区数量已由 2012 年的 105 个增至 2021 年的 169 个，区内企业数由 6.3 万家增至 16 万余家，已实现与 23 个自主创新示范区、78 个国家创新型城市的互联互通。再次，长江经济带与黄河流域沿线地区科技创新能力持续提升，区域协同创新发展成效进一步显现。其中，陕西、甘肃、青海不断改善创新环境，激励企业创新成效显著。最后，东西部科技合作是加速推进创新驱动发展战略的重点内容，也是解决我国发展不平衡不充分不可或缺的重要环节。目前，东西部科技合作创新凝聚力初步凸显。据不完全统计，"十四五"以来，各地达成研发攻关、平台基地、人才交流等各类科技合作意向 1400 余项，涉及总金额超 170 亿元。总的来看，区域创新已成为国家创新系统的重要基石，近年来耦合协调的区域创新结构也为提升地区抗风险能力提供了重要支撑。

三、国内外市场加速融合提升抗冲击创新势能

当前，随着国内外市场加速融合，我国统一大市场的整体优势不断显现，为对抗冲击注入了源源不断的创新势能。具体表现如下：一是国内外创新产品的市场消费趋于同步化。随着我国经济发展和人民收入水平的提高，国民消费能力逐步增强。全球化加速演进使得外国商品尤其是高端品牌的优质消费品日益地进入国内市场，使得国内外创新产品的市场消费趋于同步。二是外国品牌和企业加速进入中国市场。中国具有超大规模市场和最多的中等收入人群，吸引了越来越多的外国品牌和创新企业进入相关领域。这一方面能有效补充国内相关新产品的供给，满足旺盛的市场需求，另一方面还能通过技术扩散和竞争效应带动国内相关产业快速跟进和创新反超。一旦国内产业供给能力增强，累积的消费需求将在短时间内集中释放，消费结构升级将直接贡献于经济结构的优化升级。三是国内企业也在强势进军国际市场，海外跨国并购和绿地投资中不乏中国企业的身影。随着中国创新产品质量和竞争力逐渐增强，越来越多的中国企业走出国门在国际舞台崭露头角，如华为、小米等知名企业，其新产品、新技术和服务已深入全球市场。四是产业链、供应链和创新链的全球化加速发展。国际贸易规模的持续扩大使全球产业链和供应链进一步融合，这也促进全球市场的集成和边界延伸。五是跨境电商领域的快速发展也释放了更多的新产品和新技术的消费潜力。随着电商的发展和普及，越来越多的企业和消费者都利用电子商务平台进行交易。迄今为止，中国的电商企业已拥有超过 10 亿的用户数量，阿里巴巴、京东等企业已成为全球最具影响力的电商企业之一。

事实上，从人类历史发展进程来看，国内外市场的交换互动正在以越来越快的速度和越来越高的频率走向整体融合发展，世界发展命运共同体初步形成，而这种融合有助于加强经济体本身的抗冲击效果和创新

能力。随着全球化和数字化趋势的不断加强，国际市场和国内市场之间的边界日益模糊。一方面，国内企业面临着来自全球市场的竞争和机遇。这要求创新主体必须以更加开放灵活、更具创新力和竞争力的姿态，才能在国内外市场中占据一席之地。另一方面，市场的加速融合也为资源流动和跨界合作提供了无限可能。此时，创新企业可更容易地获取国内外市场的资源、信息以及国内外市场的技术差距势能。此外，面对国内外市场的严峻挑战，创新主体也必须更好地抵御各类冲击、积极适应新环境的变化。因此，国内外市场加速融合可以提高经济体的抗冲击创新势能，有助于外向型企业在国内外市场中获取更多竞争优势。

截至目前，为积极落实联合国《2030 年可持续发展议程》，我国陆续提出共建"一带一路"倡议和全球发展倡议，这也是人类命运共同体理念在发展领域的生动体现，国内外市场的深度融合则是全球发展命运共同体的必然结果。对外开放的基本国策不仅有助于实现国内外市场的深度融合，还使得中国经济具有"开放韧性"。因此，继续坚持"引进来"和"走出去"相结合，积极秉持"丝路精神"，大力推进"一带一路"建设，不断激活沿线 65 个国家和地区的巨大国际市场，将为充分发挥抗冲击创新势能、最大限度地对冲西方国家恶意制造贸易摩擦给中国经济发展带来的负面冲击提供强大支持（韩保江，2020）。

四、日趋平衡的供求结构激发抗冲击创新潜能

多样化的供需结构政策调整工具有力支撑了我国创新产品和服务市场供求结构的日趋平衡，也为激发经济体抗冲击潜能提供了有力的结构保证。这里的"日趋平衡的供求结构"是指市场中创新产品的供应和需求数量逐渐趋于平衡的现象。它有助于激发创新系统生成抗冲击的创新潜能，其原因主要有以下几点。

一是稳定的供求关系会有助于市场创新主体掌握更多的新产品价格、交易量、消费者信心和市场预期等相关信息，降低因信息不对称带来的潜在风险，提高市场创新主体的预测能力；二是日趋平衡的供求结构有

利于市场健康运行，并呈现出较低的波动性，从而使创新企业更容易立足于当前的市场形势和供求关系进行长远战略和投资研发计划的制订，并达到增强研发创新信心的目的；三是在供求相对平衡的市场中，创新企业面临的竞争压力将更加合理、透明和可预见，这将进一步激发创新企业不断通过开展创新活动以保持现有的市场地位和竞争优势。而且，新的研发将直接带来新的产品供给，新的供给又会创造新的需求，新的市场需求又会反过来引致新一轮的产品创新。如此循环往复，不断在创新价值链条中实现创新企业的效益增值和规模壮大；同时，相对稳定的良好市场环境也为创新企业获得更多的国内外风险投资带来了可能，这将为纾解企业创新的融资约束困境提供更多的研发资金渠道。

自 2015 年党中央首次提及"供给侧结构性改革"以来，我国重点布局了"三去一降一补""制造强国"战略等一系列强有力的措施（习近平，2015）。当前，我国社会生产力水平得到极大提升，产品供给结构对需求变化的适应性和灵活性也显著提高，企业盈利空间稳步增加、市场供需达到了更高质量的平衡。与此同时，除了供给侧，需求侧的管理也被摆到了突出位置。其中，加大投资力度、刺激消费需求和扩大出口规模仍是当前需求侧拉动经济增长的主要方式。2019 年，我国社会消费品零售总额就已突破 40 万亿元，2021 年已高达 44.08 万亿元，国内循环对经济发展的带动作用进一步凸显，内需对经济增长的贡献率达 79% 以上水平。但具体到创新的供需结构上，我国仍面临突出的创新产出供过于求，并且存在供求结构性明显错配等问题。

第三节　创新科技韧性注入更新与发展动能

一般来说，科技创新为创新系统的韧性提升注入了更新和发展动能。具体来看，科技创新活动不仅能通过激发大量基础研究成果、提供高质量多样化的新要素新产品、提升原产品附加值等方式来增强区域创新能力和创新绩效，还能通过进一步优化创新资源配置，打造开放的创新生态系统，进而赋能创新系统的韧性水平，作用机理如图4-4所示。

简单来看，科技创新显著扩大了各类创新产出的规模，也拓宽了整体创新活动的边界，有利于实现"科学知识创新→技术工艺创新→产业化创新→高额创新收益→加大研发力度→持续科技创新"的良性循环，为创新系统的长期发展和升级提供了源源不断的强劲动能。

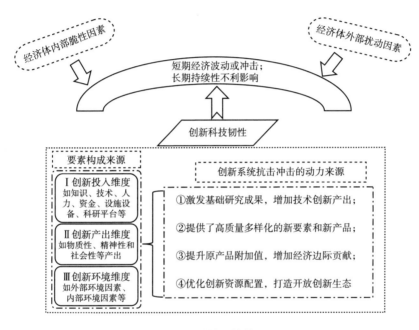

图4-4 创新科技韧性的作用机理

资料来源：笔者绘制。

一、激发基础研究成果，提高技术创新产出

科技创新活动可通过激发基础研究成果，增加技术创新产出为创新韧性的提升注入新动能。从基础研究的重要性来看，基础研究成果的大量涌现是扩大技术创新产出、应用和转化的根源性条件。反过来看，技术创新也为基础研究方向的确定和边界的扩展提供了新思路、新工具、新方法等。前者决定后者，后者也为前者的拓展创造了良好条件，两者相互依存、相辅相成，共同为推动区域创新能力的提高进而构筑更强的

创新韧性奠定了坚实基础。具体而言:

基础研究是科技创新的总开关,加强基础研究是国家科技工作的一项重中之重。"基础研究的成果为整个人类社会带来了巨大的突破和进步。如果没有相对论,就没有原子弹,也不会有核电站"①。因此,加强基础研究工作、涌现出更多基础科学研究成果,不仅是实现高水平科技自立自强的迫切要求,也是实现高质量发展,构建新发展格局的必然选择,更是建设国际科技强国的必由之路。事实上,基础研究也是科技创新活动的一部分。通过基础研究活动可对自然社会规律、逻辑和现象等科学问题进行深度挖掘和有效扩展,并在未来可将其进一步转化为实际的应用技术和工艺流程、制备方法等。此外,基础研究是拓宽原有创新边界,开辟技术创新新赛道的重要途径,已成为促进创新系统更新升级、生成强大风险抵御能力的原始支撑。

与此同时,技术创新产出的扩大反过来也可推动基础研究的进一步深化和拓展,实现技术创新和基础研究的紧密结合和良性互动。具体地,技术创新为基础研究提供了新的工具和方法,推动了科学研究的前进步伐,为创新系统的持续更新发展提供了不竭动力。一方面,技术创新提高了科学实验的精确性和操作效率,使得研究者能够更好地探索自然现象、把握自然规律。例如,显微技术的发展使得研究者能够观察到更小的物体构成和更微小的细胞结构,从而深入了解细胞的生物学特性。另一方面,技术创新还使研究者可以采用标准化、模块化、具有互操作性的程序更好地分析和处理不同类型的大样本数据,从而对研究结果进行更深入的剖析和解释。譬如,大数据和人工智能技术的发展使得研究者可以更有效地处理大批量的实验数据,并发现其中隐藏的内在规律和独特模式。

总的来看,激发基础研究成果,提升技术创新产出已成为创新科技韧性的关键来源,更是创新科技韧性作用于创新系统的关键路径。随着科技创新程度的不断提高,要逐渐致力于形成一种螺旋式上升的"全链

---

① 江泽民. 论科学技术 [M]. 北京:中央文献出版社,2021:184.

条创新"，即从理论性基础研究到应用性基础研究，再到核心技术攻关、工程应用，最后到完成相关科技创新的产业化、商业化创新和市场创新。

二、提供了高质量多样化的新要素和新产品

　　一般而言，创新主体投入创新资源、积极开展创新活动的根本目的是追求创新产出。创新产出既包括论文、著作等形式的知识产出，也包括企业专利、新工艺等形式的技术产出（王谦等，2023），还可以是新产品出口销售收入、专利转让收入等收益性产出。其中，科技成果，譬如多样化的新要素、新产品和发明专利等，不仅能推动生产力的发展进步，还能使人们的生产生活方式变得更为丰富、精细、高效。

　　首先，在生产方面，科技创新活动能为经济体带来更高效的生产工具和更先进的生产方式，并能使得生产流程更加数字化、自动化、智能化，大大提高企业的生产效率和产品质量。例如，工业机器人、自动化流水线、激光加工设备等高科技产品在生产过程中的广泛使用不仅更好地满足了人们对生产效率和产品质量的需求，还有利于降低新产品的边际成本，助力企业实现规模经济、提高企业经济效益。其次，在生活方面，科技创新也可为人们提供更高质量、更便捷、更健康的生活方式。例如，智能家居、智能医疗、智慧养老、智能穿戴设备等所带来的创新生活方式，使人们的生活变得更加轻松、健康、便捷，大大提高了人们生活的满意度和幸福感。除此之外，科技创新还能够为人们带来更多的新产品和新服务。像新能源汽车、虚拟现实、人工智能等都是由科技创新主导的新产品，它们改变了人们的生产和生活方式，同时延伸了其产业链，带动了相关行业的升级和发展。与此同时，伴随而来的新产业、新业态、新商业模式又推动了整个社会生产力新一轮的更新步伐，为下一步科技创新打下了扎实基础。

　　除以上分析外，高质量、多样化的新要素和新产品也可为国内外市场和消费者提供了更多可选择的空间。当经济体面临外部冲击和内在压力时，这些掌握在本国手中的创新产品可有力破解外部经济封锁和国际

市场供给不足带来的价格波动、进口管制等现实困难。来源于科技创新活动的韧性水平既能有效稳定区域创新系统，又提升了其遭遇外部输入性风险的抵御能力和适应能力。

三、提升原产品附加值，增加经济边际贡献

科技创新可表现为通过应用新技术、新知识、新方法等手段对现有产品进行改进和创新的过程。因此，科技创新有助于提升原产品附加值，增加其经济边际贡献。产品附加值是指通过人的各种劳动（包括脑力劳动和体力劳动等）在整个生产、流通和消费环节中所形成的高于产品原材料的价值增值部分。而经济边际贡献是指每增加一单位生产所能带来的额外收益。

马克思曾指出"科学即财富最可靠的形式，既是财富的产物，又是财富的生产者"①。由此可见，科技创新可为现有产品进行功能升级，并增加更多的使用价值，从而使得这些产品更具有市场交换价值。在实际应用中，科技创新活动可通过降低生产成本、提高现有产品质量和性能、拓展应用领域等方式，使原产品的市场竞争力得到大大增强，从而提升其附加值和经济边际贡献量。譬如，通过将智能控制技术应用于电子产品中，就能提高其运行效率和智能化程度，在市场上获得更高的定价权和顾客忠诚度。以智能手机为例，通过采用新的技术和材料，智能手机内存不断扩大，可容纳更多的应用程序，拥有更多现存手机所不具备的特殊功能。在充分满足消费者个性化需求和更好产品体验的同时，也使得其产品附加值和生产企业的利润空间进一步提升。此外，通过采用绿色、节能的生产技术，不仅有利于降低产品对生态环境所产生的负担，而且得到了越来越多推崇绿色、环保、健康理念消费者的青睐，为企业争取到更多的市场份额提供了技术支撑。这些都是科技创新提升原产品

---

① 中共中央马克思恩格斯列宁斯大林著作编译局. 马克思恩格斯全集：第 46 卷（下）[M]. 北京：人民出版社，1980：34.

附加值、增加经济边际贡献乃至整体社会福利的具体表现。

　　一般地，可用科技进步贡献率来表征科技因素对经济增长贡献情况。科技进步贡献率越大则说明技术进步对经济增长的贡献和作用越大，经济发展依靠创新驱动的比例就越高，一国的经济也更为健康和充满活力、更具有可持续性。表 4 - 1 汇报了我国科技进步贡献率情况。2002 ~ 2020 年，我国科技进步贡献率年年攀升，由 2002 ~ 2007 年的 46% 快速上升到 2015 ~ 2020 年的 60.2%。2023 年的《政府工作报告》显示：2022 年我国科技进步贡献率已提高到 60% 以上，创新赋能经济发展的能力不断增强。这也进一步表明创新已成为驱动我国经济增长的关键贡献力量。

表 4 - 1　　　　　　**2002 ~ 2020 年我国科技进步贡献率**　　　　单位：%

时间段	2002 ~ 2007 年	2003 ~ 2008 年	2004 ~ 2009 年	2005 ~ 2010 年	2006 ~ 2011 年	2007 ~ 2012 年	2008 ~ 2013 年
科技进步贡献率	46.0	48.8	48.4	50.9	51.7	52.2	53.1
时间段	2009 ~ 2014 年	2010 ~ 2015 年	2011 ~ 2016 年	2012 ~ 2017 年	2013 ~ 2018 年	2014 ~ 2019 年	2015 ~ 2020 年
科技进步贡献率	54.2	55.3	56.4	57.8	58.7	59.5	60.2

　　资料来源：《中国科技统计年鉴》。

四、优化创新资源配置，打造开放创新生态

　　除上述分析外，科技创新还可通过引入新技术、新方法和新流程，优化现有创新资源的配置状况，打造更为开放的创新生态，为创新韧性的动力生成营造良好环境。

　　首先，现代科技创新是一个复杂的系统工程，它可有效整合各种创新资源，不断优化资源的组合配置方式，实现高效率的创新产出。具体来看，当前已进入数字经济时代，从资源配置角度上看，数字技术的发展也可明显缓解创新资源的错配状况。其一，数字技术通过增加有效信息供给、完善价格和竞争机制，改变传统交易形式，减少创新过程中的交易成本和供需双方的无效交易行为，可有力破除要素供需不匹配、经

济活动空间限制以及效率提升困难等现实问题（孔芳霞和刘新智，2023），这都为区域创新活动的成功开展创造了良好条件。其二，数字技术的发展促使互联网成为新一代资源配置工具，有效提升了资本、劳动、技术、数据等要素的配置和利用效率（徐维祥等，2022），进一步减少了创新资源的闲置和浪费，有力确保了有效创新需求的及时满足，为创新韧性的强化提供了物质基础。其三，从创新要素配置结构上看，数字技术的发展不仅可赋能传统创新要素和催生新型创新要素，还能提升高端要素在配置结构中比例（鲍鹏程和朱付彪，2023），合理化创新产出的数量和结构，协同推进区域创新成果量质的提高。

其次，科技创新还可进一步促进企业间的资源共享、互动协作和开放性创新。在竞争激烈的市场中，企业创新往往难以自给自足，需要与其他企业进行互动协作、互补资源、协同创新。在合作创新、开放性创新等理念的引导下，科技创新逐渐打破了传统创新的重重壁垒和门槛局限，通过多方面的协作打造从研究开发、生产到销售、流通、售后服务与维护支持全过程的创新生态共享圈，为科技产品提供更全面、更贴近客户需求的解决方案。同时，科技创新也为解决产业链连接不畅的问题提供了有效解决途径。曾经困扰企业已久的堵点和难点，现在都可尝试通过技术手段逐一解决，而且通过各类创新产业基础设施的共享，也避免了相同产业的重复建设问题。

此外，科技创新有助于打造更为开放的创新生态，促进创新产业和科技韧性的快速发展。当前，数字经济已成为科技与经济密切融合的集中体现。中国经济研究中心主任张军也表示："中国数字经济的未来发展，必然是要沿着构造开放生态的模式发展"。在现代经济中，几乎所有的企业都是由多个产业链、价值链组合连接而成。当面临外部冲击时，科技创新可让国内外创新所有环节的链接都变得更加紧密、细致、高效。数字经济本身是新一轮科技革命下衍生的新经济形态，但数字经济的兴起反过来也更利于开放创新生态的构建。譬如，数字经济通过加快各类创新的速度、促进资本、人才要素的自由流动、增强市场经济信息的透明度、加快产业转型升级等方面的影响机制，为抵抗和适应外部冲击和内部压力带来的负面影响、营造出更为开放创新的生态发挥不可替代的重要作用。总之，科技创新赋能于开放创新，为实现各企业间资源共享和竞争合作，加强国际科技交流合作，共同推动行业的进步发展和在危机中的恢复进化力提供了最佳支撑。在信息和知识的交互共享中，也为经济和社会领域创造了更加契合民生需求的创新价值。

第四节　创新组织韧性赋予调整与重构能力

创新组织韧性为创新系统对抗外部冲击提供了创新主体支持，也赋予了创新系统自身调整和重构能力。它主要来源于不同创新主体所发挥的功能、创新主体间的竞合协作关系以及科技管理部门的良好引导和服务管理等。相应地，其作用机制也主要表现为三个方面，分别是通过激发企业创新主体功能生成强劲的创新原动力、多元化的创新主体协同共生释放创新种群活力、政府部门的科学管理指导赋予创新系统持续的调整重构能力。创新组织韧性的内在机理如图 4-5 所示，下面将逐一具体阐述。

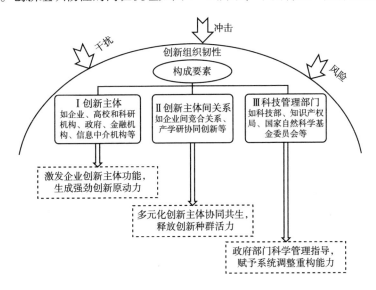

图 4-5　创新组织韧性的作用机理

资料来源：笔者绘制。

一、激发企业创新主体功能，生成强劲创新原动力

习近平总书记强调："要发挥企业在技术创新中的主体作用，使企业成为创新要素集成、科技成果转化的生力军"[1]。当前，企业既是市场经济的主体，也是科技创新的主体。2021 年，在国家重点研发计划立项的860 多个项目中，由企业牵头或参与的就有680 余项，占比高达79%（刘明，2022）。强化企业创新主体地位，激发企业科技创新内生动力，有助于持续增强企业科技创新的策源优势，为创新驱动发展提供有力支撑。

创新系统可通过激发企业的创新主体功能，为创新组织韧性的提升提供强劲的创新原动力。事实上，创新主体具有自主性、能动性和创造性的特点，是创新系统的首要因素。激发企业创新主体功能是通过激发企业自身所拥有的自主创新能力或学习、引进、吸收和借鉴外部技术的内在动力，并将其进一步转化为新产品、新技术、新服务等创新成果，进而获取创新经济效益的过程，而这种能力和动力的增强恰恰是创新强劲原动力的主要来源。具体来看，激发企业创新主体功能可生成创新原动力的原因主要有以下几点。

一是激发企业创新主体功能可有效提高企业的综合竞争力。在获得高额技术租金等创新收益激励后的企业更具迈开持续创新步伐的内驱力，从而形成企业再创新的良性循环。在市场经济中，参与竞争是企业生存和发展的重要因素。而有创新能力的企业一般能提供更具有竞争力的新产品和新服务，甚至能有效引领市场需求前进的方向，也就更容易在市场竞争中取得优势地位。二是激发企业创新主体功能可有效提高企业生产运作效率和降低整体生产成本。生产技术的革新不仅能帮助企业提升生产线效率、改善生产工艺流程、缩短产品开发周期，而且能提高产品质量和降低各类材料损耗成本等，最终降低了企业生产单个产品的边际成本，有利于实现规模经济。三是激发企业创新主体功能有利于企业吸

---

[1] 习近平. 在经济社会领域专家座谈会上的讲话［N］. 人民日报，2020 – 08 – 25（02）.

引和留住人才。一个极具创新活力的企业能提供更具吸引力和更有挑战性的工作岗位，也能吸引到更高质量的人才。与此同时，工作内容的创造性和挑战性也可使得企业员工的个人综合能力，尤其是创新能力得到不断锻炼和提高。这既可不断挖掘员工本身的个人价值和发展潜力，又可为企业积累到更多的优质人才资源创造有利条件。四是激发企业创新主体功能有助于提高企业社会声誉和塑造良好形象。有创新力的企业在市场上的表现一般更为优异，产品和服务的质量也更高，更容易受到消费者的认可和信赖，同时也能赢得社会的正面评价，增加企业的无形资产，为企业后续扩大融资提供积极条件。同时，良好的市场需求预期也为企业的下一轮研发和相关业务的进一步延伸打下了坚实基础。

二、多元化创新主体协同共生，释放创新种群活力

与自然生态系统类似，创新系统内部各创新主体之间也是相互联系、相互作用、协同共生，并依照客观演化规律自发形成的有序组织架构。这种自组织性通过适者生存，优胜劣汰的竞争机制，使得创新系统逐渐实现了从不稳定到稳定，从无序到有序的动态变化过程（杨剑钊，2020）。同时，各创新主体按照默认的系统演化规则，同类相聚、异类相离，各尽其责又自动协调地形成了有序协同的自组织结构。而这一结构又为创新系统应对外部强力冲击提供了基础韧性防护，也成为其面对和化解危机不可或缺的关键性质之一。

多元化的创新主体协同共生是指不同的创新主体在创新过程中通过共生竞合、动态演化，并经由创新集聚效应和学习扩散效应，源源不断地释放出创新种群活力的状态。"种群"是生态学中用来表示一定时期内占据一定地理空间物种的集合体。将生态学概念移植到创新经济理论中来，则出现了创新种群的概念。创新种群是同种性质的创新主体或创新支持要素在一定地域空间内的集聚体。例如，包含上游供应商、核心企业、下游零售商、相关配套企业及竞争性企业的产业链种群可有效减少企业搜寻外部知识信息的成本，帮助企业获得集群创新优势，提高企业

的创新效率和成功率（宋高旭，2020）。而多元化创新主体协同共生之所以能有效释放创新种群活力主要体现在以下三个方面：

第一，单一的创新主体往往会受制于自身局限性，而多元化的创新主体可从多方向多渠道促进创新，包括企业、高校、科研机构、创业团队、个体创新者等。这些主体在不同的领域具备自身的优势和特点，所涵盖的能力和触及的资源也各不相同。创新主体的多样性是创新系统顺利演化发展的必备条件。在充满多元化主体的创新系统中可缓慢形成协同关系，并通过企业间的优势互补，为整个创新生态系统提供更多的前进动力和成长机会，进而释放出创新种群的活力。第二，多元化创新主体之间通过协同合作可实现共存共赢共发展，这也是协同共生的核心要义。创新主体在技术研发、产业应用、市场推广等方面实现通力合作，经由资源共享、风险分担、技术交流等方式促进创新成果转化和成功商业化。同时，协同合作也能够促进信息共享，拓宽创新资源的获取渠道，减少创新主体之间的交易成本，使得各项创新活动更加高效和可持续。第三，不同创新主体在形成协同共生关系的同时，整个创新系统内也实现了盘根错节的依存关联，形成了共生共依的创新生态系统。系统在创新主体的多番权衡和发展协调中逐渐实现稳定发展，塑造了创新系统的韧性和可持续性，反过来也有益于提高创新主体的生存实力与发展能力，最终激发创新种群的活力和创造力。

三、政府部门科学治理引领，赋予系统调整重构能力

改革开放以来，我国的科技创新事业也经历了由计划经济向市场经济转轨的嬗变过程。相应地，其管理模式也从最开始的由政府以科技计划和行政命令为主导逐渐转变为"有为政府"和"有效市场"相结合，市场对创新资源配置起决定性作用的治理机制。当前，我国科技管理部门主要分为国家科技管理部门（即科技部）和地方科技管理部门（含各省市的科技厅/委/局、各地市州科技局和各县市科技局三级）两个部分，四个层级。地方科技管理部门仍主要通过科技计划和科技政策两种手段

对创新系统进行宏观调控，以确保其正常运行和平稳发展（贾小峰等，2006）。

随着新经济时代的到来，科技创新更是成为经济发展战略的核心和各国综合国力竞争的重要角逐场。政府部门对科技创新的科学治理引领主要通过制定合理的创新制度和政策、明确各部门职责和权限、合理分配创新资源等手段，来实现创新系统运作的高效性和协调性。现今，政府在科技创新管理中扮演了越来越重要的角色。它不仅在布局科技顶层设计和重大决策、推动科技创新成果产业化、加强国际科技合作与交流以及促进科技人才培养和引进等方面发挥了重要作用，并且是推动地区经济转型升级、实现可持续发展的主导力量。同时，考虑到科技创新过程中不可避免地存在"市场失灵"问题，如市场在创新过程中本身的盲目性和无序性，创新收益的高风险、不确定性和滞后性，创新公共基础设施（如科研孵化平台、数字创新共享平台、技术市场交易平台）提供的必要性，消减市场经济本身信息的不对称性等方面。因此，要营造良好创新环境也离不开"有为政府"的引导、支持、规范和监督等功能。

此外，政府部门还建立了灵活的科技管理机制，可根据创新市场和内部环境的变化进行相应的动态调控和实时转换。这一特性赋予了创新系统在面临外部冲击等紧急情况下的调整重构能力，也为创新韧性的提升提供了保障和基础。例如，在布局未来国家重点产业政策时，政府会为国家重大科技攻关项目、"卡脖子"技术等前沿、难点技术问题提供更多的政策倾斜，积极发挥政府在关键核心技术攻关中的组织和引领作用，这将鼓励引导创新企业跟随政府政策走向，为解决困扰举国、全社会的科技问题提供极具针对性的解决方案。

第五节　创新制度韧性提供保障与调节能力

创新制度韧性为创新系统对抗外部冲击提供了能动保障和制度缓冲

机制，也为创新系统提供了适应调节能力。承前所述，创新制度韧性主要来源于我国长期以来形成的历史文化传统、创新制度本身的调适能力和较为全面有效的中国特色社会主义科技创新政策体系。相应地，其作用机制也主要表现为三个方面，即强大的历史文化基因为创新系统提供了价值遵循、灵活的应变能力拓宽了创新制度的调试空间以及有力的创新政策体系为创新系统发展提供了战略引领。

创新制度韧性的具体作用机理如图 4-6 所示，来自各领域的风险冲击都给创新系统带来了负面压力，而在系统制度韧性的稳定调试功能加持下，可为创新系统对抗风险、平抑冲击、减缓压力提供强大的正面动力和保障调节能力。

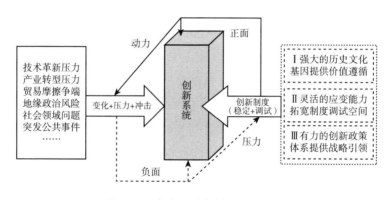

图 4-6　创新制度韧性的作用机理

资料来源：笔者绘制。

一、强大的历史文化基因提供价值遵循

历史文化基因是嵌于一国或地区制度内核中，并对其经济、政治、社会等各个层面的发展策略、发展路径、发展动能和未来走向具有不可磨灭作用的重要价值来源，也为地区经济建设和创新发展提供了基本的价值遵循。具体来看，经济体的历史背景、传统文化、民族风俗等都已内化为地区人们思维方式、道德习惯、行为规范的基础性根源，也是区别于其他国家、民族的独特和关键标志，更是铸就国家核心价值体系的

"根"与"魂"。一个开放包容、崇尚创新、乐于接受新事物的地区与一个封闭保守、抵制变革、夜郎自大的地区在创新能力和创新经济发展水平上具有巨大的差别。也就是说，历史文化会为特定区域的制度供给、生成和演化变革提供必要的土壤。不存在完全独立于文化之外的制度机制，也不会有彻底脱离文化基础的制度模式。历史文化会影响到经济体制选择的方式和制度运作的效率，并终将在潜移默化中塑造人们的社会行为模式。

马克思曾指出："人们自己创造自己的历史，但是他们并不是随心所欲地创造，并不是在他们自己选定的条件下创造，而是在直接碰到的、既定的、从过去承继下来的条件下创造"[①]。近年来，演化经济学也认为经济系统韧性会受过去决策、偶发和历史事件的影响，并鲜明提出韧性是地区历史遗产和外界环境影响下自我强化表现出的历史路径依赖（李强，2020）。事实上，我国强大的历史文化基因也对本国制度变迁和经济发展具有显著影响。中国传统文化中的"坚韧不拔""自强不息、厚德载物""千磨万击还坚劲""粉骨碎身浑不怕"等饱含韧性的优秀思想和价值理念，以及近代革命和改革实践过程中形成的"实事求是，与时俱进""以人为本""长征精神"等宝贵精神财富都集中体现了我国制度建设和创新发展所具有的独特历史基因、思想深度和价值高度。

同样，我国的制度脉络也具有文化传承、实践延续的中国特色，这是在长期发展的现实基础上渐进而成、内生演化的结果（赵莹，2020）。新中国成立以来，我国在长期的制度变革和调整中，一方面秉持注重保留、传承和发扬优秀传统文化的价值理念；另一方面对于现有制度中不和谐、不适应的部分也给予适当的调整和剔除。与此同时还"师夷长技"，注重对外来优秀文化的吸收和借鉴，逐渐形成了独具特点、兼容并包、博采众长的中国特色社会主义文化体系和制度体系。由此可知，强大的历史文化基因为创新系统发展壮大提供了有力的价值遵循，也为增强我国的创新制度韧性提供了有利条件。

---

① 中共中央马克思恩格斯列宁斯大林著作编译局. 马克思恩格斯选集：第 1 卷［M］. 北京：人民出版社，2012：669.

二、灵活的应变能力拓宽制度调试空间

创新制度韧性所具备的灵活性和应变能力拓宽了创新系统的制度调试空间，为其对抗外部冲击和负面压力提供了必要的抵御力、恢复力和关键的窗口恢复期。但在理解创新制度韧性的调试功能之前，有必要先了解创新、经济增长与制度的辩证关系，具体如图 4-7 所示。广义上的创新在促进经济增长的同时，也使得制度结构发生了非均衡性变化，进而为制度变迁带来了动力和压力；创新已被广泛视为经济增长和制度变迁的动力源泉；众所周知，创新只有在一定的社会经济和制度保障下才能顺利开展，而制度安排和经济增长为创新提供了制度基础和经济支持；制度变迁成为创新和经济增长的必然结果，与此同时它又充当着创新和经济增长的新出发点（陈建青和扬甡华，2004）。

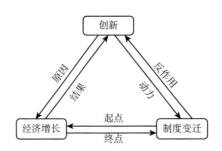

图 4-7　创新、经济增长与制度的关系

资料来源：笔者绘制。

创新系统、经济系统和制度体系之间关联紧密又极具灵活性的复杂关系为我国创新制度韧性的保持提升创造了有利条件。借鉴系统论的观点，创新系统其实质也是一个复杂巨系统。巨系统内部的子系统通过自我纠错，可将风险苗头终止于子系统内。同时，巨系统也可对子系统的错误进行自我调适，经由平衡资源、结构重组、制度革新等方式提升子系统的功能或减轻子系统的相对压力，进而实现内部均衡状态（张贤明和张力伟，2023）。而在面临外部压力和各类风险冲击时，一方面，创新

系统自身会通过调动冗余资源和结构重组等方式来承载和消解冲击的破坏力；另一方面，也会引发对自身制度体系的及时调整，并通过自我反思、自我检查、自我纠正和自我完善等手段不断提升自身制度的韧性水平，最终以灵活的应变能力、处理能力来拓宽制度调试空间甚至打破僵化的旧制度，并对与现实发展不适应、不协调的制度进行调整和变革。

一般而言，一个国家的制度体系越完善，适应性效率越高，越能够有效地化解利益矛盾与内部冲突，从而避免外部冲击所造成负面影响的进一步加深与扩散。我国一直秉承新型举国体制，坚持"以公有制为主体，多种所有制经济共同发展"，坚持"按劳分配为主体，多种分配方式并存"，坚持"市场在资源配置中起决定性作用"的基本经济制度。这一中国特色社会主义基本经济制度为我国创新系统制度韧性提供了物质力量，极具中国特色的国家治理体系则成为创新系统制度韧性的重要支撑（胡若痴和武靖州，2020）。

三、有力的科技创新政策提供政策引领

科技创新政策可为创新系统健康平稳运行和应对外部冲击时提供有力的政策引领，并已成为创新制度韧性的重要来源之一。作为制度体系不可或缺的组成部分，科技创新政策不仅是国家科技创新重大战略和指导思想的策略实施载体，也是引领我国创新系统良好有序发展、深化科技体制改革，加快实现科技自立自强、提升国家整体科技创新效率的关键举措。

具体来看，一是我国科技创新政策贯通了科技创新全链条的各环节，为不同阶段的创新活动开展提供了基本的实施指导和规范框架。而且对于创新全过程中的薄弱环节，如基础研究不足、创新成果转移转化困难等问题，政府出台了《新形势下加强基础研究若干重点举措》《中华人民共和国促进科技成果转化法（2015 年修订）》《中华人民共和国科学技术进步法（2021 年修订）》等多项极具针对性的政策法规力争解决这些痼疾。二是各项科技创新激励政策有助于调动企业和个人的创新创业积极

性。在巨大的利益驱动下，人们普遍追求更高层面的创新成果，从而推动了更多创新行为的涌现。不同创新政策工具的组合使用，不仅激发了大众的自主创新意愿、广泛调动科技工作者的科研热情；而且其中的激励机制，如以专利奖励、税费减免、研发资助等主要内容的高层次人才引进政策、高新技术企业认定政策等都显著强化了企业的创新动力。三是科技创新政策为克服创新过程中的"市场失灵"现象提供了一系列较为完备的解决方案。它既规范了创新过程中的不正当竞争行为，又有序引导了社会中存在的各类创新活动始终朝着充满活力、积极向上的方向发展。例如，知识产权保护方面的法律政策于 1995 年制定，分别于 2003 年、2010 年和 2018 年三次修订而成的《中华人民共和国知识产权海关保护条例》，为知识产权保护提供了基本的司法遵循。四是政府搭建了合作创新、协同创新的平台，为人才、技术、资本、信息和数据等创新资源要素的快速循环和全面流动创造了良好条件。2014 年，教育部联合财政部印发了《2011 协同创新中心建设发展规划》等三个文件。通过建立产学研协同创新机制、培育科技创新团队和搭建科技创新孵化平台等政策举措来进一步优化创新资源配置、加快主体间的科技知识交流，不仅有效加深了创新组织间的合作交往，也显著提升了我国科技创新的效率和质量。

2022 年 12 月，中央经济工作会议将科技政策与财政政策、货币政策、产业政策、社会政策作为支撑高质量发展的"五大政策"，科技创新政策在高质量发展中的位势和作用更加凸显。总的来看，完备科技创新政策体系的确立为形成行之有效的创新制度做了充分准备，也有助于营造良好的创新氛围和创新环境，为创造"大众创业，万众创新"的积极局面打下了坚实基础。科技创新政策体系不仅能为科技创新问题分析和策略制定提供有价值的导向指引，也实际推动了创新系统稳定有序的运行与发展，为创新制度韧性的提升补充了强劲动力。

第五章　中国创新韧性的评价指标体系构建

解决创新韧性的测度问题是对创新韧性进行后续实证研究的基本前提。由前文分析可知，截至目前，迫于有限的研究成果和数据的可得性，创新韧性的测度方法尚未形成统一标准。考虑到选取个别核心指标来表征创新韧性的维度过于单一，且仅在系统抵御冲击这一层面具有统计意义，缺乏整体说服力。在借鉴国内外相关研究成果的基础上，本章基于前文所建立的理论分析框架，遵循指标选择过程中的系统性、科学性、可行性、层次性和时代性等基本原则，采用系统分析思路从创新韧性五大维度的构成要素入手，初步构建了适用于评价我国创新韧性的综合指标体系。接着又从单项指标和指标间相关性两个角度出发对创新韧性综合评价指标体系的有效性加以检验，以进一步提升该指标体系测度的稳健效果。

第一节　指标体系的构建原则

创新涉及的内容非常广泛，涉及各方面的因素，而且各方面因素之间的关系较为复杂，所以创新韧性的综合评价指标体系必须遵循一定的构建原则，以确保指标体系中的指标能构成一个统一的整体。同时，各指标相互之间又存在着有机的联系，具有科学性、典型性、代表性和系统性。鉴于创新韧性各个维度构成要素较为纷繁复杂，在遵照指标体系基本构建原则的前提下，本书重点选取了具有代表性且能较为全面反映创新韧性基本特征的指标群。但首先，构建创新韧性综合评价指标体系必须遵循系统性、科学性、可行性、层次性和时代性等基本原则。

一、系统性

系统性原则要求在构建评价指标体系时，所选取的指标之间必须相互关联、相互依赖，以确保评价对象的全面性、准确性以及评价过程的可靠性。同时，系统性也要求指标选取时要注重内容上的全面性。也就是说，评价指标体系应该从整体性和系统性角度出发，尽可能涵盖待评价对象各个方面的特征和要素，全面地反映其具体特征和现实表现，这也意味着评价过程中不能偏废或忽略某些重要指标，避免片面或单一的评价。

创新无处不在，它蕴藏于一国的产业、企业等各个部门，以及国际贸易、财政金融等不同领域，已成为影响区域竞争力的重要力量。同时它也受到基础设施、内外部环境等各方面因素的影响（中国科学技术发展战略研究院，2022），因此要建立一套能够对区域创新韧性进行综合评价、分析和研究的指标体系及数学模型是一项较为复杂的工作，更应该遵循系统性的评价原则。因创新韧性主要涉及基础韧性、结构韧性、科技韧性、组织韧性和制度韧性几个既相互联系又相互区别的维度，因此，在构建指标体系时也要着重从这些维度着手，并注重将其整合于创新韧性的统一分析框架。

二、科学性

科学性评价原则是评价指标体系设计中的基本原则，是指评价指标的选择、设计和应用必须基于科学有效的原则和方法。科学性既确保了评价结果的客观、真实、可靠和有效，也为最终的管理决策提供了科学依据。同时，科学性原则也要求评价指标体系应平衡不同指标之间的关系，避免指标之间的信息冗余和内容重复。另外，不同维度指标之间可能存在相互制约或相互影响的因素，这使得我们在进行指标采集时也需要综合权衡。

此外，科学性还要求综合评价指标体系中的指标应该具有代表性、可靠性和可量化性。例如，选取的指标首先应该能够代表被评价对象的某一方面的特征或性能，不能过于片面或单一；选取的指标应该具有较高的可信度和稳定性；选取的指标能够以数值或数值组合来表示。在具体的做法上，既要明确评价目标，又要选择合适的指标以确保数据的客观性和有效性。

三、可行性

作为重要的实用评价标准，可行性评价原则是指对某个指标或方案在现有条件下的可操作性和可实现性的评估。它要求在指标选取方案上切实可行，具体包括现有技术条件下的可行性、经济（即成本和效益）可行性、时间可行性、组织（包括资源和人员）可行性和社会（含社会价值观和法律法规）等方面的可行性，并集中体现为具有实际的可操作性。可行性不仅要求评价指标体系应该具备明确的定义和清晰的测算方法，并且数据收集和分析过程也应具备可重复性。

此外，它还要求评价指标体系同时具备可比性，这需确保指标的测量方法具有同一性和相应的标准化处理手段，能使得同一评价对象在不同时间、不同地域或其他不同客观条件下的评价结果能够进行相互比较。例如，在各区域创新韧性值测算完成以后，一方面可根据计算结果对不同区域的创新韧性水平进行横向得分上的对比分析，另一方面也能对该区域在研究期间内的创新韧性表现进行纵向比较，以较全面把握自身的创新韧性发展和提升改进情况。

四、层次性

层次性评价原则是指在指标选取过程中各维度之间以及各维度内部

指标之间都要体现出一定的逻辑性和层次感，而非杂乱无章地排列其中。具有相同或相似统计价值的指标若分布在多个维度，则无法清晰表征各维度的特点和区别，也容易造成指标之间统计信息的重复和错漏。通过遵循应用层次性评价原则，综合评价指标体系可更加科学、立体、系统地进行评价，更好地反映被评价对象的复杂性和多样性。同时，层次性评价也可以使得评价指标之间的关系更加清晰和易于理解，为决策者提供更准确的参考依据。

一般地，评价指标体系可分为系统层—模块层—要素层—基础层等多个级别，以体现不同指标的覆盖范围和维度特点。在本书中，创新韧性水平为系统层指标，仅一个。创新基础韧性、创新结构韧性、创新科技韧性、创新组织韧性和创新制度韧性五大维度韧性为模块层，共五个。五个维度下又分别包含各自的要素层指标，要素层指标又下辖各自的基础层指标，由此可构建一个完整的包含四个层次的综合评价指标体系。

五、时代性

事实上，在构建评价指标体系时还必须体现出当前的时代特点。指标选取并不是在前人研究基础上的简单重复，还需在把握最新时代前沿和社会经济热点的基础上予以调整和更新。最终选择和制定出符合当前时代背景、特点和需求现实的评价指标，以从不同程度上反映评价对象的当前时代特征和未来发展趋势。例如，数字经济是近年来的热点，也已成为经济增长新动能的关键组成部分和区域创新韧性的重要来源。在表征我国创新系统结构韧性维度下的产业结构韧性时，就有必要将数字经济的发展水平等指标纳入体系内加以考察。此外，考虑到单纯从专利产出、科技论文产出和新产品销售收入等指标来反映创新产出仍有不足之处。因此，本书还引用了复旦大学产业发展研究中心寇宗来、刘学悦两位作者发布的《中国城市和产业创新力报告（2017）》中公布的创新指数数据作为补充（这一指数后续有更新）。不同以往，这一指数侧重于从创新产出的专利价值和城市创新创业状况（即使用各城市新成立企业注册资本总额来衡量作为其他形式的创新产出）两个方面来加以测算，可有效弥补单一指标表征创新产出的固有缺陷。

除以上提及的原则外，综合评价指标体系的构建还需注重客观性、有效性、真实性等原则。本书结合创新韧性水平的实际情况，通过遵循以上主要评价原则，尝试构建出科学、全面、可靠的创新韧性综合评价指标体系，为评价创新系统这一对象的韧性水平提供客观、准确的评价结果，并为相关决策者提供量化依据。

第二节　指标体系的构建思路与确立

综合评价指标体系是基于一定理论内涵，囊括若干关联性指标的整体性评价方法。创新韧性体现在创新系统发展的各个方面，若仅采用单个特殊指标进行衡量将不利于全面反映真实的创新韧性水平。因此，通过综合指标体系从多个维度对创新韧性进行测度将更为科学合理。本章基于创新韧性的内在作用机理，并结合区域创新潜力、现状及能力水平，旨在开发一套合理的区域创新韧性评估指标体系及其量化分析模型。

一、构建思路

创新韧性是基于各类创新主体长期演化发展过程生成的且包含多重维度的固有属性。本书采用系统分析思路，具体的创新韧性评价指标体系构建思路如图 5-1 所示。在系统分析演化经济学、经济韧性和创新理论的基础上，本书详细剖析了创新韧性的内涵、内在作用机理、创新韧性评价的目的、意义和系统层次等内容，对评价系统进行了初步设计。然后，经由系统优化、系统量化、系统检验和最终确立等步骤确定了最终的综合指标评价体系。

鉴于准确界定创新韧性的概念、把握其科学内涵和内在机理是保障所构建的综合评价指标体系具有较强逻辑性和有效性的重要前提。参考第四章，基于创新韧性内部各有机构成所扮演的不同角色和所发挥的不同功能，本书将创新韧性细化分解为创新基础韧性、创新结构韧性、创新科技韧性、创新组织韧性和创新制度韧性五大维度。遵循创新韧性不同组成部分所发挥的"基础—缓冲带—动力—主体—保障"的功能分析框架，考察并识别影响创新韧性各组成部分的关键因素来构建相应的指标体系。

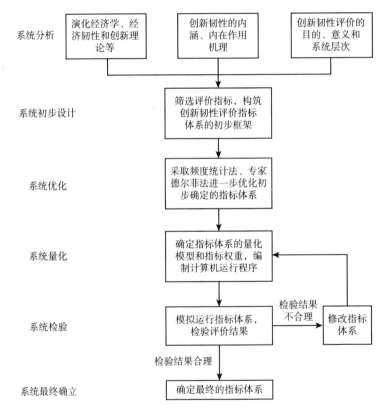

图 5-1　创新韧性评价指标体系构建思路

资料来源：笔者绘制。

二、指标体系的确立

本书采取自上而下、逐层分解的方法，构建了创新韧性值的综合评

价指标体系，见表 5 – 1。系统层指标只有 1 个，即创新韧性值。系统层
指标下辖 5 个一级模块层指标，即创新基础韧性、创新结构韧性、创新
科技韧性、创新组织韧性和创新制度韧性五大维度。一级指标总共下辖
17 个二级要素层指标，二级指标又下辖 59 个三级基础层指标。此外，考
虑到不同量纲和区域本身的经济体量、土地面积、人口规模等对最终测
度值的可能影响，所以在变量选择和指标计算过程中，本书尽可能地采
用人均数据和百分比数据来缓解和消弭区域总量本身的差异对创新韧性
的干扰（如北京、天津等直辖市的土地面积和人口规模等与河南、山东
等行政省份相距甚远，直接比较的统计意义不大）。构建思路和指标选取
具体如下：

（一）创新基础韧性

根据前文定义可知，创新基础韧性可有效释放抵御外部冲击和吸收
内部压力的韧性因子，是创新系统应对风险反应机制的基础性构成和重
要支撑，也是确保受创后系统基本平稳运行的重要物质性要素来源。由
于创新过程涉及众多环节和复杂的环境变量，因此与创新系统直接相关
的基础性因素十分多元。概括来说，创新基础韧性主要受地区自然因素、
人口因素、基础设施和本身抗风险能力等因素的直接影响。因此可着重
从自然资源禀赋、科技文教水平、信息基础设施、总体经济实力和系统
抗风险能力等方面指标来凸显和反映其抵御和吸收外部冲击的基本
功能。

借鉴黄鲁成（2000）、赵莹（2020）构建经济基础韧性时的衡量指
标，本书的创新基础韧性主要从自然资源、人口资源、基础设施和风险
防护四个二级指标进行衡量。其中，参考已有研究，本书从各地区人均
水资源（反映水资源基本存有情况）、人均绿地面积、人均能源储量和发
生地质灾害起数来综合衡量各地区的自然资源情况（梁林等，2022）；考
虑到人力资源对创新活动尤为重要，本书主要从普通本专科及以上毕业
生数占比（反映劳动人口总体素质）、科技服务业从业人数占第三产业从
业人数之比（反映科技服务业发展水平和产业高级化程度）、城市化水平

（反映地区城市化进程和经济发展水平）、老年人口抚养比（可侧面反映地区创新活力）四个层面来凸显不同区域创新人力资源的分布差异；基础设施则将围绕有助于地区经济发展的交通运输和电信通信等基础设施水平来选取关键指标加以衡量，包括人均铁路营业里程、人均公路里程、人均邮电业务总量（反映地区邮政业务和电信发展水平）和互联网普及率（反映地区互联网基础设施建设状况）等；风险防护能力是区域面对外部冲击的基本防线，风险防护能力越高则创新系统将越具有韧性。本书主要从总体经济变动（反映经济总体的波动情况）、财政预算赤字（反映区域财政的收支情况）、金融机构信贷资产安全（反映地区金融机构的资产稳健程度）和规模以上工业资产负债（反映规模以上工业企业资产的负债程度）四个方面进行表征，它也在一定程度上也体现了不同区域对内部系统风险的应对和溶解能力。

（二）创新结构韧性

创新结构韧性是创新系统消解激烈外部冲击的弹性缓冲带。面对外部冲击和扰动，创新系统内部复杂的结构可有效避免因自身的脆弱性而导致的系统失灵或崩溃（梁林等，2020）。而在测度创新结构韧性指数时，必须正视其与经济结构的密切关系。事实上，创新能力与经济发展水平具有高度一致性，创新结构也与经济结构动态相关。并且，只要一谈及宏观经济，就难以绕开困扰中国经济发展的各种"结构问题"。具体在经济结构的表征上，何剑和张梦婷（2017）主要从产业结构升级系数和产业劳动力增加系数两个方面来衡量经济结构的发展程度。陈景华等（2020）在构建经济高质量发展水平指标体系时，着重从区域协调、城乡协调、产业协调三个方面来综合衡量经济结构的协调发展水平。王素素等（2022）则从产业结构、区域结构与城乡结构三个方面来测度经济的结构韧性。

结构韧性是创新韧性的重要构成，经济的良好运行和创新活动的顺利开展都需要确保经济体各结构类型的协调发展。参考已有研究，创新结构韧性主要从产业结构、区域结构、市场结构和供求结构四个方面加以衡量。其中，采用产业结构合理化指数（反映产业间的聚合质量）、产业结构高级化指数［反映经济结构的服务化倾向（干春晖等，2011）］、数字创新指数（反映区域数字经济发展水平）和高技术产业发展水平四个三级指标来衡量产业结构韧性。区域结构韧性重点从人均生产总值水平、城乡消费水平比、城乡收入比和所属区域类别来综合测度，用以刻画不同区域结构下的经济差异所引起的创新差距；市场结构韧性从市场主体数量和市场化指数两方面进行表征，它既可体现区域市场规模的大小，又能表现出不同市场的发展成熟度；创新供求结构韧性从居民生活水平和技术创新供需有效度两方面来加以反映。一是考虑了不同地区的消费水平不同，对创新产品和技术的需求能力会产生较大差别这一情况，二是鉴于部分创新产出最终无法实现产业化，难以给创新企业带来经济效益，由此导致了创新供给与需求错配现象的大量存在，所以本书将采用技术创新供需有效度来进行衡量。

（三）创新科技韧性

创新科技韧性为创新系统注入了更新和发展动能，是创新系统形成对抗外部冲击强大动力的主要来源。科技创新一般可从创新投入和创新产出两个角度进行衡量（吕承超和王志阁，2019；陈怀超等，2021）。由于创新环境也是影响创新效率及效果的关键变量（孙宏芃，2016；钱丽等，2021），因此在测度创新科技韧性时，可重点从科技创新的投入维度、产出维度及其环境因素维度这三个二级指标借以衡量。

一般地，科技创新的投入维度主要从人员投入、经费投入角度进行表征。本书在测算时具体包括研发经费投入强度（百分比指标，主要反映创新投入总体情况）、研发人员投入强度（反映创新人才投入总体情况）、规模以上工业企业的 R&D 经费（反映企业对研发创新的重视程度）三个三级指标；科技创新的产出维度则主要从创新指数等角度加以刻画。需说明的是，本书采用的综合性创新指数引用了复旦大学产业发展研究中心寇宗来、刘学悦发布的《中国城市和产业创新力报告（2017）》中公布的数据，侧重于从创新产出的专利价值和创新创业情况来加以测算。

为了更全面地反映创新产出指标，本书还增加了专利产出（反映技术性产出规模）、科技论文产出（反映知识性产出规模）、新产品销售收入（反映收益性产出规模）等指标来全面衡量；而针对创新支持环境因素，为重点考察不同区域是否营造了有利的创新创业环境，本书主要从知识产权保护力度反映知识产权司法保护是否缺位（黎文靖等，2021）、政府资助力度（谭俊涛等，2016）（反映政府对创新的重视水平）、金融支持力度（徐佳和崔静波，2020）（反映资金的可获得性难度）、市场竞争强度（任希丽，2021）（反映市场竞争激烈的程度）四个方面进行表征。

（四）创新组织韧性

创新组织韧性所释放的韧性因子可赋予创新系统调整和重构能力，已成为对抗外部冲击的重要主体支撑。创新系统组织结构是创新系统的组成部分及各部分间的相互联系（任胜钢等，2007）。因此在测度创新组织韧性时，可考虑从创新主体、创新主体间关系和科技管理服务部门三大要素入手。

具体而言，创新主体主要从研发企业数（主要反映地区技术创新主体的活力）、研发学校数（主要反映地区知识创新主体的活力）和企业家精神（反映创新市场的活跃程度）（王素素等，2022）三个方面进行考察；创新主体间关系则侧重于从不同创新主体的产学研等合作创新层面加以衡量，最终采用开展合作创新的企业所占比重（反映合作创新的总体情况）、产学研合作企业所占比重（反映与高等学校或研究机构开展合作创新的情况）、地区技术市场技术净流入的合同数（反映地区技术市场交易合同数量流入流出的净规模）和合同金额（反映地区技术市场交易合同金额流入流出的净规模）四个方面来衡量。最后，科技管理服务部门则从科技孵化器个数（反映地区培育和扶植创新的服务能力）、孵化器内企业总数（反映地方科技企业寻求科技服务的参与程度）和科技孵化器的孵化基金总额（反映地方创业投资基金的支持规模）三个方面来衡量。这既确保了各类创新支持和引导机构对创业者在管理服务机构数量上的支持，也可侧面体现其在创新资金上的支持力度。

（五）创新制度韧性

创新制度韧性所释放的韧性因子可为创新系统对抗外部冲击提供保障和调节能力。韧性作为经济体的固有属性，其本质是在历史文化遗产和内外界环境（包括制度、危机在内）影响下反复自我强化后所形成的历史路径依赖（陈梦远，2017）。制度韧性是韧性构成的基本要素。制度体系越完善，也越能有效化解内部利益冲突与矛盾，避免外部冲击和负面影响的加深和扩散。

实际上，中国四十多年的改革就是一个制度适应性效率不断提高的过程（田湘波和谭丰华，2008），但制度本身是个较为抽象和难以测度的指标。在借鉴贾等（Jha et al. , 2013）、王素素等（2022）的研究并结合创新系统制度韧性的实际情况，本书主要从所有制、分配制度和政府治理三个二级指标来测算。其中，为了清晰反映我国的所有制结构，所有制指标主要是从非国有经济的发展水平上进行衡量，具体包括非国有规模以上工业企业资产、非国有就业人员和非国有经济投资额的占比情况，可一定程度上分别反映非国有经济的资产规模、就业和投资贡献率；分配制度则从劳动生产率（反映单位时间内从业人员创造的劳动成果）、资本生产率（反映单位资本存量创造的产出规模）和经济生产效率（反映资源开发利用的总效率）三个方面衡量。特别地，为了更为科学有效地度量生产率指标，在综合考虑绿色发展和资源投入产出绩效的基础上，本书用绿色全要素生产率来表示经济生产效率；而政府治理主要从单位GDP财政支出比例（即财政支出规模，可反映政府实际参与社会经济生活的程度）、财政社会保障和就业支出占比（反映政府促进社会公平，保障民生的力度）、政府规模（反映政府控制、配置资源能力的大小）和政府腐败程度（反映政府工作效率和清廉程度）四个方面来表征。具体指标体系见表 5 – 1。

表 5 - 1　创新韧性综合评价指标体系

一级指标	符号	二级指标	符号	三级指标	符号	代理变量	指标作用	单位
B1 创新基础韧性	B11	自然资源		人均水资源	B111	水资源量/总人口	正	立方米/人
				人均绿地面积	B112	城市绿地面积/总人口	正	公顷/人
				人均能源储量	B113	将一次能源生产量中的煤、石油和天然气储量皆采用《中国能源统计年鉴》中公布的折算系数全部折算为标准煤后再除以总人口数	正	吨/人
				发生地质灾害的次数	B114	发生地质灾害的次数	负	次
	B12	人口资源		城市化水平	B121	城镇人口/总人口	正	%
				普通本专科及以上毕业生数占比	B122	普通本专科及以上毕业生数/就业人数	正	%
				科技服务业从业人数占第三产业从业人数之比	B123	科技服务业从业人数/第三产业从业人数	正	无
				老年人口抚养比	B124	老年人口数/劳动年龄人口数	负	%
	B13	基础设施		交通运输设施	B131	铁路营业里程/总人口	正	公里/人
				邮电通信设施	B132	公路里程/总人口	正	公里/人
				信息基础设施	B133	（邮政业务总量+电信业务总量）/总人口	正	元/人
					B134	互联网普及率	正	%
	B14	风险防护		总体经济变动	B141	GDP增长率	正	%
				财政预算赤字	B142	（财收一般预算收入－财政一般预算支出）/财政一般预算支出	负	%
				金融机构信息安全水平	B143	商业银行不良贷款率	负	%
				规模以上工业资产负债率	B144	规模以上工业负债/规模以上工业资产总额	负	%

续表

一级指标	符号	二级指标	符号	三级指标	代理变量	指标作用	单位
B2 创新结构韧性	B21	产业结构	B211	产业结构合理化指数	1／泰尔指数	正	%
			B212	产业结构高级化指数	第三产业 GDP／第二产业 GDP	正	无
			B213	数字经济发展水平	北京大学企业大数据研究中心《中国数字经济创新创业指数 (IRIEDEC)》	正	无
			B214	高技术产业发展水平	高技术产业营业收入／GDP	正	无
	B22	区域结构	B221	人均生产水平	各省人均 GDP／全国人均 GDP	正	无
			B222	城乡消费水平比	城乡消费水平比（农村为1）	适度	无
			B223	城乡收入水平比	城乡收入比（农村为1）	适度	无
			B224	所属区域类别	东部、中部、东北部和西部四大区域分别为4、3、2、1	正	无
	B23	市场结构	B231	市场主体数量	国有控股工业企业单位数、私营工业企业单位数和外商及港澳台商投资工业企业单位数之和	正	个
			B232	市场化指数	北京国民经济研究所《中国分省份市场化指数数据库》	正	无
	B24	供求结构	B241	居民生活水平	居民人均可支配收入／居民人均消费支出	正	%
			B242	技术创新供求水平	技术创新有效度	正	无

续表

一级指标	符号	二级指标	符号	三级指标	代理变量	指标作用	单位
B3 创新科技韧性		创新投入	B31	B311	研发经费投入强度	研发经费/GDP	正	%
				B312	研发人员投入强度	研究与实验发展人员全时当量	正	人·年
				B313	规模以上工业企业R&D经费	采用永续盘存计算规模以上工业企业R&D经费总额	正	亿元
		创新产出	B32	B321	创新指数	复旦大学产业发展研究中心《中国城市和产业创新报告2017》	正	无
				B322	专利产出	国内专利申请受理量	正	项
				B323	科技论文产出	地区科技论文发表量	正	篇
				B324	新产品销售收入	新产品销售收入（含出口销售收入）	正	亿元
		创新支持环境	B33	B331	知识产权保护力度	技术市场交易额/GDP	正	%
				B332	政府资助力度	政府资金资助研发经费占地区研发经费之比	正	%
				B333	金融支持力度	规模以上工业企业研发经费内部支出额中平均获得金融机构贷款额	正	万元/个
				B334	市场竞争强度	规模以上工业企业个数	正	个

续表

一级指标	符号	二级指标	符号	三级指标	符号	代理变量	指标作用	单位
B4 创新组织韧性		创新主体	B41	研发企业数	B411	高技术企业数	正	个
				研发学校数	B412	有研发活动的学校数	正	个
				个体创业水平	B413	个体就业人数/城镇就业人数	正	无
		创新主体间关系	B42	开展合作创新的企业占比	B421	开展创新合作的企业数/全部企业数	正	%
				产学研合作企业占比	B422	与高等学校或研究机构开展合作的企业数/开展创新合作企业总数	正	%
				技术市场发展	B423	地区技术市场技术输出与流入合同数之差	正	项
					B424	地区技术市场技术输出与流入合同金额之差	正	亿元
		科技管理服务	B43	科技孵化器	B431	科技孵化器个数	正	个
					B432	孵化器内企业总数	正	个
					B433	科技孵化器孵化基金总额	正	亿元
B5 创新制度韧性		所有制	B51	非国有经济发展	B511	非国有规模以上企业资产/规模以上工业企业资产	正	无
					B512	非国有就业人员/地区总就业人员	正	无
					B513	非国有经济投资额/地区投资额	正	无
		分配制度	B52	劳动生产率	B521	GDP/城镇单位就业人数	正	万元/人
				资本生产率	B522	GDP/固定资产投资	正	无
				经济生产效率	B523	绿色全要素生产率	正	无

续表

一级指标	符号	二级指标	符号	三级指标	代理变量	指标作用	单位
B5 创新制度韧性	B53	政府治理	B531	单位 GDP 财政支出	财政支出/GDP	正	%
			B532	财政社会保障和就业支出比	财政社会保障和就业支出/财政支出	正	%
			B533	政府规模	公职人员/城镇单位就业人员	负	%
			B534	腐败程度	贪污贿赂案件立案数/公职人员数量	负	件/万人

注：数据主要来源于《中国统计年鉴》、《中国科技统计年鉴》、《中国人口和就业统计年鉴》、《中国高技术产业统计年鉴》、《中国能源统计年鉴》、《中国金融年鉴》、各省份的统计年鉴、《中国检察年鉴》和各省人民检察院等。其中，技术创新有效度参考了王谦等（2023）的测算思路，而经济生产效率用绿色全要素生产率来表示，其指标选择参考了冯杰和张世秋（2017）的测算方法。

第三节　指标体系的有效性检验

综合评估创新韧性必须先构建一个系统完整的由若干单一指标组合而成的指标体系，因而单项指标的准确性和有效性将对综合指标体系的可靠性、全面性产生关键性影响。当综合评价指标体系中的任一指标因主观设计或数据本身问题无法有效反映变量既定特征时，则可能会破坏整体评价结果的客观性。因此，本节主要从单项指标和指标间相关性两个角度入手对创新韧性指标体系加以检验，以进一步提升该指标体系测度的稳健效果。

一、单项指标检验

单项指标检验主要是对已收集到数据的各个指标进行完整性、一致性、波动性和极值检验，以判断这些指标是否符合指标体系设计的要求和目标。

（一）完整性和一致性检验

创新韧性评价指标体系由众多指标组成，涉及科技、经济和社会等较多领域，这使得创新韧性指标数据的完整性和一致性面临较大挑战。又因不同区域的统计体系难以完全一致，具体的统计调查范围和核算过程也有所不同，所以可能造成部分指标的统计口径不同。此外，还可能存在少数指标在一些地区还未被纳入统计范围的情况。

为了保障评价指标的全面性与协调性，必须对每一个指标的含义及其数据来源进行周密的核查，以确保所采用的指标在统计学领域内已获得广泛的认可，拥有明确的计算边界，含义清晰并已被普遍接纳。与此同时，要确保同一指标的数据源具有一致性，而对不同数据源的数据要进行严谨的核对，以确保数据的准确性与一致性。对于那些采用货币单位的评估指标，应采用统一的货币度量标准进行计算。

（二）波动性检验

总体而言，指标体系中的每一个指标都有其具体的功能和独特的作用，是综合评价结果不可或缺的构成要素，能从不同侧面反映创新韧性水平。这就要求指标体系中的不同指标应具有一定的区分度，并且指标的组成要素变化要集中反映测度对象的内涵变化，满足一定的波动性和协调性。

波动性是要求在其他指标不变的情况下，该指标的变动能够对测度结果产生影响，或者该指标在各样本的观察值具有一定的差异性，最终能体现出不同的波动幅度。如果某个指标的不同评价个体表现非常接近，其变化对综合评价结果效果的影响不大，那么就不宜将其纳入至评价体系。一般地，衡量指标波动性可采用变异系数来测度（王文森，2007），其公式为：

$$\delta = \sigma / \bar{x}, \ \sigma = \sqrt{\sum (x - \bar{x})^2 / (n-1)} \qquad (5-1)$$

根据式（5-1），本书将经过金额平减等预处理后的创新韧性指标波动性检验结果报告见表 5-2。由检验结果可知，绝大部分创新韧性指标的变异系数都较大，体现出较强的波动幅度，这也说明变量可提供足够的变异性。

表 5-2 　　　　　　　　创新韧性指标波动性检验结果

指标	均值	标准差	变异系数	指标	均值	标准差	变异系数
B111	0.0905	0.1639	1.8119	B124	0.6036	0.2111	0.3498
B112	0.1443	0.2272	1.5747	B131	0.2596	0.1704	0.6563
B113	0.0882	0.1939	2.1974	B132	0.3650	0.2109	0.5778
B114	0.9583	0.1093	0.1140	B133	0.0794	0.1141	1.4369
B121	0.4501	0.2225	0.4944	B134	0.4626	0.2083	0.4503
B122	0.1362	0.2000	1.4685	B141	0.6244	0.1254	0.2008
B123	0.1893	0.1649	0.8713	B142	0.7651	0.1932	0.2525

续表

指标	均值	标准差	变异系数	指标	均值	标准差	变异系数
B143	0.9790	0.0582	0.0595	B333	0.1109	0.1343	1.2108
B144	0.5277	0.1743	0.3304	B334	0.2083	0.2302	1.1050
B211	0.3803	0.1494	0.3929	B411	0.0966	0.1488	1.5401
B212	0.1530	0.1470	0.9612	B412	0.2257	0.1239	0.5488
B213	0.5152	0.2697	0.5235	B413	0.3273	0.1642	0.5018
B214	0.2554	0.2179	0.8532	B421	0.3178	0.2101	0.6610
B221	0.2903	0.2309	0.7954	B422	0.4202	0.1551	0.3690
B222	0.5869	0.1988	0.3388	B423	0.4331	0.1292	0.2984
B223	0.6030	0.2067	0.3427	B424	0.2528	0.1133	0.4483
B224	0.4071	0.3452	0.8480	B431	0.0912	0.1374	1.5075
B231	0.1702	0.2013	1.1822	B432	0.1118	0.1514	1.3550
B232	0.4679	0.2182	0.4664	B433	0.0805	0.1617	2.0078
B241	0.4207	0.1532	0.3642	B511	0.2161	0.2089	0.9666
B242	0.1467	0.1360	0.9272	B512	0.7719	0.1906	0.2470
B311	0.2139	0.1897	0.8868	B513	0.2837	0.1798	0.6337
B312	0.1304	0.1837	1.4088	B521	0.3366	0.2048	0.6084
B313	0.1572	0.2016	1.2828	B522	0.4472	0.1663	0.3719
B321	0.1362	0.2000	1.4685	B523	0.2837	0.2158	0.7608
B322	0.1074	0.1532	1.4265	B531	0.2649	0.1912	0.7215
B323	0.0830	0.1513	1.8231	B532	0.2840	0.1707	0.6010
B324	0.1093	0.1623	1.4850	B533	0.6340	0.1889	0.2979
B331	0.0922	0.1590	1.7241	B534	0.5555	0.1788	0.3219
B332	0.3365	0.2650	0.7873	—	—	—	—

资料来源：笔者计算。

（三）极值检验

一般地，大批量指标在进行数据采集、整理等实际操作过程中出现误差的可能性较大。在数据集中，若出现噪声数据（异常值）或结构突变的数据，即某些数据点与其他点的偏差极大，这可能会引起同一指标在不同个体中的波动范围扩大。造成这种现象的潜在原因通常有两个：一是被评估实体之间存在本质上的巨大差异；二是在数据的搜集与处理阶段可能发生了操作错误。噪声数据的存在对采用综合加权法进行测度的创新韧性值十分不利，这是因为综合评价一般都是由通过阈值法无量纲化的各层下级指标得分加权而来。如果某指标出现了极大值或极小值，那么采用阈值法无量纲化公式来计算得分则会出现各样本评价得分过于集中，结果分布不均衡的现象，并最终影响到创新韧性综合评价结果的真实性和准确性。

对于指标可能出现极值的情况，先要对指标本身特点进行分析，同时也要选择适当的方法找出可能的极值，并对其进行处理。根据大数定理可知，99.97%的数据一般分布在离均值3个标准差的范围内，即：

$$P(\mid(x-\bar{x})/\sigma\mid<3)=0.9997, \sigma=\sqrt{\sum(x-\bar{x})^2/(n-1)}$$

$$(5-2)$$

式中，$\bar{x}$ 为样本数据的均值；σ 为样本数据的标准差。当数据不满足这一条件时，则可将其视为极值，并对其采用复核、修正、缩尾等方式处理使其处于合理区间。

表5-3的极值检验结果显示：因样本受限，创新韧性综合指标体系大部分指标数据（59个指标中有42个）难以满足极值概率低于万分之三的要求。因此在后续指标数据处理时，为了防止极端值对指标数据效果产生影响，本书对所有指标均采用缩尾前1%和后99%的方法进行处理。

表5-3 创新韧性指标的极值检验结果

指标	极值判断标准	极值频数	极值概率	指标	极值判断标准	极值频数	极值概率
B111	0.5821	12	0.0364	B131	0.7707	7	0.0212
B112	0.8258	14	0.0424	B132	0.9977	1	0.0030
B113	0.6699	15	0.0455	B133	0.4217	8	0.0242
B114	1.2861	0	0.0000	B134	1.0875	0	0.0000
B121	1.1177	0	0.0000	B141	1.0005	0	0.0000
B122	0.7361	13	0.0394	B142	1.3446	0	0.0000
B123	0.6841	11	0.0333	B143	1.1537	0	0.0000
B124	1.2369	0	0.0000	B144	1.0507	0	0.0000

续表

指标	极值判断标准	极值频数	极值概率	指标	极值判断标准	极值频数	极值概率
B211	0.8286	1	0.0030	B334	0.8988	3	0.0091
B212	0.5941	10	0.0303	B411	0.5430	10	0.0303
B213	1.3243	0	0.0000	B412	0.5972	2	0.0061
B214	0.9092	9	0.0273	B413	0.8200	5	0.0152
B221	0.9829	2	0.0061	B421	0.9481	2	0.0061
B222	1.1834	0	0.0000	B422	0.8855	3	0.0091
B223	1.2230	0	0.0000	B423	0.8208	3	0.0091
B224	1.4427	0	0.0000	B424	0.5928	9	0.0273
B231	0.7741	6	0.0182	B431	0.5035	9	0.0273
B232	1.1225	0	0.0000	B432	0.5661	10	0.0303
B241	0.8804	2	0.0061	B433	0.5657	10	0.0303
B242	0.5547	9	0.0273	B511	0.8426	7	0.0212
B311	0.7831	11	0.0333	B512	1.3438	0	0.0000
B312	0.6814	9	0.0273	B513	0.8230	2	0.0061
B313	0.7620	8	0.0242	B521	0.9511	1	0.0030
B321	0.7361	3	0.0091	B522	0.9462	2	0.0061
B322	0.5671	9	0.0273	B523	0.9311	2	0.0061
B323	0.5369	11	0.0333	B531	0.8385	10	0.0303
B324	0.5963	9	0.0273	B532	0.7960	8	0.0242
B331	0.5691	11	0.0333	B533	1.2006	0	0.0000
B332	1.1314	0	0.0000	B534	1.0920	0	0.0000
B333	0.5137	9	0.0273	—	—	—	—

注：极值判断标准是根据大数定律和式（5-2）计算而得，即 $x' = \bar{x} + 3\sigma$。因指标样本量为330个，则极值概率＝极值频数/330。

资料来源：笔者计算。

二、指标间相关性检验

（一）相关性检验方法

在对创新韧性进行评价时，作为核心评价部分的指标体系需充分反映影响创新韧性的各类重要因素。因此，必须尽可能详细地从不同方面来测度创新韧性，同时避免因指标过少或过多对综合评价结果产生的负面影响。然而在构建指标体系过程中，许多指标都是基于创新韧性内在机理模型和层次分析法加以选择的，不可避免地存在一定主观性和倾向性，这也直接导致构建综合指标体系时面临较大相关度（即不同指标包含较多重复信息）的问题。当两个指标所包含的内容实质上相似或基本一致时，则可认为它们覆盖了大量的重叠信息。在这种情况下，将这两个指标一同纳入指标体系可能会引起信息的冗余、计算的烦琐甚至结论上的冲突。

评估创新韧性的指标体系由 17 个二级指标和 59 个三级指标构成，覆盖了科技、经济、社会和政府等多个领域。其中一些指标可能测量了重复相似或高度相关的信息，这将影响创新韧性值的有效量化。为了解决这一问题，可首先对这些指标之间的相关性进行判断，识别出显著的相关性，并采用适当的方法加以处理。指标间的相关性分析旨在确定变量间是否存在依赖关系，并评估这种关系的指向性和紧密度。根据两个变量的变化趋势差异，可将相关性分为正相关、负相关和无相关三种类型。鉴于创新韧性评价体系中的数据主要是连续型变量，因此可考虑使用皮尔逊相关系数来度量它们之间的关联性，具体见式（5-3）。

$$r_{xy} = \frac{\sum (x - \bar{x})(y - \bar{y})}{\sqrt{\sum (x - \bar{x})^2} \sqrt{\sum (y - \bar{y})^2}} \qquad (5-3)$$

式中，x 和 y 即为需测算相关系数的两个变量；r_{xy} 是相关系数。r_{xy} 取值范围介于 -1 和 1 之间，而绝对值越接近于 1，表明变量 x 和 y 之间的相关程度越高。同时，还可采用 t 检验对其相关程度进行判定。

需要指出的是，相关关系一般仅反映两个指标之间的关联程度。在一个综合指标体系中，多个指标之间常常互相关联、互相影响。因此在具体测算方式上，采用包含多指标、多重信息的复相关系数来衡量将更为贴切。其中，偏相关系数揭示了在排除其他干扰因素后两个变量之间的直接关联性，它等同于这两个变量相对于一系列控制变量的回归残差之间的相关性，能更好地测度变量间的紧密性。计算指标间的偏相关系数实际上是对简单相关系数分析的一种进阶优化。由此，式（5-3）可修正为：

$$r_{12,3} = \frac{r_{12} - r_{13}r_{23}}{\sqrt{(1 - r_{13}^2)(1 - r_{23}^2)}} \qquad (5-4)$$

式中，$r_{12,3}$ 表示去除第三个指标影响后第一个指标和第二个指标间的偏相关关系，而 r_{12}、r_{13} 和 r_{23} 分别表示两个指标间的简单相关关系。偏相关系数同样也可用 t 检验判定其显著性。在具体做法上，当各指标之间偏相关关系比较明显，并且通过显著性检验时，就需要对评价指标进行主成分分析，以达到消除指标间冗余信息的目的。

（二）创新韧性指标的相关性检验

事实上，任何评价模型和方法都有一定的局限性。如何尽可能地突破现实条件和自身知识水平的制约，构建出更为准确、合理的创新韧性指标体系是本书亟须解决的核心问题之一。基于前文，本书依次对五大维度下的基础层指标进行了偏相关系数检验。表5-4的检验结果显示，创新韧性指标体系在指标间关系上较为恰当地处理了这一问题，两变量的偏相关系数均低于0.7的高相关判别水平，总体而言取得了较为合意的检验效果。

表5-4　　　　　　　　　创新韧性指标偏相关性检验结果

指标	偏相关系数	显著性水平	指标	偏相关系数	显著性水平	指标	偏相关系数	显著性水平
B112	0.3815 ***	0	B132	0.2545 ***	0	B213	-0.3059 ***	0
B113	-0.1684 ***	0.0027	B133	0.0534	0.3445	B214	-0.1092 *	0.051
B114	-0.019	0.7361	B134	0.0124	0.8268	B221	-0.2661 ***	0
B121	-0.0238	0.6739	B141	0.0076	0.8931	B222	0.0421	0.4529
B122	-0.1919 ***	0.0006	B142	-0.0132	0.815	B223	-0.4365 ***	0
B123	0.1134 **	0.044	B143	0.0254	0.6528	B224	0.0723	0.1972
B124	0.0804	0.1537	B144	-0.3449 ***	0	B231	0.0536	0.3389
B131	-0.1359 **	0.0156	B212	-0.0273	0.6265	B232	0.0252	0.6529

续表

指标	偏相关系数	显著性水平	指标	偏相关系数	显著性水平	指标	偏相关系数	显著性水平
B241	− 0. 0253	0. 6518	B333	− 0. 1294 **	0. 0204	B433	0. 0787	0. 1591
B242	− 0. 1146 **	0. 0404	B334	0. 1115 **	0. 0458	B512	0. 2413 ***	0
B312	− 0. 1454 ***	0. 0091	B412	0. 3513 ***	0	B513	0. 2801 ***	0
B313	0. 1596 ***	0. 0042	B413	− 0. 2169 ***	0. 0001	B521	0. 2557 ***	0
B321	0. 1567 ***	0. 0049	B421	0. 1701 ***	0. 0022	B522	− 0. 076	0. 1735
B322	− 0. 1233 **	0. 0272	B422	0. 021	0. 7077	B523	− 0. 0782	0. 1613
B323	0. 1541 ***	0. 0057	B423	− 0. 2412 ***	0	B531	− 0. 0945 *	0. 0903
B324	0. 1237 **	0. 0267	B424	0. 0081	0. 8849	B532	− 0. 5025 ***	0
B331	0. 5791 ***	0	B431	0. 0737	0. 1874	B533	0. 2379 ***	0
B332	− 0. 1743 ***	0. 0017	B432	0. 1897 ***	0. 0006	B534	0. 0447	0. 4245

注: *** 、 ** 和 * 分别表示相关系数在1% 、5% 和10% 的显著性水平上显著。因偏相关系数刻画的是变量两两之间的净相关关系,因此表中报告的偏相关系数分别是 B111 、B211 、B311 、B411 以及 B511 与本维度其他指标的偏相关关系。

资料来源:笔者计算。

第六章 中国创新韧性的定量 评价与问题分析

第五章已详细介绍了测算中国创新韧性水平的综合评价指标体系。本章首先对创新韧性的测度方法和数据来源进行了简单说明。接着按照前文所述方法，对中国 30 个省份及四大区域创新韧性的定量评价结果进行了详细汇报和描述分析。与此同时，还着重对我国东部地区、中部地区、西部地区和东北地区的创新韧性水平及发展情况进行了现实考察，为全面提升我国不同区域的创新韧性水平提供了实际依据和量化参考。最后，为了进一步明晰创新韧性的区域差异来源，识别出对创新韧性差距起核心作用的关键维度，本章还通过二次指派程序法实证考察造成创新韧性省域差异的成因，本章实证研究结论可为缩小地区间创新韧性差距、解锁其区域差异的形成机理提供了新的思路。

第一节 评价方法说明

评价指标体系构建完成后，接下来测算综合指数最为关键的是评价方法应如何选择，尤其是指标权重该如何确定的问题。指标权重集中反映了各指标在指标体系中的重要性地位和对评价对象所起作用的大小，对最终的评价结果具有至关重要的影响，但如何确定各指标权重本身也是较为复杂的问题。目前，根据原始数据来源的差异和计算方法原理的不同，赋权方法一般可分为主观、客观和主客观组合赋权法三类。其中，主观赋权法以模糊层次分析法、专家咨询法等为主要代表，它所采用的专家打分标度型定权方式，难以避免地存在主观随意性所带来部分结果与实际情况出入明显等问题。考虑到本书指标体系中所选取的指标绝大部分都有明确的数据指向且有官方公开的统计数据可供借鉴，本书最终采用基于数据本身客观信息定权的熵权 TOPSIS 方法来确定创新韧性指标体系的权重并计算出最终的综合指数结果。

熵是对系统状态不确定性的一种度量。一般认为，根据各项指标值的变异程度，利用信息熵即可计算出各指标的权重，即熵权（陈雷和王延章，2003）。而优劣解距离法（technique for order preference by similarity to ideal solution，TOPSIS）是借助多属性问题的正理想解和负理想解以解决评价对象排序问题的统计分析方法（岳超源，2003）。其中，正理想解是各个指标值都达到评价对象中最优状态的虚拟最优解，而负理想解则是评价对象中最差的指标值集合所构成的虚拟最劣解（杨玉中等，2006）。如果其中有一个解在最靠近正理想解的同时又最远离负理想解，则该解是所有方案中的最优选择。由以上分析可知，熵权 TOPSIS 方法的计算思路是先使用熵值法确定好各项指标的权重，再结合 TOPSIS 方法来进行综合加权（王素素等，2022）。它有效避免了低层次多因素权重确定的主观性，使评价结果更加客观真实，并且该方法操作较为简单，也易于推广。

若存在矩阵 $X_{n \times m} = \begin{vmatrix} \cdots & \cdots & \cdots & \cdots \end{vmatrix} = \{x_{ij}\}$，其中，$x_{ij}$ 中的 $i = 1, 2, \cdots, n$；$j = 1, 2, \cdots, m$，n 代表总样本数，m 代表被评价指标的个数。那么，在经过规范标准化处理后，原始数据即具有可比性。特别要注意的是，一般为避免 ln0 这一无意义结果的出现进而导致后面的计算无法继续，可将标准化后数据为 0 的指标加上 0.0001 后再进行运算。具体地，熵权 TOPSIS 法的计算过程如下。

计算指标的比重阵：

$$(P_{ij})_{n \times m} = \frac{X'_{ij}}{\sum_{i=1}^{n} X'_{ij}} \tag{6-1}$$

计算各指标的熵值：

$$e_{ij} = -k\sum_{i=1}^{n} P_{ij}\ln P_{ij}，其中，k > 0，k = \frac{1}{\ln n} \qquad (6-2)$$

计算差异项系数：

$$d_j = 1 - e_j \qquad (6-3)$$

计算各指标权重：

$$\omega_j = \frac{d_j}{\sum_{j=1}^{m} d_j} \qquad (6-4)$$

计算各样本的综合得分水平：

$$Z_{ij} = \begin{pmatrix} z_{11} & \cdots & \cdots & z_{1m} \\ \cdots & \cdots & \cdots & \cdots \\ \cdots & \cdots & \cdots & \cdots \\ z_{n1} & \cdots & \cdots & z_{nm} \end{pmatrix} = \{z_{ij}\}_{n\times m} = x'_{ij} \times \omega_j \qquad (6-5)$$

计算各列的最优方案：

$$Z^{+} = (\max Z_{i1}, \max Z_{i2}, \cdots, \max Z_{im}) \qquad (6-6)$$

计算各列的最劣方案：

$$Z^{-} = (\min Z_{i1}, \min Z_{i2}, \cdots, \min Z_{im}) \qquad (6-7)$$

计算每一个评价对象与 Z^{+} 和 Z^{-} 的距离 D_i^{-} 和 D_i^{+}：

$$D_i^{-} = \sqrt{\sum_{j=1}^{m}(Z_j^{-} - Z_{ij})^2}; D_i^{+} = \sqrt{\sum_{j=1}^{m}(Z_j^{+} - Z_{ij})^2} \qquad (6-8)$$

计算各评价对象与最优方法的接近程度：

$$C_i = \frac{D_i^{-}}{D_i^{+} + D_i^{-}} \qquad (6-9)$$

式中，C_i 取值范围为（0，1），越接近于 1，表明综合得分越高，评价对象越接近最优水平（曹贤忠和曾刚，2014）。

第二节　数据来源及处理

　　限于数据采集面较宽，部分数据不可得，本书重点采集了中国30个省份（因数据缺失严重，不包含港澳台和西藏地区）的面板数据，主要来源于《中国统计年鉴》《中国科技统计年鉴》《中国人口和就业统计年鉴》等。又因部分数据仅从2011年才开始公布，并且2011年后纳入规模以上工业企业的起点标准从年主营业务收入500万元提高到2000万元，因此为保证研究对象统计口径的一致性，本书将数据的采集时段限制在2011~2021年。同时，对极少数缺失数据采用平均值进行补足，而对极少数尚未公布到2021年数据的指标则统一采用线性拟合方式补足。此外，对涉及金额的数据在标准化之前，以2011年为基期进行了平减处理，以便于数据的跨期比较。

　　此外，为消除数据量纲的影响，对正向指标、适度指标和逆向指标分别进行规范标准化处理。设标准化后的指标值为 X'_{ij}，它表示第 i 年第 j 个评价指标的数值。$\max(x_j)$ 和 $\min(x_j)$ 分别表示对该项指标求最大值和最小值。因适度指标需提前设置好阈值 x_0，且指标体系中仅有"城乡收入差距"和"城乡消费差距"两个适度指标，考虑到"促进农民增收，缩小城乡居民收入差距"是全体人民共同富裕取得更为明显的实质性进展的必然要求，本书将 x_0 定为1，同理，"城乡消费差距"的阈值也为1。具体计算公式如下。

　　正向指标标准化：

$$X'_{ij} = \frac{x_{ij} - \min(x_j)}{\max(x_j) - \min(x_j)} \tag{6-10}$$

　　逆向指标标准化：

$$X'_{ij} = \frac{\max(x_j) - x_{ij}}{\max(x_j) - \min(x_j)} \tag{6-11}$$

适度指标标准化：

$$X'_{ij} = \begin{cases} \dfrac{x_{ij} - \min(x_j)}{x_0 - \min(x_j)}, (\text{当 } x_{ij} < x_0) \\[3mm] \dfrac{\max(x_j) - x_{ij}}{\max(x_j) - x_0}, (\text{当 } x_{ij} \geqslant x_0) \end{cases} \qquad (6-12)$$

特别地，借鉴张永安等（2016）的做法，规模以上工业企业 R&D 经费指标采用永续盘存法进行核算。具体计算方法是：$srd_{i,t} = rd_{i,t} + srd_{i,t-1}(1 - \varphi)$。其中，$rd_{i,t}$ 代表 t 年 i 地区的研发经费投入；$srd_{i,t}$ 代表 t 年 i 地区的研发资本存量；$srd_{i,t-1}$ 代表 $t-1$ 年 i 地区的研发资本存量，φ 一般取 15%。

第三节　定量评价结果及分析

按照前文熵权 TOPSIS 方法的系列步骤，基于各省份的相关数据，本书定量测算了 2011~2021 年我国 30 个省份以及东部、中部、西部和东北部四大区域的创新韧性综合指数值。本节主要从创新韧性综合指数的总体评价结果、总体特征分析和四大区域比较这几个方面进行分析。

一、总体评价结果

由测算结果可知，2011~2021 年，中国创新韧性总综合指数（即各省份综合指数得分的均值，简称"总指数"）的取值介于 0.2656 和 0.3532 之间，其均值为 0.3104，具体见表 6-1。

表 6-1　　2011~2021 年不同区域创新韧性综合指数的测算结果

年份	全国	东部地区	中部地区	西部地区	东北地区
2011	0.2656	0.3153	0.2586	0.2268	0.2560
2012	0.2802	0.3299	0.2724	0.2411	0.2737
2013	0.2829	0.3349	0.2781	0.2427	0.2661

续表

年份	全国	东部地区	中部地区	西部地区	东北地区
2014	0.2922	0.3500	0.2856	0.2493	0.2701
2015	0.2991	0.3577	0.2941	0.2553	0.2742
2016	0.3102	0.3799	0.2989	0.2633	0.2730
2017	0.3164	0.3840	0.3084	0.2685	0.2824
2018	0.3345	0.4050	0.3267	0.2850	0.2971
2019	0.3322	0.4061	0.3257	0.2802	0.2896
2020	0.3474	0.4284	0.3334	0.2919	0.3091
2021	0.3532	0.4317	0.3415	0.2994	0.3123

注：为避免重复显示，各区域创新韧性综合指数的均值等描述性结果将在表6-2中报告。
资料来源：笔者计算。

研究期间，总指数呈现出在波动中较快上升的趋势，具体如图6-1所示，由2011年的0.2656快速上升到2018年的0.3345后小幅回落，后又缓慢增加到2021年的0.3532，近11年间共提升了0.0876个单位，年均增长率达到2.89%。

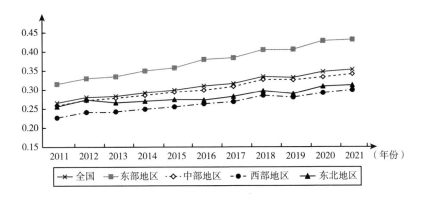

图6-1 2011~2021年各地区创新韧性综合指数演变趋势

资料来源：笔者绘制。

二、总体特征分析

基于前文创新韧性测度结果，本部分主要从不同时点、创新韧性不同构成维度等方面来探讨中国创新韧性综合测算指数的时空分异特征。

（一）基于不同时点的特征分析

由图 6-1 可知，随着时间的推移，30 个省份的创新韧性综合指数基本呈现出整体偏低但逐年缓慢增长的特征，并已出现了两极分化的态势。其中，一半以上的省份创新韧性综合指数低于 0.3，约 43.9% 的省份得分高于 0.3，且主要集中在（0.3，0.48）这一区间。为了从时间维度更清晰地展现出各省份创新韧性综合指数的变化趋势，本书将其在 2011 ~ 2021 年六个时点的散点绘制成图，如图 6-2 所示。

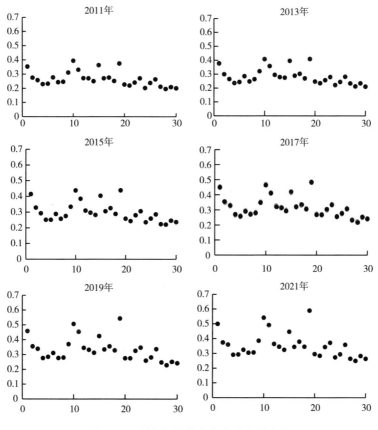

图 6-2　创新韧性综合指数分布散点图

注：参照《中国统计年鉴》中各省份的排列顺序，图中横坐标数字为省份序号，具体见表 6-2。

资料来源：笔者绘制。

从最值上看，2011 年、2013 年、2015 年、2017 年、2019 年和 2021
年的最小值分别为 0.1964、0.2108、0.2216、0.2209、0.2290 和 0.2500；
最大值分别为 0.3944、0.4091、0.4384、0.4834、0.5434 和 0.5893。这
说明创新韧性综合指数最小值的增速显著低于最大值，这使得两者之间
的极差越来越大，分别为 0.1980、0.1982、0.2169、0.2625、0.3144 和
0.3394，使得各年份的创新韧性水平呈现出更加明显的两极分化趋势。

（二）基于不同省份的特征分析

1. 不同省份的测算结果分析

分省份来看，创新韧性综合指数差异十分显著，已逐渐形成明显的
两极化格局。这一现实问题会在第六章第五节中有详细分析，为避免重复，
此处仅展示 30 个省份，东部、中部、西部和东北部四大区域以及全国的均
值、标准差、最小值、最大值、增幅等具体测算结果，详见表 6-2。

表 6-2　　　　　　不同省份和地区创新韧性综合指数的测算结果

序号	省份	均值	标准差	最小值	最大值	增幅
1	北京	0.4302	0.0494	0.3533	0.4995	0.1463
2	天津	0.3324	0.0348	0.2755	0.3739	0.0983
3	河北	0.3104	0.0378	0.2578	0.3598	0.1021
4	山西	0.2604	0.0227	0.2300	0.2922	0.0610
5	内蒙古	0.2642	0.0224	0.2330	0.2963	0.0605
6	辽宁	0.2974	0.0176	0.2775	0.3262	0.0477
7	吉林	0.2723	0.0206	0.2436	0.3050	0.0614
8	黑龙江	0.2768	0.0171	0.2468	0.3067	0.0599
9	上海	0.3492	0.0265	0.3113	0.3856	0.0744
10	江苏	0.4614	0.0521	0.3944	0.5413	0.1470
11	浙江	0.4074	0.0541	0.3313	0.4913	0.1600
12	安徽	0.3200	0.0307	0.2719	0.3643	0.0924
13	福建	0.3101	0.0258	0.2710	0.3456	0.0746
14	江西	0.2891	0.0219	0.2505	0.3245	0.0740
15	山东	0.4140	0.0263	0.3634	0.4464	0.0830
16	河南	0.3124	0.0245	0.2710	0.3455	0.0733
17	湖北	0.3320	0.0329	0.2760	0.3794	0.1034

续表

序号	省份	均值	标准差	最小值	最大值	增幅
18	湖南	0.2988	0.0331	0.2520	0.3455	0.0935
19	广东	0.4764	0.0770	0.3750	0.5893	0.2143
20	广西	0.2636	0.0201	0.2272	0.2959	0.0686
21	海南	0.2567	0.0238	0.2202	0.2876	0.0642
22	重庆	0.2933	0.0364	0.2409	0.3436	0.1027
23	四川	0.3206	0.0359	0.2710	0.3723	0.1013
24	贵州	0.2443	0.0238	0.2027	0.2741	0.0711
25	云南	0.2666	0.0203	0.2384	0.2942	0.0557
26	陕西	0.3080	0.0323	0.2637	0.3584	0.0947
27	甘肃	0.2339	0.0158	0.2120	0.2643	0.0523
28	青海	0.2251	0.0148	0.1964	0.2500	0.0536
29	宁夏	0.2473	0.0214	0.2092	0.2829	0.0737
30	新疆	0.2367	0.0199	0.2005	0.2641	0.0636
31	东部地区	0.3748	0.0815	0.3153	0.4317	0.1164
32	中部地区	0.3021	0.0357	0.2586	0.3415	0.0829
33	西部地区	0.2640	0.0384	0.2268	0.2994	0.0725
34	东北地区	0.2822	0.0211	0.2560	0.3123	0.0563
35	全国	0.3104	0.0728	0.2656	0.3532	0.0876

资料来源：笔者绘制。

2. 不同省份的系统聚类分析

为了进一步明晰各省份创新韧性综合指数的分类情况，本书采用系统聚类方法对 30 个省份进行聚类分析，并将其分为高韧性、中高韧性、中等韧性、中低韧性和低韧性水平五大类别，为洞悉我国各省创新韧性水平的时空分布格局提供量化参考。

本书分别以 2011 年和 2021 年作为研究期间的两个重要研究时点，以各省份五个创新韧性维度指标的测算值为依据，再采用系统聚类分析中的组间连接方法，选取区间平方欧式距离这一指标进行相似性测度，具体聚类结果如图 6-3 所示。在树状图中，30 个省份被分为了多个类别，且聚类的组间距离较大，组内距离较小，聚类结果总体较为理想。考虑到创新韧性值事先被设定分为五类，本书将树状图中少数小类别进行合并，最终得出表 6-3 的聚类分析结果。

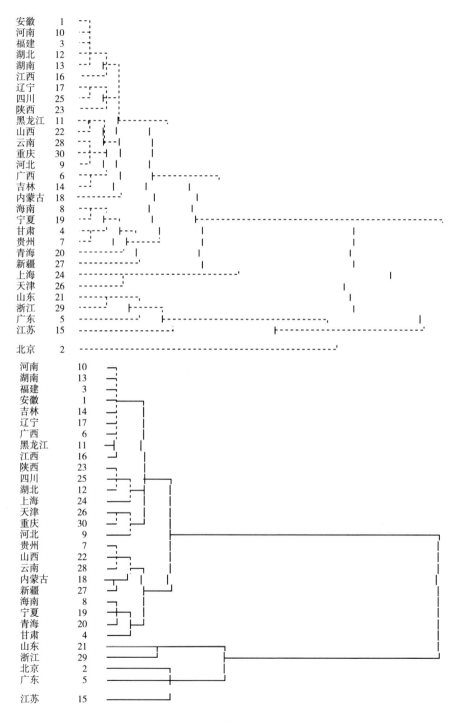

图6-3 2011年（上）和2021年（下）各省份的聚类分析树状图

资料来源：笔者绘制。

表 6 - 3   **2011 年和 2021 年各省份的聚类分析结果**

分类	2011 年	2021 年
高韧性	北京（1 个）	江苏（1 个）
中高韧性	山东、浙江、广东、江苏（4 个）	山东、浙江、北京、广东（4 个）
中韧性	海南、宁夏、甘肃、贵州、青海、新疆、上海、天津（8 个）	贵州、山西、云南、内蒙古、新疆、海南、宁夏、青海、甘肃（9 个）
中低韧性	辽宁、四川、陕西、黑龙江、山西、云南、重庆、河北、广西、吉林、内蒙古（11 个）	陕西、四川、湖北、上海、天津、重庆、河北（7 个）
低韧性	安徽、河南、福建、湖北、湖南、江西（6 个）	河南、湖南、福建、安徽、吉林、辽宁、广西、黑龙江、江西（9 个）

注：各类别中的省份都按照创新韧性值由低到高的顺序排列。
资料来源：笔者绘制。

　　基于表 6-3 的分类结果，从不同时点创新韧性类别中省份数量的变化情况可知，随着年份的变迁，大部分省份创新韧性综合指数的得分从 2011～2021 年虽呈现出明显的上升态势，但聚类时的结果并没有更理想。原处于中低或中等韧性水平的少数省份，如上海、天津等，近年来因创新绩效和抗冲击能力的持续下滑，已造成其分类等级的明显下降。同时，中高和高韧性的省份全都被东部发达省份所占据，低韧性省份则更集中在创新绩效增速较慢的中部和东北部地区。这也说明创新韧性分布已呈现出明显的区域不均衡性，并且区域内部省份间的差异也较大。

　　具体来看，2021 年的各省份聚类结果更多地向中低和低等韧性类别集中。除中等韧性类别的省份数量小幅超过了 2011 年外，该年度中低韧性省份数量显著低于 2011 年同期水平；此外，高韧性和中高韧性类的省份数量仍保持不变。但高韧性省份已由原来的北京变为江苏；从中高韧性层面来看，除排序有所调整外，省份名变化不大；从中等韧性层面来看，上海、天津已由中高韧性类别下滑至中低韧性类别；从中低韧性层面来看，其数量已由 11 个降至 7 个。其中，吉林、辽宁、广西、黑龙江已由中低韧性类别相应下滑到低韧性类别；与此相反的是，山西、云南、和内蒙古已由中低韧性类别上升到中等韧性类别。另外，湖北也由原来的低韧性类别上升一级至中低韧性类别。

（三） 基于不同构成维度的特征分析

每个样本的创新韧性综合指数都是由五个分维度下辖的基础层指标经熵权 TOPSIS 方法测算而成的。限于篇幅，本部分主要侧重于从中国创新韧性综合总指数的视角来提取和分析其构成维度的不同特征，以明晰在分维度指数中究竟哪个维度已成为影响总指数的主要力量。创新韧性总指数五大分维度的得分参见表 6 - 4。2011 ~ 2021 年，从得分的均值上看，在总指数的构成维度中，创新基础韧性的得分最高，其次是创新制度韧性、创新组织韧性、创新结构韧性，而创新科技韧性的得分最低，甚至不到创新基础韧性的一半。

表 6 - 4　　　　2011 ~ 2021 年创新韧性总指数分维度的得分和贡献度

年份	综合指数	创新基础韧性		创新结构韧性		创新科技韧性		创新组织韧性		创新制度韧性	
		得分	贡献度（%）	得分	贡献度（%）	得分	贡献度（%）	得分	贡献度（%）	得分	贡献度（%）
2011	0.266	0.080	22.56	0.055	15.59	0.023	6.50	0.039	11.08	0.069	19.47
2012	0.280	0.080	22.62	0.058	16.36	0.025	7.09	0.047	13.24	0.071	20.03
2013	0.283	0.081	22.89	0.062	17.52	0.027	7.71	0.041	11.71	0.072	20.26
2014	0.292	0.082	23.26	0.066	18.61	0.028	7.90	0.043	12.09	0.074	20.88
2015	0.299	0.083	23.47	0.069	19.48	0.030	8.42	0.041	11.67	0.076	21.63
2016	0.310	0.085	23.98	0.070	19.86	0.031	8.91	0.041	11.75	0.082	23.34
2017	0.316	0.085	24.05	0.072	20.47	0.032	8.94	0.044	12.39	0.084	23.73
2018	0.335	0.086	24.36	0.075	21.24	0.033	9.45	0.053	14.93	0.087	24.74
2019	0.332	0.088	24.79	0.076	21.54	0.035	9.89	0.045	12.78	0.089	25.06
2020	0.347	0.087	24.67	0.083	23.60	0.037	10.56	0.048	13.52	0.092	26.00
2021	0.353	0.089	25.08	0.084	23.82	0.038	10.79	0.047	13.33	0.095	26.98
均值	0.310	0.084	23.80	0.070	19.8	0.031	8.70	0.044	12.60	0.081	22.92

注：因表格过大将无法展示，故得分仅保留三位小数，贡献度（%）保留两位小数，下同。
资料来源：笔者计算。

事实上，仅有分维度的测算结果根本无法全面反映其对总指数构成的真实贡献情况，因此，本书同时报告了五大维度各自对总指数的贡献度，以清晰捕捉不同维度在总指数构成过程中发挥的重要性。为便于展示，此处均采用研究期间的均值数据。从数值上看，创新基础韧性的贡献度基本维持在 23.8% 的规模，显著高于其他维度。但需要注意的是：从 2018 年开始，创新制度韧性的得分越来越高，其贡献度也逐渐超越创新基础韧性，成为近年来影响创新韧性值总指数最为关键的维度。

三、区域动态评价与现实考察

由表 6 - 2 和图 6 - 1 可知，分区域来看，研究期间全国、东部、中部、西部和东北部的创新韧性综合指数均值分别为 0.3104、0.3748、0.3021、0.2640 和 0.2822。总体上，四大区域梯级不平衡的发展格局和分化趋势十分突出。其中，东部区域的创新韧性综合指数远领先于其他地区，分别是全国平均水平、中部、西部和东北部地区得分的 1.21 倍、1.24 倍、1.42 倍和 1.33 倍，成为抬升全国创新韧性均值水平的关键主导因素。然而，西部和东北部创新系统的韧性得分则明显较低。下面将对各区域的综合指数、分维度评价结果及其区域创新发展的现实指标进行考察。

（一）区域动态评价

1. 东部地区

由表 6 - 1 可知，2011 ~ 2019 年东部地区创新韧性综合指数一直处于稳步增长态势，从 0.087 持续上升到 0.096。2020 ~ 2021 年受公共卫生事件和经济下行趋势影响，创新韧性值在出现小幅回落后才恢复以往增长趋势。整体来看，东部地区的创新韧性水平长期在四大区域中处于引领地位，创新韧性得分也整体居于高位。

从东部地区创新韧性不同维度的测算得分结果（见表 6 - 5）来看，平均而言，创新基础韧性在测算时的得分最高，这说明东部地区的基础面指标表现更好，最终使得创新基础韧性显示出比其他分维度韧性更为明显的优势；其次才是创新结构韧性、创新制度韧性、创新组织韧性和创新科技韧性。另外，相比总指数和其他维度可知，东部地区五大维度的贡献度分布相对更为均匀，尤其创新科技韧性的贡献度明显领先于其他地区，这也表明东部地区的科技创新实力和效能远高于其他地区。

表 6 – 5　　　　　　　东部地区创新韧性不同维度的测算结果

年份	综合指数	创新基础韧性		创新结构韧性		创新科技韧性		创新组织韧性		创新制度韧性	
		得分	贡献度（%）	得分	贡献度（%）	得分	贡献度（%）	得分	贡献度（%）	得分	贡献度（%）
2011	0.315	0.087	20.19	0.073	16.80	0.038	8.80	0.045	10.54	0.072	16.70
2012	0.330	0.088	20.36	0.077	17.73	0.042	9.63	0.051	11.89	0.073	16.81
2013	0.335	0.089	20.64	0.080	18.46	0.045	10.48	0.048	11.04	0.073	16.96
2014	0.350	0.091	20.97	0.086	19.87	0.047	10.96	0.052	11.97	0.075	17.30
2015	0.358	0.092	21.26	0.088	20.33	0.050	11.69	0.050	11.57	0.078	18.00
2016	0.380	0.094	21.78	0.092	21.41	0.054	12.59	0.052	12.01	0.087	20.20
2017	0.384	0.092	21.35	0.093	21.63	0.054	12.54	0.055	12.65	0.090	20.79
2018	0.405	0.093	21.63	0.097	22.37	0.057	13.27	0.064	14.76	0.094	21.78
2019	0.406	0.096	22.15	0.095	22.11	0.060	13.89	0.059	13.68	0.096	22.23
2020	0.428	0.096	22.21	0.104	24.09	0.065	15.08	0.064	14.75	0.100	23.10
2021	0.432	0.095	22.12	0.102	23.56	0.066	15.33	0.064	14.82	0.104	24.16
均值	0.375	0.092	21.33	0.090	20.76	0.053	12.21	0.055	12.70	0.086	19.82

资料来源：笔者计算。

2. 中部地区

中部地区创新韧性综合指数长期处于 0.2586 ~ 0.3415 这一较低规模，且总体运行趋势较为平稳。2011 年其创新韧性得分为研究期间的最小值，仅为 0.2586。随后一路上升，到 2018 年取得最大值为 0.3267，此后在波动中缓慢下降，到 2019 年得分降为 0.3257，近年来又恢复到较快增长水平。从中部地区创新韧性不同维度的测算结果（见表 6 – 6）来看，创新制度韧性在测算时的得分是最高的，其次才是创新基础韧性、创新结构韧性、创新组织韧性和创新科技韧性。但与东部相比，中部地区的各项得分都显著低于前者，区域差距十分突出。

表6-6　　　　　　中部地区创新韧性不同维度的测算结果

年份	综合指数	创新基础韧性		创新结构韧性		创新科技韧性		创新组织韧性		创新制度韧性	
		得分	贡献度（%）	得分	贡献度（%）	得分	贡献度（%）	得分	贡献度（%）	得分	贡献度（%）
2011	0.259	0.074	21.64	0.059	17.14	0.016	4.72	0.041	12.04	0.069	20.19
2012	0.272	0.074	21.77	0.060	17.49	0.018	5.27	0.050	14.61	0.070	20.62
2013	0.278	0.077	22.46	0.066	19.31	0.021	6.07	0.043	12.65	0.072	20.95
2014	0.286	0.079	23.12	0.066	19.28	0.021	6.14	0.044	12.79	0.076	22.28
2015	0.294	0.079	23.12	0.072	21.13	0.022	6.51	0.042	12.19	0.079	23.17
2016	0.299	0.081	23.78	0.070	20.56	0.024	6.84	0.041	11.88	0.084	24.46
2017	0.308	0.083	24.29	0.075	22.01	0.024	6.98	0.043	12.61	0.083	24.43
2018	0.327	0.084	24.61	0.077	22.56	0.026	7.52	0.053	15.41	0.087	25.56
2019	0.326	0.087	25.61	0.079	23.02	0.027	7.85	0.044	12.80	0.089	26.10
2020	0.333	0.084	24.54	0.083	24.16	0.029	8.64	0.046	13.42	0.092	26.86
2021	0.342	0.087	25.41	0.086	25.27	0.030	8.79	0.043	12.73	0.095	27.80
均值	0.302	0.081	23.67	0.072	21.08	0.023	6.85	0.044	13.01	0.081	23.86

3. 西部地区

西部地区创新韧性综合指数总体表现较差，取值仅位于 0.2268 和 0.2994 之间，处于四大区域得分之尾。西部地区在得分总趋势缓慢爬升的情况下，2018 年也出现了轻微波动，后又有所回调。从西部地区创新韧性分维度得分结果（见表6-7）来看，创新基础韧性在测算时的得分仍为最高，其次才是创新制度韧性、创新结构韧性、创新组织韧性和创新科技韧性。西部地区自然资源禀赋较好，交通运输和互联网等基础设施方面与发达地区差距也不大，使得其创新基础韧性贡献度均值高达

26.50%，明显高于其他地区。

表6-7 西部地区创新韧性不同维度的测算结果

年份	综合指数	创新基础韧性		创新结构韧性		创新科技韧性		创新组织韧性		创新制度韧性	
		得分	贡献度（%）	得分	贡献度（%）	得分	贡献度（%）	得分	贡献度（%）	得分	贡献度（%）
2011	0.227	0.076	25.27	0.038	12.74	0.014	4.68	0.033	10.99	0.066	22.09
2012	0.241	0.075	25.15	0.041	13.74	0.015	5.00	0.040	13.46	0.069	23.20
2013	0.243	0.076	25.31	0.045	15.14	0.016	5.32	0.036	11.92	0.070	23.37
2014	0.249	0.076	25.51	0.050	16.70	0.016	5.27	0.035	11.74	0.072	24.06
2015	0.255	0.077	25.89	0.052	17.39	0.017	5.70	0.034	11.47	0.074	24.82
2016	0.263	0.079	26.49	0.053	17.82	0.018	5.92	0.034	11.40	0.079	26.33
2017	0.269	0.080	26.84	0.055	18.37	0.018	6.01	0.036	11.90	0.080	26.59
2018	0.285	0.082	27.24	0.059	19.69	0.019	6.27	0.043	14.39	0.083	27.61
2019	0.280	0.083	27.69	0.060	20.09	0.019	6.35	0.035	11.60	0.083	27.87
2020	0.292	0.083	27.65	0.067	22.28	0.020	6.52	0.036	12.17	0.086	28.88
2021	0.299	0.085	28.49	0.068	22.79	0.020	6.82	0.036	12.00	0.089	29.90
均值	0.264	0.082	26.50	0.060	17.89	0.019	5.80	0.037	12.09	0.083	25.88

资料来源：笔者计算。

4. 东北地区

东北地区创新韧性综合指数在四大区域中表现得较不理想，仅微高于西部地区。2011～2021年，东北地区创新韧性综合指数处于（0.2560，0.3123）的区间。自2012年以后，该区域的创新韧性水平基本上呈现波动中低速上升趋势。2019年取值仅为0.2896，明显低于邻近年份。从东北地区创新韧性分维度得分（见表6-8）来看，基本与中西部地区结果一致。创新基础韧性在测算时的得分仍是最高的，其次才是创新制度韧性、创新结构韧性、创新组织韧性和创新科技韧性。

表6-8　　　　　　　　东北地区创新韧性不同维度的测算结果

年份	综合指数	创新基础韧性		创新结构韧性		创新科技韧性		创新组织韧性		创新制度韧性	
		得分	贡献度（%）	得分	贡献度（%）	得分	贡献度（%）	得分	贡献度（%）	得分	贡献度（%）
2011	0.256	0.081	25.97	0.052	16.65	0.019	6.14	0.037	11.77	0.067	21.43
2012	0.274	0.081	26.06	0.052	16.74	0.021	6.71	0.049	15.70	0.070	22.44
2013	0.266	0.080	25.66	0.055	17.61	0.021	6.88	0.038	12.04	0.072	23.02
2014	0.270	0.082	26.13	0.056	17.99	0.021	6.89	0.038	12.31	0.072	23.18
2015	0.274	0.081	25.99	0.060	19.30	0.022	7.11	0.036	11.62	0.074	23.80
2016	0.273	0.080	25.72	0.057	18.39	0.022	7.01	0.036	11.45	0.078	24.85
2017	0.282	0.082	26.16	0.060	19.16	0.022	6.97	0.039	12.47	0.080	25.68
2018	0.297	0.082	26.28	0.058	18.58	0.023	7.23	0.052	16.59	0.083	26.46
2019	0.290	0.078	24.99	0.065	20.74	0.026	8.32	0.040	12.71	0.081	25.98
2020	0.309	0.080	25.77	0.077	24.80	0.026	8.22	0.040	12.88	0.085	27.31
2021	0.312	0.081	25.99	0.080	25.49	0.025	8.16	0.039	12.43	0.087	27.93
均值	0.282	0.081	25.88	0.061	19.59	0.023	7.24	0.040	12.91	0.077	24.73

　　基于上述测算结果可知，无论是创新韧性总指数还是各区域综合指数，创新基础韧性和创新制度韧性都已成为影响区域创新韧性值构成最为关键的两大维度。在动态评价分析过程中，除东部地区和中部地区的分维度重要性排序有所差异外，其他地区分维度的得分和贡献度皆遵循创新基础韧性、创新制度韧性、创新结构韧性、创新组织韧性、创新科技韧性的由高到低的基本顺序。

（二）现实考察

　　中国是一个有韧性的经济体，不仅体现在举世瞩目的经济增长速度、应对历次外部经济危机和重大突发公共卫生事件方面，更体现在处于最大发展中国家、最大社会主义国家的经济体地位上（王素素等，2022）。在当前全球化遭遇逆流，国内改革发展稳定任务艰巨繁重的百年变局下，我国经济的韧性表现在为经济恢复注入了强劲动力和持续信心。而经济韧性最鲜明的特点就是经济体是否具备创新活力，因此创新韧性也成为经济韧性最持久的动力来源和根本保证。而创新韧性的区域差异又主要受制于区域之间的创新基础、创新结构、创新科技、创新组织和创新制度等因素的差别。下面将先从整体上考察我国创新韧性的现实状况，接着再具体分析我国四大区域的分维度创新韧性情况。

1. 创新韧性整体情况

我国拥有世界上最完整的产业体系和最大潜力的内需市场，这也直接决定了我国创新系统的韧性较高、潜力大、活力足。综合来看，创新系统的韧性强度直接受经济体的创新投入产出水平、企业创新和产业创新能力、国际创新竞争力等因素的影响。近年来，具体而言：

一是我国整体层面的创新能力显著提升，创新韧性不断增强。《中国科技统计年鉴》数据显示，在世界主要经济体的 R&D 活动排名中，我国从事 R&D 人员的数量和 R&D 人员全时当量已连续多年居世界首位。在高强度的科技创新投入体系下，2022 年我国 R&D 经费达到 3.08 万亿元，R&D 经费支出强度为 2.55%，R&D 人员数量高达 940.13 万人，而 R&D 人员全时当量达 635.36 万人·年。而同期专利申请授权数也从 4.12 万件增长到 432.3 万件，猛增了近 105 倍，年均增速约高达 20%[①]。从创新产出的视角来看，不论是专利授权规模还是国际论文发表量，中国也皆居世界前列。

二是企业技术创新能力大幅提升，高新技术企业发挥中流砥柱作用。《中国科技统计年鉴》数据显示，从创新企业的数量和贡献水平上看，2022 年，我国高新技术企业已增至 40 万家，企业研发投入占全社会研发投入已超过 3/4，其中有 762 家企业进入全球企业研发投入 2500 强，创新活力被不断激发，抗风险能力显著增强；全国技术合同成交额达 4.8 万亿元，企业贡献了超 80% 的技术吸纳。在国家的重点研发计划中，由企业参加或牵头的已高达 79%（金观平，2023）。同时，在高新技术产业产值方面，我国高新技术产业产值持续增长，2018 年我国高新技术产业产

---

① 资料来源：笔者据国家统计局和《中国统计年鉴》数据计算整理。

值占 GDP 之比为 13.6%。

三是科创中心城市建设成效显著，科技集聚发展趋势向纵深推进。据中国科学技术发展战略研究院最新发布的《中国区域科技创新评价报告（2023）》显示，北京、上海、深圳等科创中心城市建设成效突出，核心引领地位进一步提高，有力地辐射带动了京津冀、长三角、泛珠三角等区域创新能力的进一步提升（刘垠，2023）。同时世界知识产权组织（The World Intellectual Property Organization，WIPO）数据显示，深圳—香港—广州科技集群已连续多年位列全球第二。具体来看，北京在综合科技创新水平指数排名中居全国第二位，其创新成果还产生了显著的溢出效应，其对津冀地区的技术合同成交额已达到了 347.5 亿元，实现了 22.9% 的年度增长；此外，上海作为国际科技创新中心，其综合科技创新水平持续领跑全国，引领着长三角地区成为国内竞争力最强的区域共同体；与此同时，粤港澳大湾区建设成果显著，广东在科技创新方面的综合实力排名全国第四，特别是在科技活动的人力投入、技术成果市场化以及资本生产率等方面均位居全国首位（中国科学技术发展战略研究院，2022）。得益于"两廊""两点"战略的支持①，粤港澳大湾区已发展成为具有显著国际影响力的科技集群。

四是我国全球创新指数排位持续前移，创新国际竞争力持续提升。WIPO 发布的《2023 年全球创新指数（global innovation index，GII）报告》显示，2023 年，我国以 55.3 的得分位列全球第 12 名，东亚地区第 3 名，仅次于新加坡（61.5 分，排名第 5）和韩国（58.6 分，排名第 10）。同时也是自 2014 年进入排名顶级梯队以来，GII 前 30 名中唯一的中等收入经济体，而日本排名为 13 名（WIPO，2023）。与此同时，我国以 24 个科技集群首次成为全球科技集群数量最多的国家，国际创新竞争力不断迸发。美国紧随其后，共有 21 个集群，但在科技强度方面我国与发达国家仍存在不小差距。

――――――――――

　　① "两廊"是指广深港科技创新走廊和广珠澳科技创新走廊；"两点"是指深港河套创新极点，粤澳横琴创新极点。

2. 分维度创新韧性情况

结合四大区域不同维度下各要素的现实表现来深入探析我国区域创新韧性的优势和薄弱之处十分必要，下面将从五大维度层面详细解析。

（1）创新基础韧性。在自然资源方面，据《中国能源年鉴》公开数据，在人均能源储量上，东部和东北部有所下滑，而中部和西部的增长较快，特别是西部地区能源丰富，折合成标准煤后人均达1.37万吨，约为能源较匮乏东部地区0.067万吨的20.5倍。《中国统计年鉴》数据显示，2011~2021年，四大区域的人均水资源和绿地面积都有所提升，特别是东北部的人均水资源增幅较大，由782.68增至1241.17人/立方米，提升了近59%。据《中国能源年鉴》公开数据，党中央始终坚持把人民群众的生命安全和身体健康放在第一位，得益于地方政府的积极预防，2011~2021年四大区域地质灾害发生的次数大幅降低，总体平均低于原来的30%。东北部更是由原来的年均233起下降为3.67起，仅为原来的1.57%。这都表明各区域近年来的自然资源人均占有量显著提高，且各类地质灾害得到有力防控，基础韧性进一步加强。

在人口资源方面，《中国统计年鉴》数据显示，2021年城市化水平最高的是东部地区，达到73.87%，其次是东北部为67.29%，而这一指标在中部和西部仅接近60%。据《中国人口和就业统计年鉴》，普通本专科及以上学历的毕业生在就业人数中比重最高的仍是东部。但因东部人口稠密，其科技服务业从业人数占比仅为1.98%，反而低于中部、西部2.33%和2.15%的规模，但仍远高于东北部的0.73%的水平。老年人口抚养比可侧面反映城市创新活力，随着人口老龄化程度的不断加深，除西部地区外，我国各区域的老年人口抚养比都超过20%，尤以东北地区情况最为严重，东北三个省份的均值已高达24.24%。这也意味着，东北部地区创新人口资源的基础相对较差。

在基础设施方面，《中国统计年鉴》数据显示，由国家主导的不同区域的交通运输和互联网等基础设施差异并不大。但在邮政业务和电信业务总量上，东部地区明显领先于其他地区，2021年其人均已高达10479.44元，但这一指标在中部、西部和东北部地区仅分别为2045.32

元、2175.54 元和 816.54 元。对于高度依赖信息技术的研发活动来说，这也直接导致各区域的创新基础存在明显区别。

在风险防护方面，《中国统计年鉴》数据显示，各区域 GDP 增长率明显回落，我国经济正处于由高速增长迈向高质量的发展转型阶段，其中东北部下降最为明显，由 2011 年的 21% 下降到 2021 年的 9%，跌幅超过一半。同时，东部和东北部的财政赤字率明显攀升，尤其东北部的财政赤字率由 2011 年的 10.92% 上升到 2021 年的 18.71%，财政负担十分繁重，经济发展后劲相对不足。《中国金融年鉴》数据显示，近年来各区域的商业银行不良贷款率和规模以上工业资产负债率都有所下降，各项指标也基本被控制在合理区间，风险防护能力有所提升。

（2）创新结构韧性。在产业结构上，据国泰安数据库可知，2021 年四大区域的产业结构合理化指数均与 2011 年相比显著下降，其中东北部下降幅度最大，仅约为原来的一半。但各区域的产业结构高级化程度提升较快，即第三产业的比重明显上升，产业结构进一步优化。在数字经济发展方面，北京大学企业大数据研究中心发布的《中国数字经济创新创业指数（IRIEDEC）》显示我国各区域数字经济的发展都较快，其中东部和中部发展最为成熟，数字经济指数分别达到 98.09 和 94.83，西部和东北部虽然暂时落后，仅为 67.84 和 59.76，但增速惊人，发展潜力巨大。由《中国高技术产业统计年鉴》可知，在高技术产业发展水平方面，中部和西部都实现了翻倍增长，但东部和东北部的高技术产业营业收入的提升速度不及本区域 GDP 的发展速度，使得高技术产业发展水平有所下降。东北地区已由 2011 年的 7% 下降到 2021 年的 4.89%，跌幅超过 30%。

在区域结构上，《中国统计年鉴》数据显示，2021 年地区人均 GDP 占全国人均 GDP 比重中，最低的仍是东北地区，仅为 69%，相比 2011 年的 84%，下降幅度高达 15.72%，甚至低于西部 78% 的规模。最高的仍是东部地区，虽近年来有所下降，但仍是全国人均 GDP 的 1.41 倍，远超其他地区。各区域的城乡消费水平比已降至 2 以内，且城乡收入水平比降至 2.65 以下，这表明我国城乡差距进一步缩小，城乡二元结构得到进一步改善。

在市场结构上，《中国统计年鉴》数据显示，研究期间，中部和西部的市场主体数量成倍增加，东部增幅也高达 50%，但东北地区的市场主体数量显著减少，仅约为原来的 71%。企业才是创新的主体，企业数量的减少将不利于企业的集聚效应和学习效应的扩散和转化，地区创新活力也将明显落后于其他地区。北京国民经济研究所发布的《中国分省份市场化指数报告》显示，各区域的市场化指数稳步提升，市场经济发展趋于完善，为企业创新研发活动创造了有利条件。

在供求结构上，《中国统计年鉴》数据显示，居民生活水平稳步提高，人均可支配收入增速明显高于消费支出，这也将进一步刺激人们对新产品、新型技术的内在需求。同时，除东北部小幅下降外，其他地区的技术创新有效度实现较快增长，东部地区的技术创新有效度由 2011 年的 14.21 上升到 2021 年的 25.53，创新市场的有效需求和有效供给进一步协调匹配，专利等创新产出的市场化程度显著提升，创新泡沫现象得到有力遏制（王谦等，2023）。

（3）创新科技韧性。《中国科技统计年鉴》数据显示，从科技创新的投入维度来看，研究期间各区域 R&D 经费投入强度都得到不同程度的提升。除东北部 R&D 人员全时当量从 2011 年到 2021 年期间由 35019.33 下降到 25729.78 人·年，降幅高达 36.45% 外，其他地区的均成倍增长。结合前文人口资源的相关分析，这也进一步说明了东北部研发人员投入的相对不足和高技术型人才短缺严重。此外，在规模以上工业企业研发支出总额上，其他地区基本翻倍增长，如中部由 155.94 亿元上涨到 534.97 亿元，增长了 2.43 倍，但东北部仅从 135.79 上升到 151.63，增幅仅为 11.67%。

从科技创新的产出维度来看，复旦大学产业发展研究中心寇宗来、刘学悦等学者发布的《中国城市和产业创新力报告》显示，创新指数增长最快的是东部地区，由 64.87 增至 470.37，增长了 6.25 倍，其次是东北部和中部地区。而西部地区的创新指数仅小幅提升了 2.2 个单位，增幅仅为 3.6%，这说明西部地区的创新产出的专利价值和创业效果跟其他区域相比差距仍然很大。《中国科技统计年鉴》数据显示，各区域的地区专利申请受理量和规模以上工业企业新产品销售收入亿元（含出口）呈现出翻倍增长的态势，其中以中部地区增速最快，2021 年的两指标分别是 2011 年的 3.88 倍和 2.77 倍。另除东北地区小幅下降外，各地区发表的科技论文也增长明显。

从创新支持环境来看，《中国科技统计年鉴》数据显示，近年来，产权保护水平以中部和东北部提升速度最快，但东部的产权保护程度仍最高，技术市场交易额与本区域 GDP 之比高达 3.83%。东北部的政府资助研发经费占地区研发经费之比为 38.56%，是所有区域中最高的；其次是西部地区，也达到了 29.13%。但中部地区不升反降，由 2011 年的 17.25% 下降到 2021 年的 13.28%。由中国科技发展战略研究小组、中国科学院大学中国创新与创业管理研究中心在科技部支持下编写的《中国区域创新能力评价报告》显示，受地区经济环境的影响，不同区域的金融支持力度差异较大。2021 年，东部地区规模以上企业研发经费内部支出额中平均可获得金融机构贷款额平均高达 5.92 万元/个，而中部、西部和东北部则分别为 2.04 万元/个、2.4 万元/个和 1.51 万元/个，均不及东部地区的一半。最后，各区域市场竞争强度的差距也较大，东部地区企业竞争最为激烈。据《中国统计年鉴》数据显示，2021 年，规模以上工业企业高达 2.34 万个。而东北部最少，仅 0.39 万个，且相比 2011 年的 0.85 万个下降了 50% 以上。

（4）创新组织韧性。从创新主体来看，东部和中部地区的高技术企业个数、研发学校数都远高于西部、东北部地区，而中部和西部地区的增速较快，创新主体发展势头良好。但东北三省的高技术企业数却出现了明显下滑，由 2011 年的 401.67 个下降到 2021 年的 304.33 个（数据来源于《中国科技统计年鉴》）。从企业家精神来看，《中国统计年鉴》数据显示东部和东北部的个体就业人数与城镇就业人数之比较高，接近 1.7 的水平（其中，城镇就业数为 1），个体灵活就业的人数较高则有利于活跃当地的创新氛围。

从创新主体间关系来看，《中国科技统计年鉴》数据显示，除西部地区创新合作企业占全部企业的比重有小幅提升外，其他地区的这一指标均出现了不同程度的下滑。同时，产学研合作企业的占比下降也较快，中部地区的这一指标由 2011 年的 67.37% 甚至下降到 2021 年的 47.65%。这说明近年来企业合作创新的方式还未得到实质性的普及推广，企业研发各自为政的现象仍较为普遍。同时，从《中国科技统计年鉴》中的地区技术市场技术的合同交易量看，东部地区已由净流出转变为净流入地区，2021 年，其合同净流入达到 592.42 项，但合同金额方面仍属于净流出，为 197.39 亿元，位居四大区域之首。此外，中部地区的技术合同净流出达 1318.77 项，成为交易数量最多的地区。

从科技管理服务部门来看，各区域差距十分显著。《中国科技统计年鉴》显示，近年来各区域孵化器数量均有较大提升，其中以东部地区孵化器数量最多，高达 4229 个，但增速最快的是中部地区，增长了近 9.4 倍。孵化器内企业总数最多的也是东部地区，高达 21.63 万个，最少的是东北地区为 1.9 万个。而当年获得风险投资额最高的也是东部地区，最少的东北地区仅 6.96 亿元。

（5）创新制度韧性。本书从非国有经济发展的资产、就业和投资情况等方面来测度创新制度韧性水平。《中国统计年鉴》显示，从非国有规上企业资产占比来看，东部地区远超其他地区，但 2021 年小幅下降，仅为 2.55%，比 2011 年下降了 0.03%。从国泰安 CSMAR 中的就业数据上看，2021 年除东部地区为 0.72% 外，其他地区的非国有就业人员占比均达到 0.8% 以上，同时仅东北部地区小幅上升了 0.05%，达到了 0.81%的规模。从投资额上看，中部、西部和东北部的非国有经济投资额均显著上升，且东北部的增幅最高，2021 年比 2011 年增长了近 1 倍，而东部的占比则呈反方向变化，2021 年仅为 2011 年的 49.73%。

从分配制度方面来看，由《中国统计年鉴》整理计算可知，劳动生产率最高的是中部地区，而西部地区的资本生产率和经济生产效率均领先于其他地区。这三个指标不仅考察了地区 GDP 的大小，更为关键的是与地区城镇单位就业人数、固定资产投资额和绿色全要素生产率息息相关。除东北部的资本生产率从 2011 年的 0.7 下降到 2021 年的 0.62 外，其他地区的分配制度表征指标均有不同程度的上升，各项制度得到进一步完善。

从政府治理方面来看，《中国统计年鉴》显示，2021 年单位 GDP 财政支出最高的是西部，高达 29.14%，其次是东北部、中部和东部，分别为 27.85%、18.91% 和 16.23%。财政社会保障和就业支出占财政支出最高的是东北部，最低的是东部地区，分别为 25.11% 和 9.7%，东部地区下降较快，2021 年仅为 2011 年的 70%。在政府规模上，除东部地区缩减了 1.04% 外，另外三个地区的政府规模都有所扩张。其中最高的是西部，公职人员占从业人员之比达 18.03%，最低的是东部，仅 7.97%。在腐败程度测度上，由《中国检察年鉴》和各省人民检察院等网站数据可知，贪污贿赂案件立案数最高的是东北部，达 35.44 件/万人，其次是中部、东部和西部。近年来，西部地区的政府腐败程度有所下降，由 2011 年的 23.93 件/万人下降到了 2021 年的 17.99 件/万人，这也说明其政府效率有了一定程度的提升。

第四节　中国创新韧性差异的成因识别

前文对中国创新韧性测算结果的差异作了详细探讨，但仍未提供清晰揭示创新韧性差异形成机理的经验证据，本节先简单介绍了区域差异的检验方法——二次指派程序（quadratic assignment pocedure，QAP），然后对 QAP 相关性分析和回归分析的结果逐一进行了探讨，并尝试从实证方面识别出造成我国创新韧性省域差异的关键决定性因素。

一、QAP 方法介绍

关系数据体现的是两个"行动者"之间的关系（Scott，2017）。若将每个地区视为一个独立行动者，地区间差距即构成了一种特定关系，这为从关系数据视角探讨地区差距问题创造了有利条件（刘军，2007）。而创新韧性及其五大维度的省域差异实际上是变量两两差异的集合，本质上也是一种"关系数据"。鉴于此，本书将关系数据分析范式引入区域创新韧性差异的研究中，构建关系数据计量模型并利用二次指派程序重点对创新韧性省域差异的关键决定维度进行识别和检验。

QAP 方法是基于随机置换的非参数检验方法，无须假设各变量之间相互独立即可有效解决模型指标间的自相关以及多重共线性问题。它包括相关性分析和回归分析两个部分，且两者原理基本一致，均通过将关系矩阵转变为长向量，对长向量进行 OLS 估计，然后对相应的行和列同时进行多次随机置换，即可得到相关系数集或回归系数集，最后根据其统计检验结果进而判断参数估计值的显著性（杨骞等，2022）。QAP 方法判断显著性的基本原则为：假设通过 T_{total} 次随机置换，随机置换产生的回归系数不小于、不大于长向量回归系数的次数分别用 T_{large}、T_{small} 来表示，从而得到回归系数不小于长向量回归系数的比例 P_{large}（$P_{large} = T_{large}/T_{total}$）以及回归系数不大于长向量回归系数的比例 P_{small}（$P_{small} = T_{small}/T_{total}$），这两个比例可直接看作统计检验的 P 值。由于回归系数是双尾检验，因此若回归系数为正，则将 P_{large} 作为统计检验的 P 值。反之，则将 P_{small} 作为 P 值（王素素等，2022）。

因此，QAP 方法可理解为在已知矩阵结构不变的情况下，通过改变特定点标签来检验结构差异的方法。如果调查者关注的是"关系"之间的关系问题，那 QAP 无疑将是社会网络分析中的首选方法。而且，QAP 回归能够探讨多个矩阵对一个矩阵的回归关系，并评估其拟合优度的显著性，大大扩展了其适用范围，但它也严格要求所有矩阵必须是 1 – 模矩阵（即 $n \times n$ 方阵）。

（一）模型设定

基于以上分析，本书将创新韧性区域差异的关系数据计量模型设定如下：

$$Y = \beta_0 + \beta_1 X_1 + \beta_2 X_2 + \cdots + \beta_i X_i + U \qquad (6-13)$$

式中，β_i 为待估参数；X 和 Y 分别为解释变量和被解释变量的差异矩阵；

U 为残差项。该模型中的所有变量均为 $n \times n$ 阶方阵。其中，矩阵的观测值 Y_{ij} 和 X_{ij} 分别表示被解释变量和解释变量在两两地区间的差距，其具体数值可通过计算 $(Y_i - Y_j)$ 和 $(X_i - X_j)$ 得到。因观测值是各变量地区间指标值两两相减的结果，因此当 $i = j$ 时，差异矩阵的主对角线元素均为 0。

（二）指标选取与数据说明

本书将前文测算的 2011～2021 年中国 30 个省份创新韧性综合指数的差异矩阵作为被解释变量，五个分维度指数的差异矩阵作为解释变量，构建出创新韧性区域差异的关系数据计量模型。所有变量均为 30×30 的差异矩阵，因为变量矩阵的主对角线元素为 0，所以样本实际观测值数为 $30 \times (30) = 870$（个）。因研究对象主要是行政省份，因此本书的区域差异主要体现为省域差异的形式。

（三）QAP 相关分析

下文报告了样本期创新韧性综合指数和五大创新韧性维度的 QAP 相关分析结果。结果显示，创新韧性综合指数和五大分维度差异矩阵的相关系数均为正值，而且全部通过了 1% 的显著性水平检验，见表 6-9。

表 6-9　　　　　　　　　　QAP 相关分析结果

变量	创新基础韧性	创新结构韧性	创新科技韧性	创新组织韧性	创新制度韧性	综合指数
创新基础韧性	1 ***					
创新结构韧性	0.169	1 ***				
创新科技韧性	0.262 *	0.731 ***	1 ***			
创新组织韧性	0.216	0.737 ***	0.886 ***	1 ***		
创新制度韧性	0.165	0.657 ***	0.576 ***	0.617 ***	1 ***	
综合指数	0.622 ***	0.713 ***	0.878 ***	0.877 ***	0.613 ***	1 ***

注：***、** 和 * 分别表示在 1%、5% 和 10% 的水平上显著。
资料来源：笔者计算。

从创新韧性综合指数与分维度指数相关系数的大小看，相关性最强的是创新科技韧性，其相关系数为 0.878，其次是创新组织韧性、创新结构韧性、创新基础韧性和创新制度韧性，其相关系数分别为 0.877、0.713、0.622 和 0.613，且两两之间的 QAP 相关性在统计上均达到 1% 的显著性水平。但创新基础韧性与其他维度的相关性不高，除与创新科技韧性的相关性系数为 0.262，且通过 10% 的显著性水平检验外，与另外三个维度相关性系数较低且都不显著。但 QAP 模型中相关分析只是回归分析的必经步骤和重要参考，变量间存在强相关关系并不意味其也必然存在回归关系（刘华军等，2018；杨骞等，2022）。因此，在相关分析基础上，为了识别创新韧性省域差异的主要决定因素，有必要对上述变量做进一步 QAP 回归分析。

二、QAP 回归结果分析

本章将重点从全样本、分时期和分时点三个层面，通过 QAP 回归分析全面揭示上述维度对中国创新韧性区域差距的影响及其变动情况，进而准确识别出造成创新韧性区域差距的关键决定力量。

（一）全样本考察

在回归系数方面，主要有未标准化和标准化两种形式，其根本区别在于是否对原始差异矩阵进行了标准化处理。相较而言，标准化回归系数结果不仅不受观测数据量纲的影响，还可直接进行大小的比较，可准确反映出对被解释变量的不同重要性和影响强度。下文报告了模型的两类回归系数及三个显著性结果，见表 5 - 10。全样本回归结果调整后的拟合优度达到 0.992，这意味着基于包含五大维度的差异矩阵对中国创新韧性省域差异变异的解释能力高达 99.2%，模型拟合效果较好。

从各维度的回归系数大小来看，五个维度的未标准化回归系数值都高于标准化回归系数。为了更准确地比较分维度对创新韧性区域差距的影响强度，本书将重点对其标准化回归系数结果进行分析。由表 6 - 10 可知，创新组织韧性差异的标准化回归系数（即影响强度）最高，高达

0.4357，已成为影响创新韧性省域差异的关键性决定力量。其次，影响强度由高到低分别是创新基础韧性、创新科技韧性、创新结构韧性和创新制度韧性，其系数分别为0.4282、0.3011、0.0603和0.0601，并且均已通过了5%及以上水平的显著性检验。这也说明省份间任意维度的差异都将直接导致创新韧性的地区差异。同时，任意维度差异的扩大都将进一步拉开创新韧性的区域差距。以创新组织韧性为例，平均来看，当创新组织韧性的地区差异每增加1%，这将直接导致区域创新差距变动0.4357%。其影响强度分别是另外四个维度的1.02倍（0.4357/0.4282）、7.23倍（0.4357/0.0603）、1.45倍（0.4357/0.3011）和7.25倍（0.4357/0.0601）。这不仅意味着进一步增强本区域的创新组织韧性，即可显著提升本区域创新系统的韧性水平，且与其他维度相比，创新组织韧性对创新韧性省域差异的影响强度起主导作用。至此，前文提出的究竟哪一维度才是驱动创新韧性区域差异决定性力量的问题得到了回答。

表 6 – 10   全样本 QAP 回归结果

变量	未标准化系数	标准化系数	P 值	P_{large}	P_{small}
创新基础韧性	0.5991 ***	0.4282 ***	0.0002	0.0002	1.0000
创新结构韧性	0.1016 **	0.0603 **	0.0400	0.0400	0.9602
创新科技韧性	0.3983 ***	0.3011 ***	0.0004	0.0004	0.9998
创新组织韧性	0.4889 ***	0.4357 ***	0.0002	0.0002	1.0000
创新制度韧性	0.1180 ***	0.0601 ***	0.0096	0.0096	0.9906
截距	0.000	0.000	—	—	—
调整后的 R^2	0.992 *** （0.000）				
观测值	870				

注：将相应的行和列随机置换5000次，调整后的 R^2 括号内的数值为其伴随概率 P 值，***、** 和 * 分别表示其在1%、5%和10%的水平上显著。标准化回归系数的显著性采用双尾检验，若回归系数为正，则将 P_{large} 作为统计检验的 P 值；反之，则将 P_{small} 作为 P 值。

资料来源：笔者计算。

究其原因，创新组织韧性之所以能成为影响创新韧性差距的主要力量，主要还是因为其能全面和较准确地反映地区内创新主体、创新主体间协作关系和科技管理服务部门等对创新系统的关键影响。较强的组织韧性将赋能创新系统在应对各类冲击时充分发挥自身潜力抵御和适应危机，甚至在危机中实现转型进化升级。具体而言，创新系统的主体多样性是系统进化的基础性条件。创新主体包括企业、高校、科研机构、政府、中介机构等。创新主体的数量级和多样性是保障系统满足众多主体间合作并开展创新活动的前提，能显著提升系统的创新速率和成功率（李晓娣和张小燕，2018）。从韧性视角看，创新主体多样性的意义在于外部冲击和扰动可被多元异质的组成部分带来的选择所削减。多样性越强，创新主体就越可能获得更多的试错与环境应答空间，从而有利于系统演化（梁林等，2020）。同时，企业内外部利益相关者的互惠关系是韧性的基石，有利于塑造企业关系韧性（蒋峦等，2022）。并且考虑到各创新主体具有的功能并不相同，主体间的协调机制也不一致（黄鲁成，2000），因此对科技管理服务部门提出了现实的要求。

此外，创新基础韧性是第二大影响创新韧性差异的因素。现阶段看，我国正处于创新进程的上升阶段，与欧美等在部分前沿尖端技术上仍存在不小差距。创新基础韧性不仅包括自然资源、交通通信等"硬件"设施，更包括人力资源、经济风险防护能力等创新"软件"支撑。各省份在人口资源和经济环境上的极大差距，直接影响了其创新韧性的水平。而创新科技韧性已成为影响创新韧性差异的第三大因素。创新科技韧性主要从创新投入、产出和创新支持环境来衡量，而这些因素又与创新基础韧性中的人力资源、经济环境和政府支持等因素息息相关。各维度之间相互作用、共同引致地区创新韧性差距的此消彼长。而创新结构韧性和创新制度韧性相对其他维度来讲，对创新韧性差距的影响较小。一方面，这两个维度的基础数据本身省域差异相对较小；另一方面，制度、产业结构等因素具有相对稳定性，其演化质变的过程也较为漫长，因此区域间较小的创新结构和制度差异尚未成为造成创新韧性省域差异的主导力量。

（二）分时期考察

为方便不同时期的结果对比，本书将样本期划分为 2011~2015 年和 2016~2021 年两个阶段分别进行 QAP 回归分析。因分析重点是标准化系数，因此未报告回归模型的未标准化系数，结果见表 6-11。由结果可知，两个阶段五个维度的标准化系数都显著为正，同样表明了本模型在不同时期的拟合效果和解释能力都较好，亦能准确识别出影响创新韧性省域差异的成因所在。同时，除创新科技韧性和创新制度韧性的影响强度出现下降外，其他维度的影响强度皆随着年份的推移而逐渐增强，但部分维度拟合系数之间的差距也逐渐拉大。

表 6 - 11 分时期 QAP 回归结果

变量	2011 ~ 2015 年				2016 ~ 2021 年			
	标准化系数	P 值	P_{large}	P_{small}	标准化系数	P 值	P_{large}	P_{small}
创新基础韧性	0. 4104 ***	0. 0002	0. 0002	1. 0000	0. 4364 ***	0. 0002	0. 0002	1
创新结构韧性	0. 0542 *	0. 0540	0. 0540	0. 9462	0. 0722 **	0. 0146	0. 0146	0. 9856
创新科技韧性	0. 3523 ***	0. 0002	0. 0002	1. 0000	0. 2653 ***	0. 0006	0. 0006	0. 9996
创新组织韧性	0. 4060 ***	0. 0002	0. 0002	1. 0000	0. 4571 ***	0. 0002	0. 0002	1
创新制度韧性	0. 0808 ***	0. 0008	0. 0008	0. 9994	0. 0528 **	0. 021	0. 021	0. 9792
截距	0. 0000 ***	0. 0000	0. 0000	0. 0000	0. 4364 ***	0. 0002	0. 0002	1
调整后的 R^2	0. 992 *** （0. 000）				0. 993 *** （0. 000）			
观测值	870				870			

注：标准化回归系数的显著性采用双尾检验，*** 、** 和 * 分别表示在 1% 、5% 和 10% 的水平上显著。
资料来源：笔者计算。

一方面，2011 ~ 2015 年，即"十二五"时期，对创新韧性省域差异起决定性影响的维度是创新基础韧性，其影响强度高达 0. 4104，其次才分别是创新组织韧性、创新科技韧性、创新结构韧性和创新制度韧性。并且，创新基础韧性的相关系数依次是其他四个维度的 1. 01 倍（0. 4104/0. 4060）、1. 16 倍（0. 4104/0. 3523）、5. 08 倍（0. 4104/0. 0808）和 7. 57 倍（0. 4104/0. 0542）。另一方面，2016 ~ 2021 年，对创新韧性省域差异起决定性影响的维度已变为创新组织韧性，其影响强度高达 0. 4571，其次才是创新基础韧性、创新科技韧性、创新结构韧性和创新制度韧性，创新组织韧性的相关系数依次是其他四个维度的 1. 05 倍（0. 4571/0. 4364）、1. 72 倍

（0.4571/0.2653）、6.33 倍（0.4571/0.0722）和 8.66 倍（0.4571/0.0528）。并且，这一时期的实证结论与全样本的 QAP 回归结果基本一致。这说明，随着时间的推移，虽然创新基础韧性对创新韧性综合指数的区域差距造成的影响强度由原来的 0.4104 上升到了 0.4364，增加了 0.026 个单位，提升了 6.34%，但其增速仍不及创新组织韧性，并逐渐被其所带来的影响所超越。创新组织韧性的影响强度由第一阶段的 0.4060 增长到第二阶段的 0.4571，增加了 0.0511 个单位，增幅达 12.59%，逐渐成长为五个维度中决定创新韧性区域差距的决定力量。

（三）分时点考察

为动态揭示各维度差异对创新韧性区域差距的影响情况，接下来本书将分时点进行 QAP 回归分析，具体结果见表 6 - 12 和图 6 - 4。整体而言，除个别年份外，分时点考察结果与全样本和分时期回归结果基本相似，对创新韧性省域差异起关键影响的是创新组织韧性，其次才是创新基础韧性、创新科技韧性、创新结构韧性和创新制度韧性，这也进一步佐证了本实证结果的稳健性和可靠性。

具体地，从创新韧性区域差距的决定因素上看，2011 年、2012 年先后由创新基础韧性和创新科技韧性维度来主导区域创新韧性差距。从 2013 年开始，基本上已完全由创新组织韧性决定创新韧性的区域差距，并长期占据强势主导地位，成为影响创新韧性区域差距最为关键的分维度。2021 年，创新组织韧性的影响强度已由 2011 年的 0.3641 上升到 0.529，增加了 0.1649 个单位，相比 2011 年其影响程度增长了 45.3%，成为影响强度最大且增速最快的因素。从各维度回归系数的总体变化趋势上看，创新基础韧性、创新结构韧性、创新科技韧性和创新制度韧性的影响强度呈现出先升后降的趋势，只有创新组织韧性在波动中快速上升，远超其他影响因素。此外，各年份中大部分维度对创新韧性差异均表现出显著为正的影响关系，但创新结构韧性和创新制度韧性在少数年份却并不显著。

表6-12

分时点 QAP 回归结果

变量	2011 年	2012 年	2013 年	2014 年	2015 年	2016 年	2017 年	2018 年	2019 年	2020 年	2021 年
创新基础韧性	0.4437***	0.4149***	0.4320***	0.3772***	0.3703***	0.4115***	0.4853***	0.4449***	0.4242***	0.4283***	0.4166***
创新结构韧性	0.0462	0.0197	0.0095	0.0802***	0.1335***	0.1519***	0.0822***	0.0470*	0.0598*	0.0777***	0.0409
创新科技韧性	0.3743***	0.4180***	0.3000***	0.3825***	0.2762***	0.2423***	0.3369***	0.2389***	0.2555***	0.2453***	0.2379***
创新组织韧性	0.3641***	0.3769***	0.4895***	0.3831***	0.4408***	0.4315***	0.3336***	0.4982***	0.4902***	0.5006***	0.5290***
创新制度韧性	0.1155***	0.0808***	0.0752***	0.0650***	0.0883***	0.0615***	0.0796***	0.0657***	0.0503*	0.0393***	0.0393
截距	0.000	0	0.000	0.000	0.000	0.000	0.000	0.000	0.000	0.000	0.000
调整后的 R^2	0.992***	0.993***	0.992***	0.991***	0.990***	0.991***	0.993***	0.992***	0.992***	0.994***	0.992***
观测值	870	870	870	870	870	870	870	870	870	870	870

注: ***、** 和 * 分别表示在 1% , 5% 和 10% 的水平上显著。
资料来源: 笔者计算。

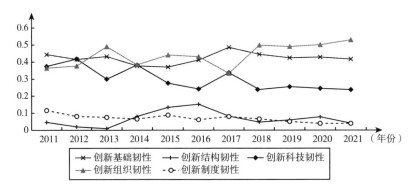

图 6 - 4　2011 ~ 2021 年各维度回归系数演变趋势

资料来源：笔者绘制。

第五节　中国创新韧性面临的现实问题

前文主要对我国创新韧性的维度构成、要素来源和内在机理进行了详细探讨，然而，我国创新系统的韧性能力并非完美无缺。伴随着经济的短期波动和长期演进，我国创新韧性也面临着一系列现实问题和严峻挑战，下面将基于创新韧性整体及其分维度视角逐一分析。

一、创新韧性整体水平有待提高且差异较大

由前文创新韧性的测算结果可知，目前来看，我国创新韧性的整体水平偏低，各地区的创新韧性水平差距较大，具体到不同产业之间的创新韧性差异也十分明显。

（一）创新韧性整体水平有待提高

从测算结果（见表 6 - 13）数值来看，中国创新韧性整体水平偏低且增速缓慢。研究期间，总综合指数（即 30 个省份创新韧性得分均值）处于 0.2656 和 0.3532 之间，年均值为 0.3104，取值较低。具体到省份，作

为创新领头羊的广东，多次在创新韧性水平表现方面名列前茅，其创新韧性综合指数年均值位居全国第一，但其数值也仅保持在 0.4764 的水平。该省在 2021 年达到的最大峰值为 0.5893，但尚未突破 0.6 的分界点，2011 年则为其最小值 0.3750。而排在最末位的青海，其创新韧性综合指数的年均值仅为 0.2251，2021 年达到最大值为 0.2500，2011 年也取最小值，仅为 0.1964。

表 6 - 13　　　2011 年和 2021 年省份创新韧性综合指数的测算结果

省份	年份	得分	省份	年份	得分	省份	年份	得分
北京	2021	0.4995	浙江	2021	0.4913	海南	2021	0.2843
	2011	0.3533		2011	0.3313		2011	0.2202
天津	2021	0.3739	安徽	2021	0.3643	重庆	2021	0.3436
	2011	0.2755		2011	0.2719		2011	0.2409
河北	2021	0.3598	福建	2021	0.3456	四川	2021	0.3723
	2011	0.2578		2011	0.2710		2011	0.2710
山西	2021	0.2911	江西	2021	0.3245	贵州	2021	0.2738
	2011	0.2300		2011	0.2505		2011	0.2027
内蒙古	2021	0.2935	山东	2021	0.4464	云南	2021	0.2942
	2011	0.2330		2011	0.3634		2011	0.2384
辽宁	2021	0.3252	河南	2021	0.3443	陕西	2021	0.3584
	2011	0.2775		2011	0.2710		2011	0.2637
吉林	2021	0.3050	湖北	2021	0.3794	甘肃	2021	0.2643
	2011	0.2436		2011	0.2760		2011	0.2120
黑龙江	2021	0.3067	湖南	2021	0.3455	青海	2021	0.2500
	2011	0.2468		2011	0.2520		2011	0.1964
上海	2021	0.3856	广东	2021	0.5893	宁夏	2021	0.2829
	2011	0.3113		2011	0.3750		2011	0.2092
江苏	2021	0.5413	广西	2021	0.2959	新疆	2021	0.2641
	2011	0.3944		2011	0.2272		2011	0.2005

资料来源：笔者计算。

（二）省域间韧性水平差距较大

分省份来看，各省份创新韧性综合指数差异十分显著，并已逐渐形成明显的两极化格局。按 2011 ~ 2021 年各省份创新韧性的均值由大到小的顺序排序，排在前五位的分别是广东（0.4764）、江苏（0.4614）、北京（0.4302）、山东（0.4140）和浙江（0.4074），排在后五位的分别是宁夏（0.2473）、贵州（0.2443）、新疆（0.2367）、甘肃（0.2339）和青海（0.2251），具体结果见表 6-2。创新韧性综合指数均值最大的省份（广东）约是最小省份（青海）的 2.12 倍，不同省份的差距可见一斑。

此外，从增幅和波动情况来看，研究期间增幅最快的前五个省份分别是广东（0.2143）、浙江（0.1600）、江苏（0.1470）、北京（0.1463）和湖北（0.1034），而增幅最慢的五个省份分别是辽宁（0.0477）、甘肃（0.0523）、青海（0.0536）、云南（0.0557）、黑龙江（0.0599）。增幅最快的省份（广东）约是增幅最慢省份（辽宁）的 4.5 倍，随着广东等较发达省份创新能力的不断增强，落后省份与其的差距也越拉越大。再从创新韧性综合指数的标准差来看，目前全国创新韧性综合指数的标准差基本维持在 0.0728 的水平。其中，标准差最高的前五个省份主要有广东（0.0770）、浙江（0.0541）、江苏（0.0521）、北京（0.0494）和河北（0.0378），最低的五个省份分别是青海（0.0148）、甘肃（0.0158）、黑龙江（0.0171）、辽宁（0.0176）和新疆（0.0199）。创新韧性综合指数波动最大的省份广东约是表现最为稳定、波动最小的省份青海的 5.2 倍。

（三）产业间韧性分布差异显著

限于数据可得性，本书尚未测度出产业层面的创新韧性水平。但基于不同产业创新过程中的相关数据，也可大致描绘出我国产业间创新韧性差异显著的现实情况。本书先以高技术产业中的半导体行业为例展开分析。当前，全球经济正遭遇十年来首次出现的增速放缓甚至衰退风险。全球产业正面临供应链中断引致的零部件短缺、成本上升等现实困难。科创赛道作为国家综合实力的重要角逐场，一直以来其竞争就十分激烈。2023 年，芯片、生鲜电商和游戏产业普遍面临着比上一年更为艰难的创新创业环境。

以芯片设计领域为例，2023 年全球半导体行业销售额为 5268 亿美元，较 2022 年的历史新高 5741 亿美元下滑了 8.2%。据中国半导体行业协会数据显示，国内芯片设计企业由 2015 年的 736 家迅速增至 2022 年的 3243 家，但 2022 年销售规模超亿元的企业仅 566 家，占比约为 17.45%，其销售总额却达到全行业的 85.1%。而超八成的中小企业仅能瓜分不足 15% 的剩余市场收益。若自我创新能力不足，再加上融资不畅等棘手问题，部分企业将直面破产和倒闭风险。与此同时，由图 6-5 可知，2022 年我国吊销和注销的芯片相关企业已达 5746 家，比上年的 3420 家大幅增长了近 68%。就退市原因来看，全球半导体进入下行周期、大量的资本支出引发企业资金链断裂、美国对中国相关产业的制裁加剧、少数企业信心不足等是导致这一状况的直接因素。当然，除半导体行业外，也有部分产业遭受的影响较小。2022 年，科创板受理企业 160 家，成功发行的有 123 家，终止企业有 40 家。而 40 家终止企业主要集中在新一代信息技术、高端装备、生物医药等领域，其中新材料领域的占比较少。

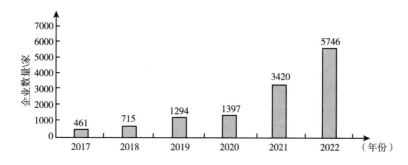

图 6-5　2017~2022 年我国吊销、注销的芯片企业数量

资料来源：笔者据企查查网数据绘制。

二、创新主体支持有待强化

创新组织是创新系统的重要组成部分，为提升创新系统抗风险能力提供了强大的主体支撑。但当前我国的创新组织韧性并非牢不可破，仍面临着以下制约因素。

（一）创新主体功能发挥路径欠明晰

创新主体功能发挥路径欠明晰是因各类创新主体缺乏明确的角色定位和有效的协同分工、合作和互补所引起的功能发挥过程中的分散、混乱和错位，最终导致整个创新系统创新能力相对不足、运行效率不高以及创新技术成果难以市场化的现象。它主要体现在以下几个方面：一是企业在国家创新体系中的地位偏弱，使得其作为科技创新核心主体的功能难以全面施展；二是高校和科研院所与其他创新主体的互动机制仍待健全和完善；三是科技中介服务机构的渠道功能不显著，其在创新资源配置中的纽带和桥梁作用尚未充分发挥。

1. 企业在国家创新体系中的地位偏弱

国家创新体系是政府、企业、大学、科研院所、中介机构等多元行为主体以科技创新为基本手段，以一系列共同的社会、经济效益为终极目标而建立起来的综合性创新网络系统（陈劲，2013）。但从整个体系构成来看，企业在创新体系中的地位偏弱。长期以来，在国家主导的创新体系中，科研院所和高校始终占据主要地位，企业则常被视为生产经营主体，一般重点承担技术成果转化的功能。因此截至目前，企业在参与重大顶层设计和宏观决策中的话语权和研发主导权不高，其作为科技创新出题人、答题人、阅卷人的作用尚未充分发挥（刘明，2022），具体表现为国家重大攻关项目和重大科技决策专家组中企业科研人员占比明显偏低。这也是造成我国长期以来"科技与经济两张皮"、科技成果转移转化率较低这一痼疾的重要原因。同时，由于我国企业研发投入更偏向于"短平快"的试验发展等应用研究，对基础研究领域的经费投入长期低于其研发总经费的1%。极低的基础研究投入比也直接导致了企业原始创新能力的严重不足。此外，与发达国家相比，我国企业在自主创新能力、企业创新意识和创新文化塑造等方面都存在较大差距。由于长期缺乏布局科技创新的战略眼光和缺席于国家重大科技宏观决策，也使得我国企业在国际核心竞争力和行业话语权方面受制于人，而这些因素都直接制约了企业科技创新主体作用的充分发挥。

2. 高校科研院所与市场创新互动不足

长时间以来，高等院校和科研院所作为知识创新的主体，在科技创新过程中的定位、职责、考核标准等与企业皆明显不同。其主要负责面向前沿领域的基础研究和应用基础研究，其核心使命是探索未知、创造知识和发现客观规律等，主要考核指标围绕于学术论文、专利和课题项目，而企业更加关注响应市场需求的应用型研究如试验发展等，也更加注重新技术、新产品及其创造的经济效益等指标。功能定位、目标职责和考核标准的巨大差异将两类创新主体直接引导向了不同的发展路径。目前，高校和科研院所与社会、市场、企业的创新互动明显不足，科研大协作、大联合的协同机制尚不健全，这也一定程度上造成了我国高校和科研院所创造了大量学术论文和专利却未能与社会和市场实际需求接轨，最终也无法顺利转化为现实生产力和社会物质财富的创新泡沫现象。

此外，我国企业与大学、科研院所创新及创新要素的互动机制仍未完全建立。产学研协调创新近年来虽蓬勃开展，但科技企业、人员、要素等与其他企业的互动相对预期仍明显不足。2020 年，我国规模以上企业中开展产品或工艺创新合作的企业数已达到 18.77 万个，创新合作企业占企业之比为 21.4%。在合作伙伴的选择中，直接与企业客户对接合作的占 44.3%，其次分别是供应商和集团内企业，占比分别为 38.7% 和 28.5%。由表 6 – 14 可知，2022 年，我国规模以上企业中开展产品或工艺创新合作的企业数约 27.92 万个，创新合作企业占比为 26.2%。高等学校和研究机构作为知识创新的主体，并未在企业产品或工艺创新合作中占据主导地位，这也从侧面反映了我国高校和科研院所与市场的创新合作互动相对不足，仍有较大提升空间。

表 6 – 14   2022 年规模以上企业的产品或工艺创新合作开展情况

项目		开展创新合作企业数（个）	创新合作企业占比（%）	创新合作企业中与下列伙伴开展合作的企业占比（%）						
				集团内企业	高等学校	研究机构	政府部门	供应商	客户	咨询机构
总计		279154	26.2	32.7	26.0	14.4	20.9	38.6	47.2	17.4
按地区分	东部地区	173354	26.9	32.3	25.4	13.8	19.4	39.9	49.3	18.6
	中部地区	60440	27.2	32.1	27.7	15.3	22.6	36.6	43.7	15.4
	西部地区	38034	23.7	34.5	25.4	15.4	24.8	36.7	44.4	16.0
	东北部地区	7326	18.4	35.0	30.8	17.6	21.6	33.0	41.5	14.2
按规模分	大型企业	13793	59.1	66.5	50.0	30.0	28.0	32.9	29.7	16.5
	中型企业	48197	33.7	46.0	31.6	17.2	23.7	34.8	39.9	18.0
	小型企业	190642	28.8	27.8	24.8	13.5	19.6	40.2	49.6	17.5
	微型企业	26522	11.1	25.4	12.3	8.0	21.6	36.3	52.8	16.5
按登记注册类型分	内资企业	257153	25.7	31.0	26.1	14.5	21.4	38.4	47.4	17.5
	国有企业	3053	26.2	60.2	37.3	22.8	30.7	28.1	27.1	14.0
	集体企业	325	10.6	26.2	20.3	15.4	32.0	32.0	42.5	11.4
	联营企业	307	18.4	21.5	23.1	11.4	21.5	29.0	50.2	14.7
	私营企业	97	25.3	56.7	25.8	12.4	23.7	29.9	32.0	11.3
	其他企业	51719	29.8	51.8	32.1	18.8	23.6	33.5	37.2	15.7
	有限责任公司	8520	55.4	47.5	51.0	30.1	28.2	32.4	37.9	16.6
	股份有限公司	193076	24.3	24.3	23.2	12.6	20.3	40.2	50.9	18.1
	港澳台企业	56	18.9	37.5	39.3	25.0	21.4	21.4	50.0	12.5
	外商投资企业	9975	32.9	46.9	26.3	13.8	16.4	40.7	46.8	18.5

资料来源：笔者据《中国科技统计年鉴》整理而得。因不同合作伙伴身份有重叠，故其占比总和不为 1。

3. 科技中介服务机构渠道功能待凸显

科技中介服务机构是国家创新体系的重要组成部分，科技中介服务机构在外部环境和内部系统的作用机制下，在连通创新企业、地方政府、高校和科研机构上发挥着不可替代的促进作用。它既是国家创新体系的重要构成单位，又在科技创新的区际互动和国际交流中扮演着重要角色（陈蕾，2020），其渠道功能如图6-6所示。

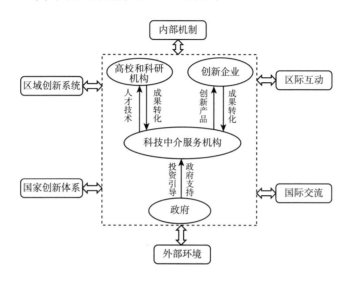

图6-6 我国科技中介服务机构的渠道功能

资料来源：笔者绘制。

自2002年科技部出台《关于大力发展科技中介机构的意见》以来，我国各类科技中介机构取得了较快发展。然而，随着科技论文和各项专利产出规模的爆发式增长，我国科技创新成果转化慢、转化难和转化率偏低的现象日益突出，且长时间未能得到有力遏制。这也意味着我国科技中介服务机构的"中间转化渠道"尚未完全畅通，其对科技创新的助推和孵化功能仍未全面凸显，科技成果产出供需两侧的错配状况仍需进一步改善。此外，科技中介服务机构对于创新主体的影响十分有限，对科技创新供给端的导向功能也明显不足。在科技成果转化市场上，潜力大价值高的创新成果和项目仍相对较少，也无法满足市场和风险资本的项目开发需求，而高校和科研院所的专利、论文产出又难以顺利转化。作为创新中介，其在科技创新供给端的导向功能有待进一步发挥，在需求端的转化能力又比较有限，最终使得其整体的渠道功能未完全凸显。

（二）科技管理部门服务职能待完善

截至目前，我国已形成由科技部门主导，经济部门、产业部门、地方政府等多主体参与的创新治理格局。但长期以来，我国宏观的科技管理重点仍着眼于研发链条的科研管理环节，对创新其他过程，如基础研究促进、创新成果转化、创新主体协同、科技体制改革等方面的关注相对欠缺（杨继明和冯俊文，2013）。如何实现政府职能由单一的"研发管理"走向围绕创新链条的多部门、多主体、跨领域的"创新服务"，不断完善科技管理部门服务体系已成为当前科技管理工作中亟待解决的重要问题。

具体来看，一是科技管理部门的专业能力有限。在一些特殊领域、技术路径和实践环节方面，科技管理部门人员缺少相关领域的专门型人才，人员素质和服务质量较低（杨德祥，2016），专业服务能力较弱。这直接导致了一些技术型企业无法得到相应的辅导和支持，也阻碍了政府科技部门有效政策的制定和切实执行。二是科技管理服务的流程设计仍不够高效。我国科技管理部门的各个工作环节、服务环节还需进一步完善，如服务意识不足，办事周期过长，资源共享不够等现象依然存在。这直接影响了部分科技企业创新效率的提高。三是各类创新相关数据、市场信息资源缺乏。现今处于数据信息时代，目前部分科技管理部门的数据资源仍较单一，数据还面临不全面和真实性存疑问题，无法满足多样化的企业科技创新需求。同时，不少部门之间的数据信息系统尚未实现联网共享，也严重阻碍了科技管理服务职能的日臻完善。

（三）科创中心引领地位需进一步强化

目前，我国科创中心主要包括北京、上海、深圳、合肥等城市。这类城市在科技研发、人才聚集、企业孵化、成果转化等方面具有较强实力和竞争优势，已成为引领驱动我国科技创新发展的重要引擎。据中国科学技术发展战略研究院发布的《中国区域科技创新评价报告（2023）》显示：北京、上海、深圳等科创中心城市建设成效显著，核心引领地位进一步提高，有力地辐射带动了京津冀、长三角、泛珠三角等区域创新能力进一步提升（中国科学技术发展战略研究院，2023）。同时，WIPO 数据显示，深圳—香港—广州科技集群已连续多年位列全球第二，粤港澳大湾区已成为我国具有重要国际影响力的科技集群。但需指出的是，该报告主要是基于国内历史数据的测算和评价，国际比较方面的数据资料明显不足。

中国的科创中心取得了较大成绩，但放眼国际仍存在较大差距。其中最主要的问题是，尽管中国的科创中心数量不少，但真正能够引领全球科技发展方向、具备国际竞争力的科创中心和科技集群凤毛麟角。根据 WIPO 发布的《2023 年全球创新指数报告》显示，2023 年中国首次成为全球科技集群数量最多的国家，已拥有 24 个科技集群，超过了拥有 21 个科技集群的美国。此外，全球五大科技集群均位于东亚，我国的深圳—香港—广州、北京、上海—苏州集群分别名列世界第二、第四和第五（WIPO，2023）。虽然我国在科技集群的数量和规模上优势突出，但科技强度（即专利和科学出版物数量与总人口之比）仍需提升。除北京在科技强度方面居全球第 14 位外，我国其他集群的表现均相对较弱。欧洲、美国的集群则表现出更为密集的科技活动。其中，英国的剑桥和美国的旧金山湾区是科技活动最为活跃密集的集群。截至目前，全球仅有三个科技集群（即美国的旧金山湾区、波士顿—剑桥、加州—圣地亚哥地区）同时进入了国际创新指数和科技强度排名前十强。美国在科技强度前 25 名中有 8 个集群，而我国仅有北京一个集群入选。这一现实状况对我国科创中心和科技集群的强化提出了更高的要求。

除以上分析之外，我国创新韧性在组织维度还存在创新主体利益分配机制不健全，企业、高校和科研院所的责权利界限不明晰等问题（贺艳，2023）。这些都对未来如何进一步完善科技成果转化利益分配机制，探索创新成果合理的分享方式提出了现实要求。

三、创新科技动能待提升

改革开放 40 多年以来，我国科技创新已实现了总体上的巨大飞跃，为创新系统注入强劲动力提供了根本支撑。但与世界头部国家相比，我国对基础研究的重视和投入仍相对不足、高质量科技成果的供给也明显缺乏、在国内知识产权司法保护以及科技创新网络融合程度等方面也存在着不小的差距。

（一）对基础研究的重视和投入相对较少

基础研究水平是衡量一个经济体创新科技韧性强度的关键指标之一，也是决定创新科技韧性能否行稳致远的"源头活水"。习近平总书记曾重点强调，要切实加强基础研究，夯实科技自立自强根基①。当前，随着基础研究转化周期的日益缩短，国际科技竞争逐渐快速向基础端前移。我们进一步意识到，基础研究才是应用研究的先决条件和催化剂，是技术创新的根本驱动力（Bush，1945）。但与西方发达国家相比，目前我国基础研究方面仍然面临着基础研究投入不高、基础研究成果明显不足等问题。早在十余年前，就有研究鲜明指出我国研发经费投入在基础研究上比例过低，基础研究、应用研究、试验发展的比例严重失调。与此同时，企业基础研究投入在企业研发投入中的比例及其在全国基础研究投入中的比例也明显过低（柳卸林和何郁冰，2011）。直到如今，这个问题仍未得到根本性扭转。由表6－15可知，我国R&D经费内部支出增长迅速，到2022年已达到约3.08万亿元，相应的R&D经费投入强度也达到2.55%，已超过欧盟27国的平均水平（2.2%）。

表6－15　　2017~2022年我国R&D和基础研究的投入情况

项目	2017年	2018年	2019年	2020年	2021年	2022年
R&D经费（亿元）	17606	19678	22144	24393	27956	30783
R&D经费投入强度（%）	2.12	2.14	2.24	2.40	2.43	2.55
R&D人员数（万人）	621.36	657.14	712.93	755.30	858.09	940.13
R&D人员全时当量（万人·年）	403.36	438.14	480.08	523.45	571.63	635.36
政府R&D支出/R&D经费（%）	19.81	20.22	20.49	19.78	18.96	17.78

---

① 习近平. 加强基础研究 实现高水平科技自立自强［J］. 求是，2023（15）：1－5.

续表

项目	2017 年	2018 年	2019 年	2020 年	2021 年	2022 年
企业 R&D 支出/R&D 经费（%）	76.48	76.63	76.26	77.46	76.92	79.02
全国基础研究经费（亿元）	975.5	1090.4	1335.6	1467.0	1817	2023
全国试验发展经费（亿元）	14781	16397	18310	20169	22956	25277
全国基础研究经费/全国 R&D 经费（%）	5.54	5.54	6.03	6.01	6.50	6.57
全国试验发展经费/全国 R&D 经费（%）	83.96	83.33	82.69	82.68	82.3	82.11
企业基础研究经费/全国基础研究经费（%）	2.97	3.07	3.80	6.52	9.18	8.64
政府基础研究经费/全国基础研究经费（%）	97.03	96.93	96.20	93.48	90.82	90.64
企业基础研究经费/企业 RD 经费（%）	0.21	0.22	0.30	0.51	0.78	0.73

资料来源：笔者据《中国科技统计年鉴》计算整理而得。为方便统计，本书将企业以外的包含高校、科研院所及其他执行部门的基础研究经费皆纳入政府基础研究经费范畴。

　　具体到基础研究领域，相比 2017 年，我国 2021 年的基础研究经费大幅提升了 1 倍多，增长到 2023 亿元，但相较于试验发展所投入的经费数额及比例而言仍然较低。2022 年，我国试验发展经费支出为 25277 亿元，是基础研究经费的 12.49 倍。相应地，基础研究和试验发展经费分别占全国 R&D 经费的 6.57% 和 82.11%。从企业层面来看，企业基础研究经费投入也明显不足，政府等机构仍然是基础研究经费投入的关键主体，长期保持在 90% 以上规模，但近来呈现出下降趋势。此外，虽然企业对基础研究领域的经费有所增加，从 2017 年的 0.21% 上升到 2022 年的 0.73%，但仍不足 1%，与试验发展经费投入规模相比仍不值一提。

　　以上是从国内角度分析了我国基础研究领域的现况，下面从国际比较角度来更为全面地分析我国基础研究研发投入比例明显过低的问题。见表 6-16，8 个国家中以我国的基础研究投入比例为最低，仅为 6.5%，与发达国家普遍高于 12% 的比例相距甚远，也就是说，从投入上看，我国基础研究仍然是科学研究中最不受重视的部分。但恰恰基础研究才是对未来创新的投资，它也是原始创新和开辟新一轮产业技术创新轨道的根本立足点，试验发展更多的只是在原有技术轨道上的渐进式创新，其战略重要性和长期收益能力难以与基础研究相提并论。

表 6 - 16 　　　　　　　研究与试验发展 R&D 投入结构的国际比较　　　　　单位:%

类型	2021 年	2021 年	2021 年	2021 年	2020 年	2020 年	2019 年	2019 年
	中国	日本	韩国	美国	俄罗斯	意大利	法国	英国
基础研究	6.5	12.9	14.8	14.8	18.8	22.2	22.7	18.3
应用研究	11.3	19.6	21.0	18.1	20	40.1	41.4	43.2
试验发展	82.3	67.2	64.2	67.1	61.2	37.7	36.0	38.5

资料来源:《中国科技统计年鉴》。

(二) 高质量科技成果供给明显不足

高质量科技成果是指具有高技术含量、高附加值、高市场竞争力,知识产权保护更为完善、产业带动力强、社会认可度更高,且能够带来显著经济社会效益的科技创新成果。这些成果通常在研发、设计、试验、中试、生产、推广等环节中经历过反复验证和优化,具有较高的成熟度和可复制性。

具体来看,在科研论文产出方面,科睿唯安数据显示,虽然我国科研论文的产出数量多年来位居世界前列,但高质量的科研论文比例相对较低。见表 6 - 17,从世界 ESI 论文的发表及排名情况来看,2011 年 1 月至 2021 年 9 月 9 日,我国在国际论文发表的数量和被引规模上居世界第二,是全球知识创新的重要贡献者。但平均来看,我国论文的引用率仅13.16 次/篇,居世界第 17 位,远低于排名第一的瑞士单篇 24.51 次/篇的引用率。与此同时,在学科领域中最具权威性的论文中,我国高质量科研论文的占比仅为 1.5%。

在国内外专利产出方面,虽然我国专利申请量和授权量近年来持续增长,但发明专利的比例较低。同时,我国专利的质量、价值和竞争力也与欧美国家差距较大。以数字技术专利为例,如图 6 - 7 所示,2012 ~ 2021 年,我国虽以 38.71 万项的绝对优势领先于美国 13.09 万项的规模,但从专利价值分布上看,我国主要集中分布在 1 万 ~ 3 万美元和 3 万 ~ 30万美元的低价值区间,而美国的数字技术专利价值则基本处在 60 万 ~ 300万美元和 300 万 ~ 2000 万美元的高价值区间。数字科技创新成果量大质不优、总体价值不高、高端创新成果不足等已成为困扰我国数字技术持续突破的重要现实问题（刘友金和冀有幸，2024）。

表6-17　　　　　　　部分国家 ESI 论文的发表情况及世界排名

国家	论文量（万篇）	排名	被引用次数（万次）	排名	引用率（次/篇）	排名
美国	437.97	1	8755.39	1	19.99	7
中国	65.24	2	4559.18	2	13.16	17
德国	62.81	4	2282.49	4	19.23	9
日本	24.44	5	1229.06	9	14.05	14
印度	139.67	9	813.29	14	11.21	18
韩国	346.57	12	843.48	12	13.43	15
瑞士	29.16	16	820.95	13	24.51	1

资料来源：《中国科技统计年鉴》。

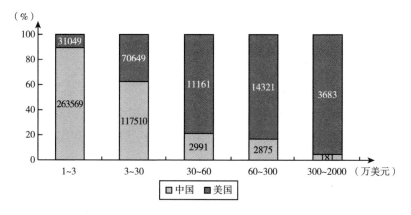

图6-7　2012～2021年中美两国数字技术专利价值分布

资料来源：《2023 全球数字科技发展研究报告》。

（三）国内知识产权司法保护亟待加强

知识产权问题一直是国际社会关注的焦点，也是保持创新科技韧性的重要内容。随着数字技术的普及和渗透，知识产权保护的问题日益突出。一方面，信息资源快速传播，创新成果的获取变得更为便捷和低成本；另一方面，数字经济的发展拓展了原有的市场范围，创新产品面临更多潜在消费者和更高的经济价值（Chen，2020），这使得创新成果被侵占的风险及面临的损失急剧扩大（吴赢和张翼，2021）。此时，强有力的知识产权司法保护既可激发企业创新活力和保持创新原动力（黎文靖等，

2021），又能保障创新主体的收益，有力地缓解下一轮研发中可能面临的资金约束，减少创新中断甚至终止的风险，促进区域创新韧性水平的提升。而当知识产权司法保护缺位时，模仿创新亦可合法商业化，致使创新成果沦为社会公益品（Sampat & Williams，2019），这将给创新企业带来巨大损失，也会严重损害企业研发创新的主动性和积极性。

作为世界上国内发明专利产出规模最大暨国际 PCT 发明专利申请及授权量最多的国家，无论是国际知识产权纠纷，还是国内知识产权侵权问题，都将对我国的创新发展乃至整个经济面产生十分不利的影响。尤其在国内知识产权保护方面，尽管目前已经取得了较大突破，但仍存在知识产权法律体系不健全、知识产权保护体系执法难度大和执法效率较低、知识产权保护效果与社会期待差距大、保护意识仍需提高以及知识产权保护环境有待优化等众多问题。

1. 知识产权法律体系尚不健全

改革开放以来，我国已基本形成了以《知识产权强国建设纲要（2021—2035 年）》为纲领，《中华人民共和国民法典》为统领，以《中华人民共和国著作权法》《中华人民共和国专利法》《中华人民共和国商标法》《中华人民共和国反不正当竞争法》为主干，以行政法规、地方性法规为补充，同时辅之以其他行政规章、司法解释等规范性文件的一整套较为完整的知识产权法律法规体系。当前，虽然我国知识产权法治建设取得较大成效，但在上位法的统摄性、单行法的协调性和特别法的完备性等问题上仍需要求进一步适应完善（吴汉东，2022）。

特别地，我国知识产权"严保护"的法律体系仍不健全，而新领域新业态发展对知识产权法律制度的建设提出了新的挑战。由于新产品、新服务、新技术的大量涌现，知识产权的形式、内容不断发展变化，对法律制度的及时性、有效性和适应性都提出了更高要求，如数字版权、互联网环境中商标权的保护等。同时，人工智能、大数据等新兴行业的发展，对知识产权保护的要求也更为迫切，需要不同国家、不同部门和不同企业之间的协调和配合，而知识产权保护法律的相对薄弱也将使得后续的行政执法、刑事制裁和民事赔偿等方面的执法力度和效率深受影响。此外，不同地方的知识产权司法实践也存在着不协调、不统一等问题，这就使许多企业在遭遇侵权时难以得到有效保护，也无法充分维护其合法权益。

从 2008 年开始，我国知识产权相关法律进入了快速增长的密集出台期，2021 年达到 319 条的峰值，如图 6-8 所示。从数量上看，在北大法宝网站以"知识产权"为关键词可查询到，（截至 2023 年）我国已颁布中央法规 2942 条。其中，从法律的具体效力位阶来看，包括由全国人民代表大会常务委员会颁布的法律 6 条，国务院印发的行政法规和规范性文件 51 条，由最高人民法院和最高人民检察院发布的司法解释等文件 185 条；由商务部、海关总署、国家市场监督管理总局等部门机构发布的部门规章等 2561 条；此外，还包括党内法规制度 12 条、团体规章 7 条和行业规定 120 条。知识产权保护法律法规相继出台，也进一步表明了我国对知识产权重视程度的不断加深，同时也反映出相关维权的紧迫性和必要性。

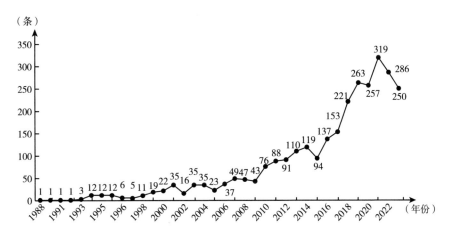

图 6-8 1988~2023 年我国知识产权相关法律的颁布情况

资料来源：北大法宝网。

2. 知识产权法律执行效率较低

自 2012 年以来，国家知识产权局每年都开展了全国知识产权保护社会满意度的相关调查。近年来的调查结果显示，我国知识产权保护效果与社会期待差距较大，具体表现在侵权现象严重程度、侵权救济的及时性和有效性、侵权赔偿的足额性等指标方面。而法律执行效率低下，如维权举证困难、审理周期过长、赔偿金额过低以及司法地方保护主义之风盛行等（Hu & Jefferson，2009）也是造成知识产权司法保护效果与创新主体期待值差距较大的关键原因（吴汉东，2022）。

具体来看：一是举证困难。在许多知识产权维权案件中，原告往往难以提供足够的证据来证明其权益受到了不法侵害。一方面是侵权方的证据难获得，另一方面是法院对原告所提供的证据要求十分严格，易被驳回。二是知识产权纠纷案件审理周期过长。因案件涉及的知识产权权利要求复杂，需要法院及专业人士查阅大量文献、第三方资质机构进行复杂的技术鉴定和证据鉴定等才能予以确认，极易导致案件的审理时间过长。三是赔偿金额过低。由于我国知识产权赔偿标准相对较低，而判决的数额也很难高于赔偿标准，导致侵权方的经济利益反而得到了一定的保护。在许多知识产权维权案件中，侵权的赔偿金额（即侵权成本）与高额的技术租金或科技创新成果获利相比通常过低，造成难以有效保护原告合法权益的被动局面。

2014 年我国通过了《关于设立知识产权法院的方案》，并选取北京、上海、广州进行了为期 3 年的试点。由表 6 - 18 可知，2008 ~ 2020 年北京两类法院 513 件专利侵权一审判决案件的统计情况。对比可知，专门负责审理知识产权类案件的北京知识产权法院在平均审理时长、平均判赔金额和胜诉零赔率等方面皆明显领先于北京中级人民法院。未来可考虑进一步扩大知识产权法院的试点范围和推广力度，以更好地提升我国知识产权法律的执行效率。

表 6 - 18　　　　两类法院的专利侵权一审判决案件情况统计

专利类型	北京知识产权法院		
	平均审理时长（天）	平均判赔金额（万元）	胜诉零赔率（%）
发明专利	118	77.72	3.75
实用新型	63	19.03	1.54
外观设计	52	13.67	2.88
合计	80	35.96	2.81

续表

专利类型	北京中级人民法院		
	平均审理时长（天）	平均判赔金额（万元）	胜诉零赔率（%）
发明专利	166	49.73	9.3
实用新型	75	13.97	8.89
外观设计	48	5.8	3.7
合计	86	17.38	6.15

注：数据来源于威科先行·法律信息库。北京中级人民法院包括北京市第一人民法院、第二人民法院、第三人民法院；自北京知识产权法院设立后，北京中级人民法院不再受理知识产权类案件。

四、创新制度保障挑战大

创新制度是创新系统的基础构成，可为创新系统在非对称条件下应对外部冲击和对抗风险提供能动保障，但当前我国创新制度仍面临较大现实挑战。

（一）创新系统制度调整的时机难把握

因制度本身具有刚性和路径依赖的发展特性，使得制度调整成为漫长且带有阵痛的长期过程。各类外部风险、干扰、压力和危机对创新系统而言既是困难、挑战，同时也是机遇。祸福相依的辩证关系原理也明确了其出现不仅会给创新系统本身带来冲击和破坏，也能为系统本身的转型升级提供有利契机。但需指出的是，只有在恰如其分的时机进行的制度调整才有助于系统的平稳过渡和健康运行，而不恰当的时机选择将可能给系统发展带来不可估量的损失。由此，也对制度调整时机的选择提出了极高的要求。

从创新系统外部来看，因创新系统涉及包括政策、经济、法律、文化等多个维度，而每个维度的制度调整与变迁都将对创新行为产生深刻影响；从系统内部来看，进行制度调整也涉及系统内的方方面面，如不同创新主体利益关系的协调、创新组织结构的动荡、新制度下各方的适应和反馈等。若没有一个极具战略眼光和强大魄力、号召力、执行力的组织或个人领衔时，也就不具备进行制度调整的有利时机。因此，要进行创新系统制度调整，首先，应耗费一定的时间和精力对整个创新系统进行全面的分析和评估；其次，最核心的问题就是制度调整涉及政府、企业、学术界、民间团体等在内的多个利益相关者，而每个利益相关者都有其自身的诉求和立场，所以制度调整涉及的利益冲突和协调将面临极大的困难。

总之，相机决策的难度和风险使得创新系统制度调整的时机难以准确把握。所以在进行调整前必须进行全面、细致且谨慎的评估，尽量避免临时性的、流于形式的改革。有研究指出，可考虑针对企业的不同生命周期阶段采取相机政策的手段来充分挖掘其技术创新动力（周序红和肖丕楚，2003）。例如，在企业的诞生和成长阶段，提供较为宽松的政策和制度环境；而在其成熟和衰退阶段，则采取相应的产权、激励和援助政策，降低产业退出转型的成本，以获得新的生命周期。

（二）制度刚性下创新路径依赖待突破

制度刚性是指因制度本身对外部条件的变化反应迟缓，不能灵敏地对现实情况变动及时作出适应性调整的特性。而路径依赖是指具有反馈机制的体系在系统内确立并沿着特定路径演进而难以被其他潜在体系替代的现象（庞锐，2022）。制度刚性是产生路径依赖的主要来源，路径依赖反过来也进一步强化了制度刚性。诺思（2014）在《制度、制度变迁与经济绩效》一书中首先将"路径依赖"引入制度研究，并指出制度变迁过程中的自我维系机制会因路径依赖而引致多种均衡、非效率和路径锁定等三种结果。

一般地，区域创新体系从萌芽到成熟可被视为一个在历史依赖路径下不断进行技术、资本、知识、经验等方面的累积过程（Christopherson et al.，2010）。历史路径依赖主要包括长期演化形成的产业结构、创新组织、制度安排、创新环境等（Boschma，2014）。但路径依赖具有正负两面性，一方面可通过历史累积生成创新先发优势；另一方面也会对现有的创新路径突破造成极大障碍。创新本身具有高度的知识性和复杂性，有研究指出巨大的沉淀资产和较高的转换成本还可能对创新方式和路径升级造成隐性制约（国务院发展研究中心课题组，2018）。而对异质性、互补性知识进行吸收、整合与加工创造是企业成功开展创新活动的重要环节（Jianc & Chen，2018），也是创新面临的首要困难。企业对原有知识技术资源的盲目路径依赖以及知识生产壁垒较高引起的"知识孤岛"（康鑫和张鑫静，2021），都将成为企业突破创新瓶颈的重要阻力。

此外，创新系统的路径依赖也具有双重特性。创新制度刚性的存在使得经济体在创新过程中既具有历史创新能力的累积性，又具有创新路径的转换性。而创新系统最终将导向何种发展路径关键仍在于受到外来冲击时其本身所具备韧性能力大小的影响。创新系统制度韧性若足够强大将能有效激发各类创新主体形成协同合作的自组织能力，也能根据外部环境的变化实现自我适应性的调适、演化和迭代更新（中国社会科学院工业经济研究所课题组，2020），进而更有效地促进供应链产业链的动态调整升级，这反过来又可进一步增强系统韧性。反之，当系统本身韧性较弱且对原有路径依赖十分强烈时，将导致路径锁定效应和创新系统沿着原有轨道走向僵化，最终将可能无法有效应对危机和干扰，造成创新组织结构的破坏和系统的崩溃。

（三）高标准科技创新政策体系待建构

科技创新已成为实现经济高质量发展的关键核心动能。对标"高质量"的发展目标，必须建立高标准的科技创新政策体系，以正确引领和有力促进我国新旧动能转换和经济转型升级。具体来看，"高标准"就是要构建一个门类齐全、政策协调度高、政策效果好，既能适应和契合当前现实中的科技创新实践，又能顺利实现对科技创新功能的高质量科技创新政策体系。目前，我国科技创新政策体系在顶层设计、具体政策体系内容、政策间协同作用以及政策满意度等方面还有较大优化空间。

1. 政策体系内容待继续完善

当前，我国已形成了涵盖企业创新发展政策、科技创新平台（基地）政策、科技成果转化政策、科技创新人才政策、科研经费使用管理政策、科技创新税收政策以及科技计划项目在内的"一揽子"科技创新政策工具包，为多样化、复杂性、交织性的科技创新政策工具功能的充分发挥提供了选择依据。但科技创新环境本身的不确定性，如地缘政治冲突、经济周期波动、公众偏好预期等因素都将影响到各类创新政策的执行及实施效果。在具体政策内容上，随着5G、数字经济、区块链技术等新兴事物的崛起，政策本身相较于创新实践的滞后性也使得其在实时指引和规范实践方面处于不利地位。此外，在对前沿技术、通用技术、社会公益技术等重点领域的整体政策布局方面、建设高水平开放式区域协同创新体系的政策支持力度方面、以知识价值为导向的分配政策方面等也还有较大的提升空间。今后应加快政策的更新速率，进一步明确科技创新政策的侧重点，提高针对最新创新实践的政策供给水平，为培育和发展新兴事物营造良好的政策环境。

2. 政策间协同作用发挥不足

目前，学术界对政策协同的概念尚未达成一致意见，但已取得共识的是都强调了不同政策的协调一致和有机配合（黄栋，2021）。科技创新政策涉及不同的制定和执行部门，政策本身的门类较多，各项政策工具纷繁复杂，很容易出现不同政策之间缺乏协调配合甚至存在冲突。这将使得科技创新政策力度在被削减的同时，其政策作用和效果大打折扣，甚至出现政策目标与政策效能背道而驰的极端现象。具体而言，科技创新政策间协同作用主要体现在不同政策的目标协同、主体协同、工具协同、结果和效能协同等多方面。首先，政府制定政策的根本目标是满足公民基本诉求（达雅楠，2018）。政策目标反映了政策的本质理念和核心价值，其协同水平也反映了政策制定和实施主体同时使用多种政策目标的状况。若目标越详细具体，则协同度越高，反之则越低。其次，联合颁布政策是政策主体协同最常见的形式，其牵头署名单位和协作部门的职责分工常存在一定模糊性，再加上不同对象对政策文本的解读也不一致，部门职权的重叠对政策主体协同造成了较大困难。最后，政策工具协同需要对不同工具进行理性选择和策略组合，但不同政策工具有不同的目标指向和适应范围。若工具协同不足或排列搭配的结构失衡，将直接影响其本身功能的发挥，造成政策空转、流于形式等后果。

与此同时，政策目标的复杂性可能引致政策协同的低效能，主要表现为不同层级、部门主体的目标差异所造成难以形成政策合力的状况。以政策工具理性和价值理性的冲突为例，我国政策历来奉行"以人民为中心"的价值理性（黄瑾，2022），但在部门实际存在的各项考核、评估、晋升中，政策工具的核心是实现效益最大化、政绩最大化，成本—收益分析逻辑仍占据统治地位。这一冲突将可能扭曲政策工具的实施效果。总的来看，以上情况的存在将严重制约科技创新政策间协同作用的发挥，也将直接影响创新制度韧性功能的有效施展。

3. 政策满意度待进一步提高

自改革开放以来，我国配套的科技创新政策覆盖面不断扩展，政策力度和效果也有了十分明显的提升。但社会各界对科技创新政策，特别是专利转化和知识产权保护政策的满意度仍有待进一步提高。2021 年 10 月国务院印发的《"十四五"国家知识产权保护和运用规划》明确提出，要加强知识产权转移转化状况统计调查，为施政决策提供量化依据。中国专利调查制度自 2008 年以来已连续运行 15 年，据 2022 年中国专利调查最新结论显示：当前政策在刺激发明专利产业化，提升高校和科研单位发明专利以及微型企业的产业化率，提高产学研合作专利产业化收益水平，加快专利转移转化活动扩张力度等方面还有进一步提高的效果空间（胡文辉，2022）。因关于知识产权保护政策的效果满意度情况在前文的内容中有较为详细的阐述，故不赘述。

第七章 促进中国创新韧性全面提升的优化策略

在我国创新驱动和区域协调发展两大战略持续深入推进的背景下，提升中国各地区创新韧性水平不仅是应对各类外部冲击，打好防范重大风险攻坚战的迫切要求，也是实现我国经济高质量发展、区域协调发展的必然选择。当前，数字经济蓬勃发展并逐渐跃升为社会主要经济形态，加快形成新质生产力亦成为加强我国整体创新韧性的重要来源。基于前文理论分析和实证结果，本书从加强安全领域技术创新，妥善应对国内外风险压力、补齐创新科技动能短板，实现高水平科技自立自强、布局数字经济新赛道，加快形成新质生产力、强化创新主体支持，构建创新命运共同体以及深化创新制度保障，完善创新政策体系 6 个方面给出了促进中国创新韧性全面提升的优化策略。

第一节 加强安全领域技术创新，妥善应对国内外风险压力

当前全球经济发展充斥着传统风险和非传统风险。对各类风险压力进行充分预估和研判，加强有关安全风险防范的技术创新，妥善应对国内外风险压力已成为增强创新韧性的必然要求。主要可从以下几个方面着手。

一、加快我国安全领域技术创新步伐

从具体内容上看，我国在安全领域的技术创新主要涵盖了供应链与产业链安全、信息与网络安全、关键基础设施保护、数字安全与隐私保护、邮件与数据安全、人工智能安全、自动驾驶与新能源汽车安全等多项内容。要不断强化这些领域的安全系数，提高安全领域的保障水平，关键还是要充分发挥该领域技术创新的引擎作用。

要加强对安全领域风险进行预测、分析、预警、防范的技术创新，一是完善安全领域的顶层设计和战略规划。政府要制定全面的安全技术发展规划，明确发展目标、重点领域和优先方向。同时，出台一系列支持安全技术类创新的保障措施和引导政策，包括税收优惠、资金支持、人才引进等。同时逐步建立跨部门、跨地区的协调机制，形成合力推动安全领域技术创新的良好局面。二是加大对安全领域科研投入的强度和创新研究中心的建设力度。增加安全技术方面创新的研发投入，提高其研发经费在国家科技投入中的比重。鼓励企业、高校、科研院所等各类创新主体开展技术合作，形成产学研用紧密结合的创新体系。与此同时，建立一批国家级、省级安全技术研究中心，打造集研发、孵化、产业化于一体的高效又紧密的创新链条。三是不断优化我国安全领域技术创新的环境和服务体系。加强安全技术创新信息服务平台建设，提供政策咨询、技术交流、市场推广等服务。建立安全技术创新风险预警、防范和应对机制，降低创新过程中的不确定性。四是加强安全领域技术创新的国际交流与合作。广泛参与国际相关创新合作项目，积极引进国外先进技术和管理经验，弥补自身在本领域的短板与不足。加强与国际组织、跨国公司等在安全技术创新领域的协作，共同应对全球安全挑战。同时还可通过举办国际安全技术创新论坛、展览等，提升我国在该领域的国际影响力。

二、强化风险应对的思维力与行动力

当前，国内外经济政治形势之复杂、改革发展稳定任务之繁重前所未有。在保持经济增长稳中有进的前提下，强化风险应对的系统性思维与行动力，努力降低因不确定性和重大风险可能导致的创新失败或创新过程被迫中断所带来的潜在损失，是夯实创新韧性的内在要求。

在具体做法上，一方面，要强化风险应对的系统性思维，及时关注并处理创新系统的隐性风险点。当今世界风险丛生且复杂多变，而风险本身又难以完全避免。事实证明，金融风险乃至经济危机往往具有临界性、关联性、扩散性等特点，很容易传导至其他行业并波及其他地区，形成多米诺骨牌效应，最终造成生产经营活动的停滞和经济社会的停摆甚至瘫痪。因此，必须按照全面风险治理的要求，全过程、链条式、动态化防控重大风险。党的十八大以来，党中央就防范化解国内外重大风险作出一系列重要指示。在各类风险点的处置应对上，必须深入学习贯彻习近平总书记的相关重要指示批示精神，重点提升我国防范化解债务风险能力、降低我国金融系统与实体经济（尤其是房地产行业）间存在的较强债务关联性，减少其风险反馈效应。

另一方面，要不断强化风险应对的行动力，有效降低其带来的损失和不利影响。具体而言，一是建立完善的创新系统风险评估体系，对可能存在的风险进行全面、系统、科学的评估，包括风险来源、风险级别、影响范围、可能造成的损失等。同时，要注重风险评估的及时性和准确性，确保评估结果能够为风险应对提供可靠依据。二是加强创新过程中的风险管理，制定包括风险防范、风险控制、风险转移等科学的风险管理措施。同时注重风险管理的持续性和动态性，及时调整不当的风险管理措施，确保其适应创新系统的风险变化。三是建立创新过程中的风险应急预案。针对可能出现的突发事件和危机，建立包括应急组织、应急流程、应急资源等内容的完善预案，提高系统的应急响应能力和效率。除此之外，还可通过提高风险监测、预警、救援等技术水平、强化公众宣传教育、加强国际合作交流等方式共同应对各类风险挑战。

三、以高水平安全保障高质量创新

以高水平安全保障高质量创新是实现我国科技自立自强、建设世界科技强国的核心要素之一。高水平安全不仅是科技创新的重要保障，也是实现高质量发展的必要条件。科技创新过程中往往伴随着各种不确定性和风险。如果没有高水平的安全保障，可能会导致科技创新过程中的各类问题和失控风险，这不仅会影响科技创新的质量和效果，而且甚至违背科技创新的初衷。习近平总书记在 2023 年底的中央经济工作会议上明确指出，要坚持高质量发展和高水平安全良性互动，以高质量发展促进高水平安全，以高水平安全保障高质量发展①。这为我国妥善处理安全与创新、安全与发展之间的关系提供了根本遵循，也为我国创新系统的安全发展作出了重要指引。

要以高水平安全保障高质量创新，首先在于打造一个安全、健康、良好的创新环境。因安全服务的特殊性，政府在安全领域将发挥举足轻重的作用。只有安全平稳的创新环境才有可能吸引和留住更多的创新人才和创新企业。而多样化的创新主体共存演化，才能碰撞出更多的创新火花，充分激发群体的创新潜力，进而衍生出更强大的创新能力和风险抵抗力。其次，妥善应对国内外风险压力，提升国内监管水平和治理效能，完善安全审查机制，筑牢保障国内国际双循环畅通的安全网。同时，加紧构建由国内公共安全预警体系、应急体系、科研体系等组成的通用安全体系。最后，构建现代化的公共安全信息共享系统，促进地区间创新协作，共同深入探究我国安全所面临风险的根本原因、扩散途径和解决策略（李建平等，2021）。同时，强化区域安全事件的协同防御与控

---

① 共产党员网. 中央经济工作会议在北京举行 习近平发表重要讲话 [EB/OL]. (2023 – 12 – 12). https://www.12371.cn/2023/12/12/ARTI1702383319555554.shtml.

制，推动安全相关的数据资源共享，以增进创新能力和科技发展，构筑国内外一体化的风险防范网络。

总的来看，安全是创新的基础。只有在安全保障的前提下，才能实现高质量的创新发展。数字化时代，我国面临着前所未有的机遇和挑战，必须统筹高质量发展和高水平安全两者的关系，才能实现其动态平衡、相得益彰。

第二节　补齐创新科技动能短板，实现
高水平科技自立自强

当前，新一轮科技革命和产业变革突飞猛进，但随之而来的科技渗透性、扩散性和颠覆性风险破坏力也空前巨大，需要不断提升创新科技韧性水平以更好地抵御各类风险因素。本节将着重从提高基础科学研究的投入强度、加大高质量科技成果供给力度和完善知识产权保护三个方面针对性地提出我国补齐创新科技动能短板，实现高水平科技自立自强的策略建议。

一、提高基础科学研究的投入强度

要提升创新韧性水平，获取长期竞争优势，必须高度重视基础研究领域成果的积累。2023 年，习近平总书记就如何"加强我国基础研究，实现高水平科技自立自强"① 作出了明确指示，成为激发社会各界积极产出基础研究成果的指导思想和行动指南。针对前文提出的"对基础研究重视和投入相对不足"等问题，各类创新主体仍需持续扩大对创新人才、研发资金、研发基础设施等资源的投入强度，不断提升各项资金的资助效能。

---

① 习近平. 加强基础研究 实现高水平科技自立自强 [J]. 求是，2023（15）：1 – 5.

一是继续增加政府投入。2021 年全国基础研究经费仅占全国试验发展经费的 7.9%，占全国 R&D 经费的 6.5%。由此可通过增加预算，将基础研究投入作为战略性投资，提高中央和地方政府对基础科学的财政投入力度等做法，逐步提高基础科学研究经费在科技经费中的比例，确保基础科学研究事业的持续、稳定发展。

二是引导和激励企业投入。政府可通过政策引导和税收优惠等方式，鼓励企业增加对基础科学研究的投入水平，提高企业在基础研究中的积极性和参与度。激发企业特别是高新技术企业对基础科学研究的热情和活力，使其逐渐成为基础研究投入的重要来源。

三是拓宽资金来源，形成多元化投入渠道。通过推动科技金融创新、吸引社会资本等方式，逐渐形成政府、企业、社会在基础研究领域的多主体投入格局，扩大基础科学研究的资金来源。同时还可通过鼓励社会力量（如私人基金会、非营利组织等设立科学基金、进行科学捐赠等多样化手段）推动形成多元化的投入体系。

四是切实完善既有资助机制，提升国家基金资助效能。建立和完善竞争性支持和稳定性支持相结合的基础研究投入机制，既要保证优秀研究团队和项目的竞争性资助，也要保障长期性、基础性、前瞻性研究投入的稳定性。不断探索构建基础研究长周期支持机制，如国家杰出青年科学基金项目分级评价等，提高资金使用效率和研究项目资助效果，努力培养基础学科领军人才。

二、加大高质量科技成果供给力度

加大高质量科技成果供给是补齐创新动能短板，实现高水平科技自立自强的关键支撑。要实现这一目标，可从以下几个方面着手。

一是持续提高我国科技创新能力。提高科技创新能力是加大高质量科技成果供给力度的关键因素。我国应加大科研投入，提高科研人员的待遇，鼓励企业积极开展和参与研发创新，从根本上提高我国的科技创新能力。二是高校、研究机构应聚焦于国家重大战略需求，加大基础研究和应用研究的支持力度。通过设立专项资金，引进国内外高层次人才等方式，引导和鼓励科研人员自主进行原创性研究，提升科技成果的原创价值。三是人才作为科技创新的重要支撑，必须加强科技人才培养，切实提高科技人才的素质和能力，强化创新人才的培养质量，为科技创新提供人才保障。特别是在人工智能、大数据、生物技术等前沿领域，可通过探索扩大招生规模、优化专业和课程设置等方式，培养具有创新能力和实践能力的高素质科研人才。四是营造创新文化氛围，优化科技创新环境。我国要不断优化科技创新环境，提供良好的科技创新平台。加强创新文化建设，营造鼓励创新、宽容失败的文化氛围，激发全社会的创新活力。

此外，具体到科技成果供给的类型来看，一方面，从知识产出角度入手，政府要积极引导和切实鼓励科技工作者潜心基础研究、自由探索创新，多出高质量、高水平科研成果，为后续的科技创新环节打下良好基础。同时，坚决遏制科技成果评价中的盲目跟风、急功近利等不良风气，塑造风朗气清的科研生态。另一方面，从技术产出角度发力，有关部门要积极重视和警惕当前专利创新激励机制异化所引起的专利泡沫。当前，发明专利已成为基础研究产出的重要构成。针对不断泛起的发明专利泡沫，加强对专利中介机构资质的审查、管理和过程监督；进一步严格规范专利审批流程，提高发明专利的实用性和含金量。同时，积极引导国际发明专利的申报和授权。争取将有限的创新资源配置到核心又急缺的行业部门，不断增强科技创新的韧性和活力。

三、进一步增强知识产权保护水平

增强知识产权保护水平对于促进科技创新、文化繁荣和经济发展都具有非比寻常的意义。政府应通过加强对知识产权保护政策的制定和修订，完善知识产权保护的法律制度，加强知识产权保护体系的执法力度，切实提高其执法效率。与此同时，还应通过优化知识产权保护的大环境、在社会各界深入树立知识产权保护的意识，加快与国际知识产权保护工作的接轨等不同手段不断健全知识产权保护的配套政策，提振全社会知识产权的保护效果。具体来看：

一是完善知识产权法律制度，切实保障权利人的合法权益。知识产权保护法是保护知识产权的基础性法律依据，也是维护知识产权权利人合法权益的重要手段。不断完善相关法律法规在新兴领域和特定领域的内容内涵，加大对侵权行为的打击力度，保障权利人的合法权益是完善知识产权保护法律政策的核心要义。当前，我国知识产权法律体系仍不健全，必须不断丰富知识产权法律法规的内容形式，提高相关法律的适应性和有效性。

二是健全知识产权保护机制，提高知识产权法律执行效率。知识产权保护机制是保护知识产权的重要内容，必须加强对知识产权的保护和管理，及时发现、遏制和处理相应的侵权行为。同时，持续深化知识产权司法审判体制改革。知识产权体量较大的省市可单独设立知识产权法院以实现知识产权案件审判的专门化；而知识产权体量较小的省市则可考虑以行政区域划分管辖权，并实行巡回审理制度，提高案件审理的效率和公平性。

三是加强知识产权保护的宣传教育，提高公众的知识产权保护意识。加强知识产权保护在整个社会面的宣传工作。具体可以通过电视、广播、报纸、互联网等多种媒体渠道，广泛宣传知识产权保护的重要性和相关法律法规，提高公众认知水平。也可定期组织专题讲座和培训，邀请专家学者、企业家等分享知识产权保护的经验和案例。与此同时，政府还可通过引导社会形成勇于创新、崇尚创新、追求大国工匠精神的创新氛围，提高公众推崇创造、保护知识产权的意识。

四是推进知识产权信息化建设，提高知识产权保护的社会效果。推进知识产权信息化建设是提升知识产权管理、服务和保护能力的重要途径。加快知识产权运营服务体系重点城市建设工程的进度，构建全国范围内的知识产权信息化共享平台，加大知识产权数据开放共享等。通过广泛利用现代信息技术手段，提高知识产权保护的效率和质量。

第三节 布局数字经济新赛道，加快形成新质生产力

当前，全球经济正遭遇一系列的风险挑战。伴随着新现象和新问题的不断涌现，在传统经济增长动力减弱的同时，新质生产力作为重点强调科技创新在其中发挥主导性作用的生产力，其发展具有显著的高效率、高质量的特点（程恩富和陈健，2023）。大力发展数字经济，协同推动数字产业化和产业数字化，加快形成新质生产力也成为抢占国际创新前沿领域优势竞争地位的关键着力点。要不断提升创新韧性水平，必须提前布局全球数字经济前沿赛道，加快形成新质生产力（黄瑾和唐柳，2024）。

一、加快数字基础设施建设，深化数字技术创新应用

当前，数字技术已成为赋能创新系统提升韧性、效率和质量的重要抓手，数字基础设施则是发展数字经济的重要底座和硬件支撑。要加快数字基础设施建设，深化数字技术创新应用，积极发挥其对创新韧性提升的正面效果，可考虑从以下三个方面入手。

一是要加强数字基础设施建设，推动数字产业公共基础设施建设的国际合作。数字技术包括物联网、云计算、大数据等新一代信息技术。提升数字技术的承载能力和信息传输速度，要重点支持网络架构、基础操作系统的创新以及卫星互联网和工业互联网的应用研发。实时推进千兆光网建设，统筹数据中心、网络连接设施、工业互联网、云计算中心等新型基础设施的共建共享。不断在顶层设计上优化基础设施布局、结构、功能和系统集成，构建与新质生产力相适应的数字基础设施体系。

二是要加大数字技术研发创新的投入力度。着力培养和引进一批高端数字人才，提升数字技术的原始研发和自主创新能力。如今，数字技术已成为区域创新的关键战略资源，必须更加注重数字化技术的研发、应用和推广。积极布局数字创新前沿赛道，力争在基础性、通用性技术

如5G、量子计算、高端芯片、高性能计算机等研发方面取得更多新进展新突破。

三是促进数字技术的标准化和开源共享，完善数字创新服务与支撑体系。推动数字技术的标准化工作，促进技术成果的开源共享，降低技术应用门槛，加快技术创新传播和应用的广度和深度。政府要为企业在数字技术创新与应用方面提供全方位的支持和服务，包括技术咨询、解决方案、金融服务等，帮助企业解决数字化转型过程中的问题和困难。在完善数字政策法规方面，制定和完善数字技术相关的政策法规，保护知识产权，维护公平竞争的市场环境。

二、大力发展数字产业，增强数字产业链供应链韧性

2023年12月，习近平总书记强调，要以科技创新引领现代化产业体系建设，提升产业链供应链韧性和安全水平[①]。这也为我国大力发展数字产业，增强数字产业链供应链韧性指明了方向。具体来看，可从以下方面加以突破。

一是大力发展数字产业，深化产业数字化转型。首先，在政策层面，政府应出台一系列支持数字产业发展的政策，明确了数字产业发展的战略地位，为数字产业发展提供指导遵循。如《上海市促进人工智能产业发展条例》等支持政策的出台，不仅优化了区域营商环境，还为数字产业提供良好的市场环境和法治保障。其次，不断深化产业数字化转型进程。特别是积极开展制造业数字化转型行动，推动工业互联网向工业园区下沉普及，并逐渐向中小企业场景化、标准化复制推广。与此同时，还要基本平衡不同地区的数字产业发展规模和进程。通过政策引导和资源配置等有力措施，缩小地区间数字鸿沟。鼓励各地根据自身优势，发展特色鲜明的数字产业集群，推动区域间的数字产业协同发展。

---

① 共产党员网. 中央经济工作会议在北京举行 习近平发表重要讲话［EB/OL］.（2023 –12 – 12）. https：//www. 12371. cn/2023/12/12/ARTI1702383319555554. shtml.

二是围绕创新链布局产业链，推进产业创新与科技创新深度融合。积极围绕创新链布局产业链，以产业链推动创新链，健全产业科技创新体系，促进产业链、创新链、资金链、人才链的深度融合（刘虎沉，2024）。推广"科创＋产业"的创新模式，加快形成以新技术研发新产品，新产品带动新产业的良好局面。一方面，要持续强化战略科技力量，广泛应用现代信息技术、人工智能、大数据等先进技术，发展战略性新兴产业集群，将其不断推向数字化、高端化、智能化；另一方面，通过层出不穷的原创性、自主性创新成果，推动不同产业之间以及同产业内部行业间的集聚渗透、交叉重组，促进产业融合与科技创新的协同发展。

三、打造良好数字生态链群，发挥数字生态协同效应

党的二十大报告提出："加快发展数字经济，促进数字经济和实体经济深度融合，打造具有国际竞争力的数字产业集群。"① 这强调了数字技术、数据要素、数字企业、数字平台等数字生态构建对实现数实深度融合和塑造国际竞争力的关键引领作用（刘友金和冀有幸，2024），因此也可从以下几个角度发力。

首先，深入拓展数字技术，开辟创新成长新空间。数字技术是构筑新质生产力的新基础，并以催生新产业、新模式和新动能的方式表现出来。积极拓展云计算、人工智能、区块链等前沿数字技术的创新和应用范畴，可为构建一个高效、互联的数字生态系统提供关键技术支撑。具体而言，要鼓励企业自主研发创新，不断优化升级数字技术，提高创新系统的稳定性和安全性；推动数字技术与传统产业的深度融合，通过技术改造提升传统产业的效率和质量；促进数字技术走向标准化、模块化，确保不同系统、平台和设备间的兼容性，降低数字生态链群内的交易成本。此外，持续重视和加强数字技术的安全防护，确保数据传输、存储

---

① 习近平. 高举中国特色社会主义伟大旗帜 为全面建设社会主义现代化国家而团结奋斗——在中国共产党第二十次全国代表大会上的报告［M］. 北京：人民出版社，2022.

和使用过程中的安全稳定性，提升数字生态链群的可靠性。

其次，加强数据要素的整合与共享。数据作为新型生产要素，对传统生产方式变革具有重大影响，能牵引推动生产力实现"质"的跃迁。具体可通过：建立完善的数据收集、处理和分析体系，确保数据的准确性和时效性；推动数据资源的开放共享，打破信息孤岛，促进数据在生态链中的流动和价值最大化；加强数据安全和个人隐私保护，制定相应的法律法规，确保数据的合法合规使用等方式来加强数据要素的整合与共享。

再次，加快数字企业的培育与发展。数字企业是数字生态的关键主体，要加快企业数字转型升级，突出企业数字创新的主体地位。具体来看，通过提供政策扶持和资金支持，降低创业门槛等多样化方式，推动数字企业持续创新，如业务模式、管理模式、产品服务等方面的创新，以适应快速变化的数字生态环境。鼓励数字企业间的协同合作，共同开发新产品、新技术和新服务，通过资源共享和优势互补，提升整个数字生态链群的竞争力。与此同时，数字企业也要明确自身在数字生态链群中的生态位，以扬长避短，实现差异化竞争。

最后，促进数字平台的建设与优化。数字平台有助于新质生产力和数字生态系统的深融合。一方面，要提升数字平台的服务质量，包括用户体验、功能完善、安全保障等方面，提高平台的易用性和顾客满意度，以吸引更多的用户和企业加入其中；另一方面，鼓励数字平台在业务模式、技术应用、服务内容等方面的创新，推动整个数字生态链群的发展成长。同时，加强国内外不同数字平台间的互联互通，打破数据孤岛，实现数字资源的优化配置和高效利用。

第四节　强化创新主体支持，构建创新命运共同体

各地区之间创新主体的创新竞争合作共同推动形成了创新命运共同体。创新共同体的建立既可保障市场上有序的创新竞争，不断释放出科

技创新发展的动能，又能在合作互补中加快各主体的创新速度，提升创新效率。本节将着重从全方位发挥创新主体功能、促进创新主体共生共融共赢和充分发挥"有为政府"作用三个方面针对性地提出策略建议。

一、全方位发挥创新主体功能

企业、政府、高校和科研机构以及各类服务于科技创新的机构或个人在推动科技进步和经济发展方面分别发挥着不同的功能。必须深入挖掘各地区创新组织韧性的巨大潜力，更加注重发挥其在缩小地区创新韧性差距中的决定性作用。要全方位发挥创新主体功能，可考虑从如下几点着手。

首先，地方政府一方面要充分调动社会各界的创新创业积极性。不断提升地区高新技术企业的数量和比重，进一步充实和壮大企业、高校院所、科技服务机构等创新主体的队伍，尤其要提高企业设立科研机构、参与科研活动的比例。另一方面，以切实行动助力创新主体的孵化、培育和发展。尤其在融资增信、产权保护、税费优惠等与创新企业利益攸关的政策措施上下足功夫，为促进创新主体功能的全面发挥创造良好的政策面和社会面环境。

其次，逐步改变科研院所和高校在国家创新体系占据主体地位，而企业仅作为生产经营主体的不利现状，要促进形成创新主体结构向以高科技企业为主、多类型主体协同转变的局面，更加实际地突出企业作为科技创新主体的地位。让科研院所和高校回归到科技创新战略先导的位置，主要发挥其作为知识创新的主体，提供创新所需的知识源、技术源、人才源的重要功能，加快高校院所各类成果的转化力度，切实为企业这一科技创新主体提供科学知识、关键技术等层面的智力支持。

再次，企业要增强自主创新能力，充分凸显自身科技创新的主体地位。在国家科技部门支持下，积极参与科技创新方面的顶层设计和宏观决策。逐步重点改善长期以来"科技与经济两张皮"的现象和科技成果转移转化效率不高的顽疾。积极发挥其作为知识产出和技术产出需求端的关键引领作用，为促进创新市场供需趋于均衡和健康发展创造有利条件。同时，还需稳步提高其在科技项目形成、组织和资金配置等方面的参与度和话语权。

最后，要继续增强科技服务机构在有效降低信息搜寻成本和减轻创新失败风险方面的优势，充分发挥其在催化创新技术商品化、产业化方面的重要功能。具体可通过建立健全相关政策法规体系、优化市场竞争环境、加强创新创业监督管理服务等方式，引领和促进科技中介服务机构健康发展。

二、促进创新主体共生共融共赢

创新主体间的和谐关系是增强创新组织韧性的重要来源，要促进创新主体共生共融共赢，仍需做到以下几点。

一是要构建囊括区域资金、人才、技术、市场等要素的统一创新生态系统。为了实现这一目标，需要从以下两个方面入手：一方面，加强创新生态系统主体之间的信息交流和合作共享，提高地区创新效率和质量。这包括鼓励企业、研究机构、高校等创新主体之间的合作，共同解决创新过程中遇到的问题和困难。通过建立有效的信息交流平台，促进知识的传播和技术的转移，从而提高整个区域的创新能力。另一方面，也要推动创新主体与系统外部个体的沟通合作，帮助创新主体获取更多的外部信息和异质资源。具体可通过参加国际会议、建立跨国合作关系等方式实现，以便吸收全球范围内的先进技术和管理经验，为本地区的创新发展提供新的动力。

二是要持续发挥政府的引导作用和服务功能。政府在创新生态系统中扮演着重要的角色，需要通过制定有利于创新的政策和法规，为创新主体提供良好的发展环境。此外，政府还需要进一步发展和完善线上线下相融合的新型技术交易市场和科技服务机构，大力提升政府和各类服务机构的办事效率和服务效能。切实鼓励"产学研用"联合共建共享和共有基金运营等创新合作方式，为进一步强化创新主体间研发协作的广度和深度，实现创新主体的共生共融共赢提供有利条件。

三是通过充分吸收和学习借鉴发达地区的创新空间溢出效应、有效整合创新资源等方式实现自身再创新，促进区域内创新网络的深度融合。实时关注国内外创新动态，及时引进行业内先进的技术和管理理念，同时结合自身实际进行再创新。为此，需要大力构建以企业为主体、市场为导向、产学研各创新主体深度融合的创新体系，推进科技与经济的融合互促，早日解决我国长期以来科学技术发展与经济现实需求偏离和脱节的痼疾。

三、充分发挥"有为政府"作用

2023 年初，中央经济工作会议就特别提到，要发挥好政府在关键核心技术攻关中的组织作用①。因此，充分发挥"有为政府"的组织作用对于增强创新组织韧性具有重要意义。具体措施主要包括：

一是完善国家科技决策机制和咨询制度，优化国家科技决策程序。国家科技决策咨询体系是推进国家科技决策科学化、民主化的重要制度保障。要完善这一体系，必须充分发挥国家科技咨询委员会、国家科技高端智库、国家自然科学基金委员会等机构部门在国家科技决策咨询中的重要作用；建立健全国家科技决策责任追究制度，确保国家科技决策的科学性、民主性和合法性。

二是不断更新政府管理服务的理念和方法，实现"政府职能从研发管理向创新服务转变"。用需求工程、技术推动、场景驱动等多元化方法寻找潜在的前瞻性关键问题。政府要引领重大关键技术的突破创新，并在战略科技力量建设、人才队伍培养使用、科技政策制度制定、科技资源配置、科研成果评价上作出系列安排。在具体的攻关方式上，要着力发挥我国集中力量办大事的中国特色社会主义制度优势，集中中坚力量

---

① 人民网. 科技部部长：全方位支持，突出企业科技创新主体地位［EB/OL］.（2023 - 01 - 03）https：//baijiahao. baidu. com/s？id = 1753963099282427021&wfr = spider&for = pc.

攻关"卡脖子"领域的重点难点问题。

　　三是要基于整个科学体系的利益关联方，一方面，政府应分别从平台、高校、人才等方面着手，打造地区人才、技术、资本、信息、数据等创新要素的集聚高地。创造有利于孵化和培育创新的良好生态，大力促进多元创新主体的思想碰撞和协同演化，为新构想、新技术和新工艺的大量涌现奠定坚实基础。另一方面，政府也要在维持当前创新创业的积极局面上下足功夫，切不可将人才等资源"引进来"视为实现科技创新的重点，关键还是在于要"留得住"人才，并不断激发人才等资源发挥其在科技创新方面的优势，不断开发出更多的高质量新成果。

　　四是要逐步提高科技管理部门的专业能力和服务效率，加强对相关会议精神和各项创新政策的解读、领悟和执行能力。与时俱进，不断提升部门自身及其工作人员的学习能力，逐步优化科技管理部门服务体系的内部流程，促进创新资源和科技信息的共建共享，稳步提高科技管理部门的服务质量和成效水平，极力争取为科技创新提供更好的部门支持和政策保障。

第五节　深化创新制度保障，完善创新政策体系

　　创新制度韧性为创新系统对抗外部冲击和内在压力提供了至关重要的制度缓冲空间。当前，我国创新制度保障面临着重重挑战。而深化创新制度保障，完善创新政策体系已成为进一步加强创新制度韧性的根本路径。具体地，可重点从降低制度创新路径依赖惯性、努力把握创新制度调整先机和进一步完善科技创新政策体系等方面着手。

一、降低制度创新路径依赖惯性

　　制度刚性的存在使得制度创新具有明显的路径依赖惯性。而要加强和完善创新制度韧性，应切实降低和克服对创新系统中原有制度运行路

径的依赖。本书提出以下几个方面的对策建议。

一是摒弃原有的"微创新"思路，重点开辟新的科技创新赛道。改变以往仅在原有技术轨道上进行跟随式创新、模仿式创新和渐进式创新等"微创新"的选择模式。通过加强基础研究，扩大科学体系建设，实现科技创新自立自强等举措越过国外已有技术设置的门槛和障碍，开辟新赛道。二是时刻保持对不适宜、不协调制度进行调整和更新的强烈意识，保持创新思维的弹性和敢于革新的勇气，维持创新系统的生机活力。制度本身是一个不断发展和适应的变化过程。推动制度的持续学习和适应不仅可更好地应对外界变化和不确定性，还能不断优化创新系统的制度安排；三是加强创新主体与外部的交流，积极引入新颖的创新要素。作为创新大国，必须紧跟潮流，实时精准把握世界最前沿的科技创新动态。引入外部创新资源，如新的团队成员、合作伙伴、专家或咨询公司等，为我国创新事业提供新的思路和方法，打破惯性思维，突破对原有制度的路径依赖。

总之，要降低和克服制度创新的路径依赖性，还需从制度本身入手。本书制度创新的目的是解决原制度中阻碍创新系统发展的根本性体制机制问题，而不仅仅是缓解表面的制度矛盾和冲突现象。因此，从制度调整的程序来看，首先，需要深入了解问题的根源和影响，识别和提取出影响制度创新过程中实施效果的关键性因素，并针对性地给出适当的解决方案；其次，通过制订明确的调整计划和设立制度完善的目标，有步骤、分阶段地对已有制度加以改善。在此过程中，还要充分关注不同层面的创新主体对制度调整的反应和反馈意见。采用定期审查和持续监测的方式及时发现制度调整时出现的新问题并进行记录和处理，全面评估此项制度创新的进展、效果和影响，让制度调整的过程朝着预期方向和目标发展。

二、精准把握创新制度调整先机

创新制度的调整牵涉到创新系统内外部的方方面面。因此，创新制度的调整将可能面临多领域的震荡和多方利益的冲突，必须竭力克服创新制度调整过程中的阵痛，精准把握创新制度调整的先机。具体可从以下几个方面统筹安排。

一是识别并预测创新制度的发展和调整趋势。实时了解经济体在政治、经济、社会，尤其是在科学技术等方面的发展趋势，以更好地预见未来创新制度调整的需求和方向。同时，加快社会整体的数字化转型，充分利用现代科技手段如数字技术等来收集和分析相关的大数据和海量信息，以保持对创新市场实时行情的敏锐洞察力，努力把握创新制度调整的先机。

二是深入基层实地调查研究，理解当前创新制度所面临的问题本质。对需进行调整的制度性问题要进入到企业、行业等创新基层前线进行全面理解和深入挖掘，具体包括当前创新制度在制定、实施和反馈过程中存在问题的实质性原因分析、可能的后果和影响、与之相配套的详细解决方案等，要找出影响该项创新制度实施效果背后最关键的核心因素。

三是针对不同的创新制度制定相应的调整和预防措施，建立快速响应机制。首先，在创新制度调整之前，通过制定预防措施，包括制定过渡期政策、项目试点或逐步推广等方式，有效减少潜在的负面影响和变化风险，确保创新制度调整前后的平稳过渡。其次，通过建立快速的响应机制（如建立危机管理小组、制定应急预案）等方式，及时应对制度调整过程中可能出现的问题和挑战。

四是持续对创新制度效果进行评估和改进，以优化各项制度安排。任何制度都不可能一成不变，都必须随着时代的发展和环境的变化进行适时的调整和优化。在创新制度调整后，可考虑通过定期评估、收集制度调整后的反馈建议、进行修订改进等方式实现持续的事后评估和改进调整工作，以达到让不断优化了的原有创新制度安排实时适应不断变化的新环境的目的。

在此基础上，还可通过咨询委员会、听证会、公开征集意见等方式提高公众对制度调整的开放参与度。这既有助于增加制度调整的透明度和民主性，又可较为准确地把握到创新制度调整的先机，为前期制度调整变革获得更广泛的公众支持，进而实现更有效的制度安排。

三、进一步完善科技创新政策体系

科技创新政策体系是促进科技创新的重要保障，也是提升创新制度韧性的主要来源。要构建完善的整体科技创新政策体系，可采取以下措施。

首先，基于当前创新环境中公众偏好、国内外因素变化等不确定性因素的显著增加，政府需充分把握新一轮科技革命和产业革命下科技创新的新情况新特点。在数字经济时代，专业知识的大范围传播使得科技创新的门槛表面上看有所降低，但新技术新发明的更新周期明显缩短，科技创新向基础研究前端迁移，跨学科跨领域的综合性难题该如何解决仍需进一步探索。因此，政府要积极引导形成科技创新的新需求，并且有针对性地进行政策供给。同时，逐步解决科技创新过程中的市场失灵和政策失灵问题，切实提高科技创新政策的绩效水平（袁永等，2017）。

其次，加强与其他关联政策的统筹协调，继续深化拓展科技创新政策的范围和内容。2022年底，中央经济工作会议正式将科技政策与财政政策、货币政策、产业政策、民生政策一道作为支撑我国高质量发展的五大政策来源。这也要求政府必须进一步促进科技创新政策同产业政策等其他政策的衔接配合、系统集成和共同发力，以此强力塑造我国经济发展的新动能新优势。

最后，充分发挥科技创新各细分政策功能，推进科技创新政策体系建设。要充分发挥科技创新政策多方面的功能，必须搭配使用好科技财税政策、科技金融政策、科技人才政策以及科技服务，来助推传统产业的转型升级和创新系统制度韧性的长效提升。以科技金融政策为例，它已成为推进科技创新政策体系建设的重要支撑。通过提前进行科技金融产业布局，实施重点金融科创中心建设工程等措施，可实质促进科技与金融的深度融合，并逐渐形成与科技企业相配套的金融服务模式，实现了科技创新产业与金融发展的良性互动。

第八章　结论与展望

纵观当前形势，新冠疫情的负面影响仍未彻底消散、逆全球化思潮泛起、地缘性政治冲突不断，全球经济增势不容乐观。随着创新在中国经济发展中位置的不断提升，在"变化"已成为当前经济发展显著特征的背景下，为了适应各类冲击，必须全面提升创新系统的韧性水平。本部分先对全书的主要结论进行了梳理归纳，接着针对当前数字经济的蓬勃发展态势对创新韧性的后续研究进行了展望。

第一节　主要结论

本书首先对创新、韧性、创新韧性等核心概念进行了文献梳理和清晰界定，阐释了创新韧性的内涵要义、要素构成等基本内容。其次，在遵循创新韧性不同组成部分"基础—缓冲带—动力—主体—保障"功能的基础上，对创新系统是如何完成风险抵御和通过自主适应机制实现进化升级的演化过程进行了细致剖析。再次，构建了创新韧性内在机理分析模型，将创新韧性细化分解为创新基础韧性、创新结构韧性、创新科技韧性、创新组织韧性和创新制度韧性五大维度；再其次，基于五大维度的关键要素构建了创新韧性综合评价指标体系，量化评价了我国各区域的创新韧性水平，分析了不同时点、不同省份和不同维度下的结果特征，并结合东部、中部、西部和东北部的动态评价结果进行了现实考察。在此基础上，本书还基于关系数据分析范式，通过二次指派程序 QAP 方法实证探究和识别了造成创新韧性省域差异的成因和决定因素，较为全面地揭示了各维度之间的相互支撑机制和动态关联关系。最后，从五个方面提出了全面提升创新韧性的优化对策。研究发现：

第一，创新韧性五大维度相辅相成，存在复杂密切的依存关系，并且具有极强联动性，共同统一于创新韧性的整体框架，最终形成了创新系统的韧性合力。具体而言，创新基础韧性释放抵御和吸收能力，是创新系统对抗外部冲击的基础支撑，能有效确保遭受冲击后系统的基本平稳运行；创新结构韧性发挥恢复和适应能力，是创新系统缓解激烈外部冲击的有力缓冲带，可为对抗冲击提供回旋空间；创新科技韧性为创新系统注入更新和发展动能，是创新系统对抗外部冲击的关键动力来源；创新组织韧性赋予创新系统调整和重构能力，是对抗外部冲击的重要创新主体支撑；创新制度韧性为创新系统提供保障和调节能力，是对抗外部冲击的能动保障机制。

第二，近年来，我国创新韧性总指数呈现出整体偏低但逐年缓慢增长趋势。同时，创新韧性分布还存在明显的区域不均衡性，且区域内部省份间的差异明显。分区域来看，东部创新韧性值远领先于其他地区，已形成东部—中部—东北部—西部梯级不平衡分布的发展格局；分省份来看，各省创新韧性综合指数得分逐年拉大，并出现了明显的两极化格局。此外系统聚类分析发现，部分省份创新韧性综合指数的等级分布有一定下滑；从总指数各构成维度的贡献上看，创新基础韧性的得分最高，其次才是创新制度韧性、创新组织韧性、创新结构韧性和创新科技韧性。

第三，创新韧性综合指数和五大分维度差异矩阵的 QAP 相关系数均显著为正，并且相关性最强的是创新科技韧性，而创新基础韧性与大多数维度的相关性都较低且不显著。进一步通过全样本 QAP 回归分析发现：创新组织韧性已成为影响创新韧性区域差异的关键性决定力量，其次是创新基础韧性、创新科技韧性、创新结构韧性和创新制度韧性。这说明任一维度差异的扩大都将显著拉开创新韧性的区域差距，其中尤以创新组织韧性的影响最大。

第四，分时期 QAP 模型回归结果表明：随着时间的推移，影响区域创新差距的核心变量逐渐由创新基础韧性转变为创新组织韧性。同时，大部分维度的影响强度皆随着年份的推移而逐渐增强。此外，分时点QAP回归分析发现：除个别年份外，分时点考察结果与全样本回归结果基本一致，对创新韧性省域差异起核心影响的依然是创新组织韧性，这也进一步佐证了本书实证结果的稳健性和可靠性。

第五，基于以上分析，本书分别从加强安全领域技术创新，妥善应对国内外风险压力、补齐创新科技动能短板，实现高水平科技自立自强、布局数字经济新赛道，加快形成新质生产力、强化创新主体支持，构建创新命运共同体以及深化创新制度保障，完善创新政策体系 6 个方面给出了促进我国创新韧性全面提升的优化策略。

第二节 研究展望

当前，我国正处于以云计算、区块链、量子通信等新兴技术为代表的新一轮科技革命和产业变革的加速演进期。经过 40 多年的追跑赶超，新中国在科技创新领域取得了举世瞩目的成就，也成为促使世界创新中心东移和重塑国际科技创新版图的核心力量之一。但现阶段全球经济增速低迷、国际竞争加剧，针对中国等新兴大国的遏制、围堵、打压等依然层出不穷，也给我国创新事业和经济发展带来较大压力和严峻挑战。

近年来，大数据、物联网、人工智能等数字技术的快速发展，使得数字经济已跃升为当前继农业经济、工业经济后的主要经济形态，成为推进我国高质量发展和实现中国式现代化的重要时代背景（黄泰岩，2023）。据国家统计局和中国信通院的数据显示：2012～2022 年，我国数字经济占 GDP 比重已由 21.6% 上升至 41.5%，数字经济总量从 11 万亿元猛增至 50.2 万亿元，成为拉动经济增长的重要引擎。如今，人类社会已进入数字创新时代。数字经济发展水平也成为决定国与国之间综合实力和竞争力较量的主要内容。随着数字技术逐步扩散渗透至创新领域，成为关键性战略资源（程聪，2022），它的深入应用不仅改变了创新的本质，颠覆了传统创新发展理论，还重塑了创新主体间的行为模式，使创新活动呈现出交互协同、多元共生的生态化发展趋势，并由此引发了学者们对数字创新生态系统的关注（胡甲滨等，2023）。因此，以"数字经济＋"创新韧性为主要研究对象，探讨数字经济时代创新生态系统韧性是如何发挥作用的等一系列问题将可能成为未来的重要研究方向。具体来看：

首先，在研究内容上，本书以创新系统为重点研究对象，探讨了创新系统的韧性问题，但并未结合"数字经济"对当前经济情境下创新系统的影响展开明确论述。未来针对数字经济影响下的创新生态系统的现状问题、整体特性、有机构成、作用机理、测度分析、治理措施、提升对策以及不同区域的现实考察等方面的研究在内容、范围和深度上都还有较大的拓展空间。此外，面对外部冲击，经济体要保持创新系统的稳定甚至进化到更高水平，需要经济系统各方面的密切配合。未来研究还可考虑进一步从宏观、中观、微观等不同视角出发，深入探讨异质性的创新资源、差异化的创新主体是如何与数字化转型交叉影响产业或企业层面创新韧性的。

其次，在测度方法上，创新韧性的定量分析方法仍处于深度完善中。不论是采用反事实分析逻辑下的核心指标还是采用综合评价指标体系的方法来表征创新韧性都难以避免地存在各自的优缺点。后续研究中，应完整考虑创新生态系统的自身个性化特征与韧性统计分析技术手段的有效融合，甚至未来还可进一步探索将演化分析的方法纳入到创新生态系统韧性的研究框架中来。

最后，在研究形式上，创新韧性研究基本上以实证研究为主，在研究方法和形式上还可进一步多样化。下一步可立足于已有基础，在数字创新生态系统韧性的描述性案例分析（如某一具体区域的应用探索、数字经济冲击下的企业访谈等）、研究现状评述和理论进展、关键影响因素的识别和作用机制分析、未来发展潜力与长期发展趋势、相关政策梳理和效果评价等方面拓展其研究边界，进一步丰富相关研究成果。

参 考 文 献

[1] 安树伟, 黄艳. 突发公共卫生事件对区域经济韧性的影响机制与应对: 来自中国新冠病毒感染疫情的证据 [J]. 中国软科学, 2024 (1): 76 - 85.

[2] 白俊红, 王林东. 创新驱动对中国地区经济差距的影响: 收敛还是发散? [J]. 经济科学, 2016 (2): 18 - 27.

[3] 鲍鹏程, 朱付彪. 数字经济对区域创新影响的实证检验 [J]. 统计与决策, 2023 (16): 101 - 105.

[4] 彼得·德鲁克. 创新与企业家精神 [M]. 蔡文燕, 译. 北京: 机械工业出版社, 2009.

[5] 毕娟. 基于公共物品理论的政府科技管理定位研究 [J]. 科技进步与对策, 2011, 28 (11): 6 - 9.

[6] 蔡昉. 人口红利: 认识中国经济增长的有益框架 [J]. 经济研究, 2022, 57 (10): 4 - 9.

[7] 曹贤忠, 曾刚. 基于熵权 TOPSIS 法的经济技术开发区产业转型升级模式选择研究——以芜湖市为例 [J]. 经济地理, 2014, 34 (4): 13 - 18.

[8] 钞小静, 薛志欣. 新型信息基础设施对中国经济韧性的影响——来自中国城市的经验证据 [J]. 经济学动态, 2023 (8): 44 - 62.

[9] 陈安平. 集聚与中国城市经济韧性 [J]. 世界经济, 2022, 45 (1): 158 - 181.

[10] 陈彬. 钱锋院士: 我们需要反思什么是 "基础研究" [N]. 中国科学报, 2023 - 03 - 17.

［11］陈怀超，张晶，马靖．产学研创新资源错配对省域创新效率的影响——基于要素扭曲测度模型与超效率 SBM - DEA 模型 ［J］．科技进步与对策，2021，38（10）：46 - 55.

［12］陈建青，扬甦华．创新、经济增长与制度变迁的互依性 ［J］．南开经济研究，2004（4）：28 - 30，51.

［13］陈劲．创新管理及未来展望 ［J］．技术经济，2013，32（6）：1 - 9，84.

［14］陈劲，王飞绒．创新政策：多国比较和发展框架 ［M］．杭州：浙江大学出版社，2005.

［15］陈劲，王焕祥．演化经济学 ［M］．北京：清华大学出版社，2008.

［16］陈劲．新形势下我国需要何种科技创新战略 ［J］．人民论坛，2019，653（35）：87 - 89.

［17］陈劲，赵晓婷，梁靓．基于科学的创新 ［J］．科学学与科学技术管理，2013，34（6）：3 - 7.

［18］陈景华，陈姚，陈敏敏．中国经济高质量发展水平、区域差异及分布动态演进 ［J］．数量经济技术经济研究，2020，37（12）：108 - 126.

［19］陈俊杰．高速铁路对经济韧性的影响机制研究 ［D］．昆明：云南财经大学，2022.

［20］陈雷，王延章．基于熵权系数与 TOPSIS 集成评价决策方法的研究 ［J］．控制与决策，2003（4）：456 - 459.

［21］陈蕾．新时期中国科技中介服务机构在创新体系中的角色定位 ［J］．市场周刊，2020，33（12）：4 - 6.

［22］陈梦远．国际区域经济韧性研究进展——基于演化论的理论分析框架介绍 ［J］．地理科学进展，2017，36（11）：1435 - 1444.

［23］陈强．发挥区域创新协同“场效应” ［N］．经济日报，2023 - 01 - 11（5）.

［24］陈强．高级计量经济学及 Stata 应用（第二版） ［M］．北京：高等教育出版社，2014.

[25] 陈征. 论现代科学劳动——马克思劳动价值论的新发展 [M]. 福州：福建人民出版社，2017.

[26] 陈征. 现代科学劳动是发展劳动价值论的重要范畴和核心理论内容 [J]. 高校理论战线，2002（11）：23 - 25.

[27] 陈征. 重视现代科学劳动在社会主义经济中的重要作用是深化认识劳动价值论的关键 [J]. 福建论坛（人文社会科学版），2002（1）：22 - 24.

[28] 陈征.《资本论》和中国特色社会主义经济研究 [M]. 太原：山西经济出版社，2005.

[29] 陈征.《资本论》解说（第 1～3 卷）[M]. 福州：福建人民出版社，2017.

[30] 程聪，缪泽锋，严璐璐，等. 数字技术可供性与企业数字创新价值关系研究 [J]. 科学学研究，2022，40（5）：915 - 926.

[31] 程恩富，陈健. 大力发展新质生产力 加速推进中国式现代化 [J]. 当代经济研究，2023（12）：14 - 23.

[32] 程广斌，靳瑶. 创新能力提升是否能够增强城市经济韧性？ [J]. 现代经济探讨，2022（2）：1 - 11，32.

[33] 程翔，杨宜，王泽然，等. 民营经济韧性的评价体系构建与应用 [J]. 北京联合大学学报（人文社会科学版），2020，18（3）：79 - 88.

[34] 程雁，李平. 创新基础设施对中国区域技术创新能力影响的实证分析 [J]. 经济问题探索，2007（9）：51 - 55.

[35] 崔新健，郭子枫，刘轶芳. 基于知识管理的区域创新能力评价研究 [J]. 经济管理，2013，35（10）：38 - 47.

[36] 崔莹. 金融支持基础设施提升气候韧性 [J]. 可持续发展经济导刊，2023（Z1）：62 - 65.

[37] 达雅楠. 国家现代化治理语境下治理话语重构 [J]. 哈尔滨师范大学社会科学学报，2018，9（4）：20 - 23.

[38] 大卫·S. 培纳，鲍金红，王琴.《资本论》第一卷和可持续发展 [J]. 经济思想史评论，2007（2）：83 - 95.

［39］戴均. 韧性治理：探索社区风险治理创新逻辑 ［N］. 中国社会科学报，2020 - 09 - 16 （B02）.

［40］本书编写组. 党的二十大报告辅导读本 ［M］. 北京：人民出版社，2022.

［41］《党的二十大报告学习辅导百问》编写组. 党的二十大报告学习辅导百问 ［M］. 北京：学习出版社，党建读物出版社，2022.

［42］邓小平. 邓小平文选 （第 1 ~ 3 卷） ［M］. 北京：人民出版社，1995.

［43］邓又一，孙慧. 工业产业集聚对经济韧性的影响及其作用机制 ［J］. 软科学，2022，36 （3）：48 - 54，61.

［44］丁建军，王璋，柳艳红，等. 中国连片特困区经济韧性测度及影响因素分析 ［J］. 地理科学进展，2020，39 （6）：924 - 937.

［45］董中保. 关于技术创新概念的辨析 ［J］. 科学管理研究，1993 （4）：15 - 18.

［46］杜志威，金利霞，刘秋华. 产业多样化、创新与经济韧性——基于后危机时期珠三角的实证 ［J］. 热带地理，2019，39 （2）：170 - 179.

［47］凡勃伦. 制度经济学的行为分析 ［M］. 北京：地震出版社，2021.

［48］冯杰，张世秋. 基于 DEA 方法的我国省际绿色全要素生产率评估——不同模型选择的差异性探析 ［J］. 北京大学学报 （自然科学版），2017，53 （1）：151 - 159.

［49］弗·恩格斯. 在马克思墓前的讲话 ［J］. 毛泽东邓小平理论研究，2018，366 （3）：2.

［50］傅家骥，程源. 面对知识经济的挑战，该抓什么？——再论技术创新 ［J］. 中国软科学，1998 （7）：36 - 39.

［51］傅家骥，施培公. 技术积累与企业技术创新 ［J］. 数量经济技术经济研究，1996 （11）：70 - 73.

［52］干春晖，郑若谷，余典范. 中国产业结构变迁对经济增长和波动的影响 ［J］. 经济研究，2011，46 （5）：4 - 16，31.

[53] 高健岭, 翁瑾, 薛领. 文化制度刚性与旅游发展的先发劣势——以云南西双版纳为例 [J]. 经济问题探索, 2012 (3): 181 – 186.

[54] 高月姣, 吴和成. 创新主体及其交互作用对区域创新能力的影响研究 [J]. 科研管理, 2015, 36 (10): 51 – 57.

[55] 关雪凌, 丁振辉. 日本产业结构变迁与经济增长 [J]. 世界经济研究, 2012 (7): 80 – 86, 89.

[56] 关兴效, 王钊. 中国区域经济韧性演进特征与路径选择 [J]. 兰州大学学报 (社会科学版), 2022, 50 (5): 13 – 26.

[57] 官建成, 陈凯华. 我国高技术产业技术创新效率的测度 [J]. 数量经济技术经济研究, 2009, 26 (10): 19 – 33.

[58] 郭将, 王蓓. 创新能力和产业结构调整对区域经济韧性的影响 [J]. 经济论坛, 2020 (8): 86 – 96.

[59] 郭将, 许泽庆. 产业相关多样性对区域经济韧性的影响——地区创新水平的门槛效应 [J]. 科技进步与对策, 2019, 36 (13): 39 – 47.

[60] 郭树清. 打好防范化解重大金融风险攻坚战 [N]. 人民日报, 2018 – 01 – 17 (2).

[61] 郭晓蓓. 新中国产业结构的演进及优化升级 [J]. 开放导报, 2019 (5): 46 – 51.

[62] 国家主席习近平发表二〇二三年新年贺词 [N]. 人民日报, 2023 – 01 – 01 (001).

[63] 国务院发展研究中心课题组. 百年大变局——国际经济格局新变化 (上, 下) [M]. 北京: 中国发展出版社, 2018.

[64] 韩保江. 论疫情冲击下的中国经济韧性 [J]. 理论探索, 2020 (5): 116 – 121.

[65] 韩少杰. 核心企业主导的开放式创新生态系统构建机理研究 [D]. 大连: 大连理工大学, 2020.

[66] 何剑, 张梦婷. 资本约束下的经济韧性重塑: 基于全球价值链嵌入视角 [J]. 世界经济研究, 2017 (8): 109 – 121, 137.

[67] 贺德方, 唐玉立, 周华东. 科技创新政策体系构建及实践

［J］．科学学研究，2019，37（1）：3 - 10，44．

［68］贺艳．全方位强化企业科技创新主体地位［N］．光明日报，2023 - 04 - 19（006）．

［69］洪银兴．科技创新阶段及其创新价值链分析［J］．经济学家，2017（4）：5 - 12．

［70］侯光文，刘青青．数字化情境下如何激活企业创新韧性——稳定性与灵活性二元视角［J/OL］．科技进步与对策，1 - 9［2024 - 08 - 27］．http：//kns．cnki．net/kcms/detail/42．1224．G3．20231227．0945．008．html．

［71］胡甲滨，俞立平．创新韧性对高技术产业创新的影响机制与特征研究［J］．科技进步与对策，2022，39（2）：49 - 59．

［72］胡甲滨，俞立平，张宏如．数字创新韧性与高技术产业创新：机制及效应［J］．山西财经大学学报，2023，45（4）：95 - 111．

［73］胡锦涛．胡锦涛文选（第1～3卷）［M］．北京：人民出版社，2016．

［74］胡若痴，武靖州．论我国经济的韧性与潜力——基于中国特色社会主义制度的分析［J］．河北经贸大学学报，2020，41（6）：21 - 27．

［75］胡文辉．2021年中国专利调查报告［R］．北京：国家知识产权局战略规划司，国家知识产权局知识产权发展研究中心，2022．

［76］胡晓辉．区域经济弹性研究述评及未来展望［J］．外国经济与管理，2012，34（8）：64 - 72．

［77］黄栋．国家治理现代化中的政策协同创新［J］．求索，2021（5）：160 - 169．

［78］黄金新，张大鹏．创新的根本在人才——大兴识才爱才敬才用才之风系列谈⑧［N］．解放军报，2021 - 09 - 15（2）．

［79］黄瑾．坚持以人民为中心的发展思想是我国经济发展的根本立场［J］．红旗文稿，2022（15）：34 - 37．

［80］黄瑾，唐柳．推动新质生产力加快发展［N］．光明日报，2024 - 02 - 20（11）．

［81］黄鲁成．关于区域创新系统研究内容的探讨［J］．科研管理，

2000 (2): 43 – 48.

[82] 黄茂兴. 论技术选择与经济增长 [D]. 福州: 福建师范大学, 2007.

[83] 黄泰岩. 体现数字经济时代要求 推进中国式现代化 [N]. 光明日报, 2023 – 08 – 22 (11).

[84] 计利群. 城市经济波动与经济韧性 [D]. 大连: 东北财经大学, 2021.

[85] 贾根良, 等. 创新与演化经济学研究 [M]. 上海: 上海人民出版社, 2015: 20.

[86] 贾小峰, 胡宝民, 李子彪. 新时期地方科技管理部门职能定位研究 [J]. 科技管理研究, 2006 (6): 3 – 6.

[87] 江泽民. 江泽民文选 (第1~3卷) [M]. 北京: 人民出版社, 2006.

[88] 江泽民. 论科学技术 [M]. 北京: 中央文献出版社, 2021.

[89] 蒋峦, 凌宇鹏, 张吉昌, 等. 数字化转型如何影响企业韧性?——基于双元创新视角 [J]. 技术经济, 2022, 41 (1): 1 – 11.

[90] 杰克·J. 弗罗门. 经济演化——探究新制度经济学的理论基础 [M]. 北京: 经济科学出版社, 2003.

[91] 金观平. 强化企业科技创新主体地位 [N]. 经济日报, 2023 – 04 – 27 (01).

[92] 金牛, 黄祺雨, 原新. 质量型人口红利的数量和质量二重效应 [J]. 西北人口, 2023, 44 (2): 28 – 39.

[93] 康芒斯. 制度经济学 [M]. 上海: 商务印书馆, 2021.

[94] 康鑫, 张鑫静. 知识耦合对高新技术企业接力创新的影响 [J]. 华东经济管理, 2021, 299 (11): 45 – 53.

[95] 科林·克拉克. 经济进步的条件 [M]. 北京: 中国人民大学出版社, 2020.

[96] 孔芳霞, 刘新智. 数字经济发展对工业绿色转型的影响研究——基于中国城市的经验证据 [J]. 软科学, 2023, 37 (4): 27 – 35.

［97］赖一飞，谢潘佳，叶丽婷，等．我国区域科技创新效率测评及影响因素研究——基于超效率 SBM – Malmquist – Tobit 模型［J］．科技进步与对策，2021，38（13）：37 – 45.

［98］李建平，黄瑾．《资本论》辩证法的真情告白——建党百年重温《资本论》第一卷第二版跋［J］．经济学动态，2021（5）：17 – 30.

［99］李建平，李闽榕，赵新力．G20 国家创新竞争力黄皮书：二十国集团（G20）国家创新竞争力发展报告（2019 ~ 2020）［M］．北京：社会科学文献出版社，2021.

［100］李建平，叶静．中国式现代化的特征、路径和优势［J］．当代经济研究，2022（1）：10 – 14.

［101］李建平．正确认识和把握资本运动规律［N］．中国社会科学报，2022 – 02 – 23（011）.

［102］李建平．中国特色社会主义政治经济学的逻辑主线和体系结构［M］．济南：济南出版社，2019.

［103］李建平．《资本论》第一卷辩证法探索［M］．福州：福建人民出版社，2017.

［104］李克强．调整经济结构对促进持续发展具有关键性作用［N］．人民日报，2010 – 06 – 01（004）.

［105］李连刚，张平宇，谭俊涛，等．韧性概念演变与区域经济韧性研究进展［J］．人文地理，2019，34（2）：1 – 7，151.

［106］李强．新冠肺炎疫情下的经济发展与应对——基于韧性经济理论的分析［J］．财经科学，2020（04）：70 – 79.

［107］李荣．进一步提升重大基础设施的韧性已成为现实需求［N］．经济参考报，2022 – 11 – 22.

［108］李盛竹，马建龙．国家科技创新能力影响因素的系统动力学仿真——基于 2006—2014 年度中国相关数据的实证［J］．科技管理研究，2016，36（13）：8 – 15.

［109］李守伟，王虎，刘晓星．系统性风险：金融系统与实体经济间反馈效应［J］．管理科学学报，2022，25（11）：25 – 42.

[110] 李万, 常静, 王敏杰, 等. 创新 3.0 与创新生态系统 [J]. 科学学研究, 2014, 32 (12): 1761 – 1770.

[111] 李晓娣, 张小燕. 区域创新生态系统对区域创新绩效的影响机制研究 [J]. 预测, 2018, 37 (5): 22 – 28, 55.

[112] 李晓红, 黄亚飞. 我国科技中介服务机构存在问题与发展对策 [J]. 现代企业, 2018, 395 (8): 110 – 111.

[113] 李占风, 张建. 资源环境约束下中国工业环境技术效率的地区差异及动态演变 [J]. 统计研究, 2018 (12): 45 – 55.

[114] 理查德·R., 纳尔逊, 悉尼·G. 温特. 经济变迁的演化理论 [M]. 北京: 商务印书馆, 1997.

[115] 梁婧姝, 刘涛雄. 企业创新韧性及风险投资的影响: 理论与实证 [J]. 科学学研究, 2024, 42 (1): 205 – 215.

[116] 梁林, 段世玉, 李妍. 中国南北差距现象能得到改善吗——基于三大重点城市群创新网络韧性监测和比较 [J]. 中国科技论坛, 2022, 315 (7): 106 – 117.

[117] 梁林, 赵玉帛, 刘兵. 国家级新区创新生态系统韧性监测与预警研究 [J]. 中国软科学, 2020 (7): 92 – 111.

[118] 林仁红. 技术市场创新生态系统协同机理研究 [D]. 北京: 首都经济贸易大学, 2016.

[119] 林寿富, 王谦, 管河山. 我国工业企业绿色技术创新效率的动态评价——基于改进的三阶段 SBM – DEA 模型 [J]. 统计与决策, 2023 (16): 163 – 168.

[120] 林婷婷. 产业技术创新生态系统研究 [D]. 哈尔滨: 哈尔滨工程大学, 2012.

[121] 林自新, 徐肇翔, 汪应洛, 等. 技术创新: 概念、机制与政策讨论——"技术创新机制与政策"研讨会发言摘要 [J]. 中国科技论坛, 1988 (6): 5 – 10.

[122] 刘大海, 王春娟, 王玺媛. 自然资源科技创新评价体系与指数构建 [J]. 中国土地, 2019, 403 (8): 24 – 26.

［123］刘冠军，邢润川．科学价值的"库存"模型和孵化机制研究［J］．中国软科学，2004（2）：109－114．

［124］刘冠军，邢润川．运用马克思劳动价值论解读科学价值［J］．哲学研究，2005（4）：22－26．

［125］刘鹤．必须实现高质量发展［N］．人民日报，2021－11－24（006）．

［126］刘虎沉．以科技创新引领现代化产业体系建设［N］．科技日报，2024－01－22（08）．

［127］刘华军，彭莹，裴延峰，等．全要素生产率是否已经成为中国地区经济差距的决定力量？［J］．财经研究，2018，44（6）：50－63．

［128］刘慧心，崔莹．面对气候灾难，韧性基础设施建设亟需增强［J］．可持续发展经济导刊，2022（Z1）：76－79．

［129］刘军．QAP：测量"关系"之间关系的一种方法［J］．社会，2007（4）：164－174，209．

［130］刘凯．创新驱动发展的理论逻辑与国际经验［J］．领导科学，2020（24）：109－112．

［131］刘明．更好发挥企业创新主体作用［N］．人民日报，2022－03－14（19）．

［132］刘晓星，张旭，李守伟．中国宏观经济韧性测度——基于系统性风险的视角［J］．中国社会科学，2021（1）：12－32．

［133］刘逸，纪捷韩，张一帆，等．粤港澳大湾区经济韧性的特征与空间差异研究［J］．地理研究，2020，39（9）：2029－2043．

［134］刘垠．《中国区域科技创新评价报告2023》出炉［N］．科技日报，2023－12－15（02）．

［135］刘友金，冀有幸．发展新质生产力须当拼在数字经济新赛道［J］．湖南科技大学学报（社会科学版），2024，27（1）：89－99．

［136］柳卸林，高雨辰．丁雪辰寻找创新驱动发展的新理论思维——基于新熊彼特增长理论的思考［J］．管理世界，2017（12）：8－19．

［137］柳卸林，葛爽．探究20年来中国经济增长创新驱动的内在机

制——基于新熊彼特增长理论的视角 [J]. 科学学与科学技术管理, 2018, 39 (11): 3 – 18.

[138] 柳卸林, 何郁冰. 基础研究是中国产业核心技术创新的源泉 [J]. 中国软科学, 2011, 244 (4): 104 – 117.

[139] 卢正文, 许康. 数字化转型对企业创新韧性的双重效应研究 [J]. 管理学报, 2024, 21 (7): 1046 – 1055.

[140] 陆大道. 论区域的最佳结构与最佳发展——提出"点—轴系统"和"T"型结构以来的回顾与再分析 [J]. 地理学报, 2001 (2): 127 – 135.

[141] 路甬祥. 对国家创新体系的再思考 [J]. 求是, 2002 (20): 6 – 8.

[142] 吕承超, 王志阁. 要素资源错配对企业创新的作用机制及实证检验——基于制造业上市公司的经验分析 [J]. 系统工程理论与实践, 2019, 39 (5): 1137 – 1153.

[143] 吕鲲. 基于生态学视角的产业创新生态系统形成、运行与演化研究 [D]. 长春: 吉林大学, 2019.

[144] 吕文晶, 陈劲, 刘进. 政策工具视角的中国人工智能产业政策量化分析 [J]. 科学学研究, 2019, 37 (10): 1765 – 1774

[145] 罗伯特·M., 索洛, 等. 经济增长因素分析 [M]. 北京: 商务印书馆, 1991.

[146] 中共中央马克思恩格斯列宁斯大林著作编译局. 马克思恩格斯全集: 第3卷 [M]. 北京: 人民出版社, 1960.

[147] 中共中央马克思恩格斯列宁斯大林著作编译局. 马克思恩格斯全集: 第4卷 [M]. 北京: 人民出版社, 1958.

[148] 中共中央马克思恩格斯列宁斯大林著作编译局. 马克思恩格斯全集: 第21卷 [M]. 北京: 人民出版社, 1965.

[149] 中共中央马克思恩格斯列宁斯大林著作编译局. 马克思恩格斯全集: 第1卷 [M]. 北京: 人民出版社, 1956

[150] 中共中央马克思恩格斯列宁斯大林著作编译局. 马克思恩格

斯全集：第 26 卷第 3 册 ［M］．北京：人民出版社，1974.

［151］中共中央马克思恩格斯列宁斯大林著作编译局．马克思恩格斯全集：第 26 卷第 2 册 ［M］．北京：人民出版社，1973.

［152］中共中央马克思恩格斯列宁斯大林著作编译局．马克思恩格斯全集：第 26 卷第 1 册 ［M］．北京：人民出版社，1972.

［153］中共中央马克思恩格斯列宁斯大林著作编译局．马克思恩格斯全集：第 46 卷（上）［M］．北京：人民出版社，1979.

［154］中共中央马克思恩格斯列宁斯大林著作编译局．马克思恩格斯全集：第 46 卷（下）［M］．北京：人民出版社，1980.

［155］马克思．机器、自然力和科学的应用 ［M］．北京：人民出版社，1978.

［156］马克思．1844 年经济学哲学手稿 ［M］．北京：人民出版社，2018.

［157］《马克思主义政治经济学概论》编写组．马克思主义政治经济学概论 ［M］北京：人民出版社，高等教育出版社，2021.

［158］马克思．资本论（第 1 ～ 3 卷）［M］．北京：人民出版社，2018.

［159］马松尧．科技中介在国家创新系统中的功能及其体系构建 ［J］．中国软科学，2004（1）：109 – 113，120.

［160］迈克尔·波特．国家竞争优势 ［M］．北京：中信出版社，2012：65 – 74.

［161］毛泽东．毛泽东选集（第 1 ～ 4 卷）［M］．北京：人民出版社，1991.

［162］苗文龙，何德旭，周潮．企业创新行为差异与政府技术创新支出效应 ［J］．经济研究，2019（1）：85 – 99.

［163］穆荣平，杨利锋，蔺洁．创新系统功能分析模型构建及应用 ［J］．科研管理，2014，35（3）：1 – 7.

［164］倪鹏飞，白晶，杨旭．城市创新系统的关键因素及其影响机制——基于全球 436 个城市数据的结构化方程模型 ［J］．中国工业经济，

2011（2）：16－25.

[165] 诺思. 经济史中的结构与变迁 [M]. 上海：上海人民出版社，1994.

[166] 诺思. 制度、制度变迁与经济绩效 [M]. 上海：格致出版社，2014.

[167] 庞锐. 制度弹性：技术治理刚性风险的生成逻辑与化解路径——基于城市网格化管理的比较案例分析 [J]. 中国行政管理，2022（05）：73－80.

[168] 彭翀，袁敏航，顾朝林，等. 区域弹性的理论与实践研究进展 [J]. 城市规划学刊，2015（1）：84－92.

[169] 齐昕，张景帅，徐维祥. 浙江省县域经济韧性发展评价研究 [J]. 浙江社会科学，2019（5）：40－46.

[170] 钱丽，王文平，肖仁桥. 高质量发展视域下中国企业绿色创新效率及其技术差距 [J]. 管理工程学报，2021，35（6）：97－114.

[171] 邱霈恩. 提高风险防控能力 健全风险防控机制（上）[N]. 中国纪检监察报，2019－02－19.

[172] 任胜钢，李燚，彭建华. 区域创新系统组织结构与运行机制的评价与比较研究 [J]. 科学学与科学技术管理，2007（6）：81－85.

[173] 任希丽. 技术差距、市场竞争与制造业技术创新 [J]. 统计与决策，2021，37（21）：127－131.

[174] 任远. 后疫情时代的社会韧性建设 [J]. 南京社会科学，2021（1）：49－56.

[175] 邵亦文，徐江. 城市韧性：基于国际文献综述的概念解析 [J]. 国际城市规划，2015，30（2）：48－54.

[176] 深化合作，构建全球发展命运共同体 [N]. 人民日报，2021－09－25（3）.

[177] 沈清基. 城市生态修复的理论探讨：基于理念体系、机理认知、科学问题的视角 [J]. 城市规划学刊，2017，236（4）：30－38.

[178] 盛朝迅. 破除科技成果转化关隘 [N]. 人民日报，2019－02－

12 (05).

[179] 本书编写组. 党的十九大报告辅导读本 [M]. 北京: 人民出版社, 2017.

[180] 石峰. 基于自组织理论的区域创新系统的演化研究 [D]. 武汉: 武汉大学, 2012.

[181] 史清琪, 尚勇. 中国产业技术创新能力研究 [M]. 北京: 中国轻工出版社, 2000.

[182] 宋高旭. 创新生态系统视角下我国产学研深度融合研究 [D]. 北京: 中共中央党校, 2020.

[183] 苏杭. 经济韧性问题研究进展 [J]. 经济学动态, 2015 (8): 144 - 151.

[184] 苏屹, 李柏洲. 区域创新能力的波动性研究 [J]. 中国科技论坛, 2009 (8): 33 - 37.

[185] 孙福全. 加快实现从科技管理向创新治理转变 [J]. 科学发展, 2014 (10): 64 - 67.

[186] 孙宏芃. 制度创新环境与中国绿色技术创新效率 [J]. 科技管理研究, 2016, 36 (21): 251 - 257.

[187] 孙久文, 陈超君, 孙铮. 黄河流域城市经济韧性研究和影响因素分析——基于不同城市类型的视角 [J]. 经济地理, 2022, 42 (5): 1 - 10.

[188] 孙久文, 孙翔宇. 区域经济韧性研究进展和在中国应用的探索 [J]. 经济地理, 2017, 37 (10): 1 - 9.

[189] 孙耀华, 窦志铭. 创新驱动发展理论研究述评与展望 [J]. 特区经济, 2020 (7): 102 - 105.

[190] 单宇, 许晖, 周连喜, 等. 数智赋能: 危机情境下组织韧性如何形成? ——基于林清轩转危为机的探索性案例研究 [J]. 管理世界, 2021, 37 (3): 84 - 104.

[191] 谭俊涛, 张平宇, 李静. 中国区域创新绩效时空演变特征及其影响因素研究 [J]. 地理科学, 2016, 36 (1): 39 - 46.

[192] 谭俊涛, 赵宏波, 刘文新, 等. 中国区域经济韧性特征与影响因素分析 [J]. 地理科学, 2020, 40 (2): 173 - 181.

[193] 田湘波, 谭丰华. 提高我国转型时期经济增长的制度适应性效率研究 [J]. 马克思主义与现实, 2008 (5): 200 - 202.

[194] 王才. 制造业数字化转型、组织韧性与企业竞争优势重构 [J]. 经济管理, 2023, 45 (7): 76 - 93.

[195] 王春法. 国家创新体系理论的八个基本假定 [J]. 科学学研究, 2003 (5): 533 - 538.

[196] 王广华. 以自然资源科技创新赋能高质量发展 [N]. 光明日报, 2022 - 10 - 12 (04).

[197] 王海燕, 郑秀梅. 创新驱动发展的理论基础、内涵与评价 [J]. 中国软科学, 2017 (1): 41 - 49.

[198] 王明弦. 产业相关多样化、区域创新与区域经济韧性 [D]. 上海: 上海师范大学, 2021.

[199] 王鹏飞, 李红波. 基于产业结构关联视角的区域经济韧性作用机理研究——以江苏省为例 [J]. 地理科学进展, 2022, 41 (2): 224 - 238.

[200] 王谦, 林寿富, 管河山. 中国有效技术创新水平: 评价测度与区域差距的成因识别 [J]. 经济问题探索, 2023 (7): 103 - 120.

[201] 王少勇. 科技创新赋能自然资源事业高质量发展 [N]. 中国自然资源报, 2023 - 01 - 06.

[202] 王思斌. 社会韧性与经济韧性的关系及建构 [J]. 探索与争鸣, 2016, 317 (3): 4 - 8 + 2.

[203] 王素素, 卢现祥, 李磊. 中国经济韧性的南北差异及形成机理 [J]. 南方经济, 2022 (6): 77 - 98.

[204] 王玮. 人口负增长, 经济转型都是后人口红利周期的必然 [J]. 财富时代, 2023 (2): 27 - 29.

[205] 王文森. 变异系数——一个衡量离散程度简单而有用的统计指标 [J]. 中国统计, 2007 (6): 41 - 42.

[206] 王新成, 李垣, 马凤连, 等. 环境动态性与创新战略选择——

企业创业导向和技术能力的调节作用 [J]. 研究与发展管理, 2021, 33 (4): 111 - 120.

[207] 王艺霖, 周勇. 关于技术创新的文献综述 [J]. 机电产品开发与创新, 2007 (6): 18 - 19.

[208] 王永贵, 高佳. 新冠疫情冲击、经济韧性与中国高质量发展 [J]. 经济管理, 2020, 42 (5): 5 - 17.

[209] 魏建漳, 任颋. 创新多样化、经济结构与创新韧性 [J]. 科技管理研究, 2022, 42 (11): 39 - 48.

[210] 魏江, 许庆瑞. 企业技术能力的概念、结构和评价 [J]. 科学学与科学技术管理, 1995 (9): 29 - 33.

[211] 魏丽莉, 张晶. 中国共产党领导下所有制变革推进经济韧性提升 [J]. 上海经济研究, 2021, 392 (5): 5 - 18.

[212] 吴汉东. 知识产权损害赔偿的市场价值基础与司法裁判规则 [J]. 中外法学, 2016, 28 (6): 1480 - 1494.

[213] 吴烨. 数字金融、绿色创新对城市经济韧性的影响 [J]. 中国流通经济, 2023, 37 (3): 97 - 107.

[214] 吴赢, 张翼. 数字经济与区域创新——基于融资和知识产权保护的角度 [J]. 南方经济, 2021 (9): 36 - 51.

[215] 西方经济学编写组. 西方经济学 (第二版) [M]. 北京: 高等教育出版社, 2019.

[216] 习近平. 高举中国特色社会主义伟大旗帜 为全面建设社会主义现代化国家而团结奋斗——在中国共产党第二十次全国代表大会上的报告 [M]. 北京: 人民出版社, 2022.

[217] 习近平. 共同开创金砖合作第二个 "金色十年" ——在金砖国家工商论坛开幕式上的讲话 [N]. 人民日报, 2017 - 09 - 04 (02).

[218] 习近平. 关于科技创新论述摘编 [M]. 北京: 中央文献出版社, 2016.

[219] 习近平. 加快构建新发展格局把握未来发展主动权 [J]. 奋斗, 2023 (8): 6 - 11.

［220］习近平. 加快建设科技强国 实现高水平科技自立自强［J］. 求是，2022（9）：1－7.

［221］习近平. 决胜全面建成小康社会 夺取新时代中国特色社会主义伟大胜利——在中国共产党第十九次全国代表大会上的报告［M］. 北京：人民出版社，2017.

［222］习近平. 论把握新发展阶段、贯彻新发展理念、构建新发展格局［M］. 北京：中央文献出版社，2021.

［223］习近平. 论坚持全面深化改革［M］. 北京：中央文献出版社，2018.

［224］习近平. 谋求持久发展 共筑亚太梦想［N］. 人民日报，2014－11－10（002）.

［225］习近平. 切实加强基础研究夯实科技自立自强根基［N］. 人民日报，2023－02－23（001）.

［226］习近平. 全面贯彻党的十八届五中全会精神 落实发展理念推进经济结构性改革［N］. 人民日报，2015－11－11（01）.

［227］习近平. 习近平出席二十国集团领导人第十七次峰会并发表重要讲话［N］. 人民日报，2022－11－16（01）.

［228］习近平. 习近平谈治国理政（第1~4卷）［M］. 北京：外文出版社，2017－2022.

［229］习近平. 新发展阶段贯彻新发展理念必然要求构建新发展格局［J］. 求是，2022（17）.

［230］习近平. 在经济社会领域专家座谈会上的讲话［N］. 人民日报，2020－08－25（02）.

［231］习近平. 之江新语［M］. 杭州：浙江人民出版社，2007.

［232］谢璨阳，郭凯迪，王灿. 全球气候投融资进展及对中国实现碳中和目标的启示［J］. 环境保护，2022，50（15）：25－31.

［233］新华社. 中央经济工作会议在北京举行习近平发表重要讲话［J］. 中国经济周刊，2023（23）：40－43.

［234］熊彼特. 经济发展理论［M］. 北京：商务印书馆，1990.

［235］熊彼特. 资本主义、社会主义和民主［M］. 北京：商务印书馆，1979.

［236］徐佳，崔静波. 低碳城市和企业绿色技术创新［J］. 中国工业经济，2020（12）：178 – 196.

［237］徐维祥，周建平，周梦瑶，等. 长三角协同创新网络韧性演化及驱动机制研究［J］. 科技进步与对策，2022，39（3）：40 – 49.

［238］徐向梅，张永军. 多举措应对全球大宗商品市场波动［N］. 经济日报，2022 – 12 – 02（11）.

［239］徐圆，邓胡艳. 多样化、创新能力与城市经济韧性［J］. 经济学动态，2020（8）：88 – 104.

［240］徐圆，张林玲. 中国城市的经济韧性及由来：产业结构多样化视角［J］. 财贸经济，2019，40（7）：110 – 126.

［241］许庆瑞，郭斌，王毅. 中国企业技术创新——基于核心能力的组合创新［J］. 管理工程学报，2000（S1）：1 – 9.

［242］颜鹏飞，汤正仁. 新熊彼特理论述评［J］. 当代财经，2009（7）：116 – 122.

［243］燕娜，郭建伟，张云倩，等. "双创"背景下科技中介服务机构的政策环境［J］. 中国科技信息，2019，597（1）：107 – 109.

［244］杨德祥. 国家科技管理信息系统及其创新服务体系构建研究［J］. 科学管理研究，2016，34（3）：5 – 8.

［245］杨宏力. 解读演化经济学的兴起——兼论演化经济学的现状与未来发展［J］. 经济学家，2008（1）：25 – 31.

［246］杨虎涛. 演化经济学讲义——方法论与思想史［M］. 北京：科学出版社，2011.

［247］杨继明，冯俊文. 从创新治理视角看我国科技宏观管理体制改革走向［J］. 科技进步与对策，2013，30（3）：99 – 103.

［248］杨剑钊. 高技术产业创新生态系统运行机制及效率研究［D］. 哈尔滨：哈尔滨工程大学，2020.

［249］杨明海，张红霞，孙亚男，等. 中国八大综合经济区科技创

新能力的区域差距及其影响因素研究 [J]. 数量经济技术经济研究, 2018, 35 (4): 3–19.

[250] 杨骞, 刘鑫鹏, 孙淑惠. 中国科技创新效率的区域差异及其成因识别——基于重大国家区域发展战略 [J]. 科学学研究, 2022, 40 (5): 927–949.

[251] 杨伟, 劳晓云, 周青, 等. 区域数字创新生态系统韧性的治理利基组态 [J]. 科学学研究, 2022, 40 (3): 534–544.

[252] 杨玉中, 张强, 吴立云. 基于熵权的 TOPSIS 供应商选择方法 [J]. 北京理工大学学报, 2006 (1): 31–35.

[253] 姚威, 张婉滢. 新公共服务视角下科技管理部门职能转变研究——以浙江省为例 [J]. 科技管理研究, 2018, 38 (17): 29–35.

[254] 余建斌. 发挥基础设施的创新"孵化"作用 [N]. 人民日报, 2023–02–27 (19).

[255] 袁永, 李妃养, 张宏丽. 基于创新过程的科技创新政策体系研究 [J]. 科技进步与对策, 2017, 34 (12): 92–98.

[256] 原新, 金牛. 新型人口红利是经济高质量发展的动力源 [J]. 河北学刊, 2021 (6): 109–116.

[257] 约翰·伊特韦尔, 等. 新帕尔格雷夫经济学大辞典 (第2卷) [M]. 北京: 经济科学出版社, 1996.

[258] 约瑟夫·熊彼特. 经济发展理论 [M]. 北京: 商务印书馆, 2000.

[259] 约瑟夫·熊彼特. 熊彼特经济学全集 [M]. 北京: 台海出版社, 2018.

[260] 岳超源. 决策理论与方法 [M]. 北京: 科学出版社 2003.

[261] 曾冰, 张艳. 区域经济韧性概念内涵及其研究进展评述 [J]. 经济问题探索, 2018 (1): 176–182.

[262] 曾金华. 统筹兼顾安排赤字率 [N]. 经济日报, 2023–03–20 (5).

[263] 曾小彬, 包叶群. 试论区域创新主体及其能力体系 [J]. 国

际经贸探索，2008（6）：12－16.

[264] 詹·法格博格，戴维·莫利，理查德·纳尔逊. 牛津创新手册 [M]. 北京：知识产权出版社，2009：589－614.

[265] 张宝英. 科技创新思想在我国文化产业发展中的应用研究 [D]. 福州：福建师范大学，2016.

[266] 张建锋. 企业要在科技创新中发挥好出题者作用 [N]. 科技日报，2022－03－04（02）.

[267] 张杰，郑文平. 创新追赶战略抑制了中国专利质量么？[J]. 经济研究，2018，53（5）：28－41.

[268] 张金昌. 波特的国家竞争优势理论剖析 [J]. 中国工业经济，2001（9）：53－58.

[269] 张晶. 产品空间演进对区域经济韧性的影响研究 [D]. 兰州：兰州大学，2021.

[270] 张俊芳，雷家骕. 国家创新体系研究：理论与政策并行 [J]. 科研管理，2009，30（4）：10－17.

[271] 张珺，江元祥. 增加值贸易视角下我国高技术产业国际竞争力分析 [J]. 科技管理研究，2019，39（18）：116－122.

[272] 张辽，黄蕾琼. 中国工业企业绿色技术创新效率的测度及其时空分异特征——基于改进的三阶段 SBM－DEA 模型分析 [J]. 统计与信息论坛，2020，35（12）：50－61.

[273] 张平，刘霞辉. 中国经济增长报告：高质量发展与增强经济韧性（2018～2019）[M]. 北京：社会科学文献出版社，2019.

[274] 张卿，邓石军. 数字化转型对企业韧性的影响——来自 COVID－19 的证据 [J]. 经济与管理，2023，37（1）：38－48.

[275] 张仁开. 上海创新生态系统演化研究 [D]. 上海：华东师范大学，2016.

[276] 张贤明，张力伟. 顶层设计与地方创新：国家纵向行政体系制度韧性的构建 [J]. 河南师范大学学报（哲学社会科学版），2023，50（1）：25－31.

[277] 张永安，耿喆，李晨光，等．区域科技创新政策对企业创新绩效的影响效率研究 [J]．科学学与科学技术管理，2016，37（8）：82-92.

[278] 张振．东北地区区域经济韧性研究 [D]．长春：吉林大学，2020.

[279] 张自然，张平，袁富华．中国经济增长报告 高质量发展与增强经济韧性（2018-2019）[M]．北京：社会科学文献出版社，2019.

[280] 赵春燕，王世平．经济集聚对城市经济韧性的影响 [J]．中南财经政法大学学报，2021（1）：102-114.

[281] 赵彦飞，李雨晨，陈凯华．国家创新环境评价指标体系研究：创新系统视角 [J]．科研管理，2020，41（11）：66-74.

[282] 赵莹．中国经济发展韧性研究 [D]．北京：中共中央党校，2020.

[283] 赵玉帛，张贵，王宏．数字经济产业创新生态系统韧性理念、特征与演化机理 [J]．软科学，2022，36（11）：86-95.

[284] 甄伟丽，朱欣民．中国家电行业中的引进—吸收—再创新路径研究 [J]．科技管理研究，2009，29（9）：255-257.

[285] 郑威，陆远权．财政科技政策如何影响企业创新驱动发展效率？[J]．科研管理，2022，43（3）：9-16.

[286] 郑小平．国家创新体系研究综述 [J]．科学管理研究，2006（4）：1-5.

[287] 中共中央编译局．马克思恩格斯选集：第1卷 [M]．北京：人民出版社，2012.

[288] 中共中央党史和文献研究院．习近平关于统筹疫情防控和经济社会发展重要论述选编 [G]．北京：中央文献出版社，2020.

[289] 中共中央关于全面深化改革若干重大问题的决定辅导读本 [M]．北京：人民出版社，2013.

[290] 中共中央 国务院印发《党和国家机构改革方案》[N]．人民日报，2023-03-17（001）.

[291] 中共中央文献研究室．习近平关于科技创新论述摘编 [G].

北京：中央文献出版社，2016.

[292] 中共中央文献研究室. 习近平关于全面深化改革论述摘编 [G]. 北京：中央文献出版社，2014.

[293] 中共中央文献研究室. 习近平关于社会主义经济建设论述摘编 [G]. 北京：中央文献出版社，2017.

[294] 中共中央宣传部. 习近平总书记系列重要讲话读本（2016年版）[M]. 北京：学习出版社，人民出版社，2016.

[295] 中国共产党第十八次全国代表大会文件汇编 [G]. 北京：人民出版社，2012.

[296] 中国科学技术发展战略研究院. 中国区域科技创新评价报告 2023 [M]. 北京：科学技术文献出版社，2022.

[297] 中国社会科学院工业经济研究所课题组，张其仔. "十四五"时期我国区域创新体系建设的重点任务和政策思路 [J]. 经济管理，2020，42（8）：5 – 16.

[298] 中国社会科学院语言研究所词典编辑室. 现代汉语词典 [M]. 北京：商务印书馆，2016.

[299] 钟开斌. 防范化解重大风险的五大能力要求 [N]. 学习时报，2020 – 03 – 10（01）.

[300] 周侃，刘宝印，樊杰. 汶川 M_S 8.0 地震极重灾区的经济韧性测度及恢复效率 [J]. 地理学报，2019，74（10）：2078 – 2091.

[301] 周利梅. 中国技术贸易竞争力研究 [D]. 福州：福建师范大学，2016.

[302] 周序红，肖丕楚. 企业技术创新激励的相机决策 [J]. 科技进步与对策，2003，20（13）：29 – 31.

[303] 周亚虹，贺小丹，沈瑶. 中国工业企业自主创新的影响因素和产出绩效研究 [J]. 经济研究，2012，47（5）：107 – 119.

[304] 周云祥，杨美成. 市场呼唤有效技术创新的研究 [J]. 科技管理研究，2009，29（3）：33 – 34.

[305] 朱琳，董藩. 创新要素与经济韧性的空间效应研究 [J]. 科

技进步与对策, 2024, 41 (2): 57 - 67.

[306] 朱雪忠, 胡成. 专利是测度企业技术创新绩效的有效工具吗?
[J]. 科学学研究, 2021, 39 (8): 1498 - 1503.

[307] ADGER W N. Vulnerability [J]. Global Environmental Change,
2006 (3): 268 - 281.

[308] ADNER R, KAPOOR R. Innovation Ecosystems and the Pace of
Substitution: Reexmining Technology s-Curves [J]. Strategic Management
Journal, 2016, 37 (4): 625 - 648.

[309] BASU P, GETACHEW Y. Redistributive Innovation Policy, Inequali-
ty, and Efficiency [J]. Journal of Public Economic Theory, 2019 (7): 1 - 23.

[310] BOARD N S. Science Indicators 1976: National Science Board
[J]. National Science Foundation, 1977.

[311] BOSCHMA R. Towards an Evolutionary Perspective on Regional
Resilience [J]. Papers in Evolutionary Economic Geography, 2014, 49
(5): 733 - 751.

[312] BRIGUGLIO L, CORDINA G, FARRUGIA N, et al. Conceptualizing
and Measuring Economic Resilience [J]. Building the Economic Resilience of
Small States, 2006: 265 - 288.

[313] BRISTOW G, HEALY A. Crisis Response, Choice and Resili-
ence: Insights from Complexity Thinking [J]. Cambridge Journal of Regions,
Economy and Society, 2015, 8 (2): 241 - 256.

[314] BROWN L, GREENBAUM R T. The Role of Industrial Diversity
in Economic Resilience: An Empirical Examination Across 35 Years [J]. Ur-
ban Studies, 2017, 54 (6): 1347 - 1366.

[315] BUCHNER B, NARAN B, FERNANDES P, et al. Global Land-
scape of Climate Finance 2021 [R]. Climate Policy Initiative, 2021.

[316] BUSH V. Science and the Endless Frontier [M]. Nation a Sci-
ence Foundation: Washington DC, 1945.

[317] CAPELLO R, CARAGLIU A, FRATESI U. Spatial heterogeneity in

the Costs of the Economic Crisis in Europe: Are Cities Sources of Regional Resilience? [J]. Journal of Economic Geography, 2016, 15 (5): 951 –972.

[318] CARAYANNIS E G, GRIGOROUDIS E, SINDAKIS S, et al. Business Model Innovation as Antecedent of Sustainable Enterprise Excellence and Resilience [J]. Journal of the Knowledge Economy, 2014, 5 (3): 440 – 463.

[319] CHEN Y M. Improving Market Performance in the Digital Economy [J]. China Economic Review, 2020, 62: 101482.

[320] CHRISTOPHERSON S, MICHIE J, TYLER P. Regional Resilience: Theoretical and Empirical Perspectives [J]. Cambridge Journal of Regions, Economy and Society, 2010, 3 (1): 3 –10.

[321] CORIAT B, DOSI G. The Institutional Embeddednessof Economic Change: An Appraisal of the "Evolutionary" and "Regulationist" Research Programmes [J]. Working Paper in SSRN Electronic Journal, 1995.

[322] CRESCENZI R, LUCA D, MILIO S. The Geography of the Economic Crisis in Europe: National Macroeconomic Conditions, Regional Structural Factors and Short-Term Economic Performance [J]. Cambridge Journal of Regions, Economy and Society, 2016, 9 (1): 13 –32.

[323] CRESCENZI R, RODRÍGUEZ-POSE A. Innovation and Regional Growth in the European Union: Advances in Spatial Science [M]. Berlin, Eermany: Springer Science & Business Media, 2011.

[324] CROSS R. On the Foundations of Hysteresis in Economic Systems [J]. Economics & Philosophy, 1993, 9 (1): 53 –74.

[325] DAVIES A, TONTS M. Economic Diversity and Regional Socioeconomic Performance: An Empirical Analysis of the Western Australian Grain Belt [J]. Geographical Research, 2010, 48 (3): 223 –234.

[326] DEVELOPMENT I F. The Global Risks Report 2022. 17th Edition [M]. World Economic Forum, 2022.

[327] DI-CARO P. Recessions, Recoveries and Regional Resilience:

Evidence on Italy [J]. Cambridge Journal of Regions, Economy and Society, 2014, 8 (2): 273 – 291.

[328] DORAN J, FINGLETON B. Employment Resilience in Europe and the 2008 Economic Crisis: Insights from Micro-Level Data [J]. Regional Studies, 2016, 50 (1): 644 – 656.

[329] DORAN J, FINGLETON B. US Metropolitan Area Resilience: Insights from Dynamic Spatial Panel Estimation [J]. Environment and Planning A: Economy and Space, 2018, 50 (1): 111 – 132.

[330] DOUGLASS M. From Global Intercity Competition to Cooperation for Livable Cities and Economic Resilience in Pacific Asia [J]. Environment and Urbanization, 2002, 14 (1): 53 – 68.

[331] DUVAL R, ELMESKOV J, VOGEL L. Structural Policies and Economic Resilience to Shocks [J]. Economics Department Working Paper, 2007. 24 (567): 321 – 330.

[332] ENOS J L. Invention and Innovationin the Petroleum Refining Industry——The Rate and Direction of Inventive Activity: Economic and Social Factors [M]. New Jersey, Princeton University Press, 1962: 299 – 322.

[333] FARRUGIA N. Conceptual Issues in Constructing Composite Indices. Occasional Papers on Islands and Small States [J]. The University of Melta, 2007, 2: 1 – 41.

[334] FINGLETON B, PALOMBI S. Spatial Panel Data Estimation, Counterfactual Predictions and Local Economic Resilience Among British Towns in the Victorian Era [J]. Regional Science and Urban Economics, 2013, 43 (3): 649 – 660.

[335] FOSTER K A. A Case Study Approach to Understanding Regional Resilience [J]. Institute of Urban & Regional Development, 2007.

[336] FREEMAN Christopher. Economics of hope [M]. Pinter: London, 1992.

[337] FREEMAN C. Technological Infrastructure and International Com-

petitiveness ［R］. Paper Presented to the Ad Hoc Group on Science Technology and Competitiveness, 1982.

［338］ FREEMAN C. Technology Policy and Economic Performance: Lessons from Japan ［M］. London: Pinter Publishers, 1987.

［339］ FRENKEN K, BOSCHMA R A. A Theoretical Framework for Evolutionary Economic Geography: Industrial Dynamics and Urban Growth as a Branching Process ［J］. Journal of Economic Geography, 2007, 7 (5): 635 – 649.

［340］ FURMAN J L, PORTER M E, STERN S. The Determinantsof National Innovative Capacity ［J］. Research Policy, 2002, 31 (6): 899 – 933.

［341］ GRANT R M. The Resource-Based Theory of Competitive Advantage: Implications for Strategy Formulation ［J］. California Management Review, 1991, 33 (3): 114 – 135.

［342］ GUNDERSON L H, HOLLING C S. Panarchy: Understanding Transformations in Human and Natural Systems ［M］. Washington DC: Island Press, 2002.

［343］ HARRIS N, WATSON M D. Vesicle Transport to the Vacuole and the Central Role of the Golgi Apparatus ［C］ Seminar Series-society for Experimental Biology, 1991.

［344］ HE X, HU W, LI W, et al. Digital Transformation, Technological Innovation, and Operational Resilience of Port Firms in Case of Supply Chain Disruption ［J］. Marine Pollution Bulletin, 2023, 190: 114811.

［345］ HOLLING C S. Resilience and Stability of Ecological Systems ［J］. Annual Review of Ecology and Systematics, 1973 (4): 1 – 23.

［346］ HU A G, JEFFERSON G H. A Great Wall of Patents: What is Behind China's Recent Patent Explosion? ［J］. Journal of Development Economics. 2009, 90 (1): 57 – 68.

［347］ IANSITI M, LEVIEN R. Strategy as Ecology ［J］. Harvard Business Review, 2004, 82 (3): 68 – 81.

［348］ JHA A K, MINER T W, STANTON-GEDDES Z. Building Urban

Resilience: Principles, Tools, and Practice [M]. USA: World Bank Publications, 2013.

[349] JIANC Y, CHEN C C. Integrating Knowledge Activities for Team Innovation: Effects of Transformational Leader-Ship [J]. Journal of Management, 2018, 44 (5): 1819 – 1847.

[350] LIANG L, LI Y. How Does Government Support Promote Digital Economy Development in China? The Mediating Role of Regional Innovation Ecosystem Resilience [J]. Technological Forecasting and Social Change, 2023, 188: 122328.

[351] LIU C, GAO X, MA W, et al. Research on Regional Differences and Influencing Factors of Green Technology Innovation Efficiency of China's High-Tech Industry [J]. Journal of Computational and Applied Mathematics, 2020, 369: 112597.

[352] LUOMA-AHO V, HALONEN S. Intangibles and Innovation: The Role of Communication in the Innovation Ecosystem [J]. Innovation Journalism, 2010, 7 (2): 1 – 20.

[353] LUTHAR S S, CICCHETTI D, BECKER B. The Construct of Resilience: A Critical Evaluation and Guidelines for Future Work [J]. Child Development, 2000, 71 (3): 543 – 562.

[354] MARCOS J, MACAULAY S. Organisational Resilience: The Key to Anticipation, Adaptation and Recovery [J]. Working Paper, Cranfield School of Management, Cranfield University, 2008.

[355] MARTIN R, GARDINER B. The Resilience of Cities to Economic Shocks: A Tale of Four Recessions (and the Challenge of Brexit) [J]. Papers in Regional Science, 2019, 98 (4): 1801 – 1832.

[356] MARTIN R. Regional Economic Resilience, Hysteresis and Recessionary Shocks [J]. Journal of Economic Geography, 2012, 12 (1): 1 – 32.

[357] MARTIN R, SUNLEY P, GARDINER B T, et al. How Regions React to Recessions: esilience and the Role of Economic Structure [J]. Re-

gional Studies, 2016, 50 (4): 561 –585.

[358] MARTIN R, SUNLEY P. On the Notion of Regional Economic Resilience: Conceptualization and Explanation [J]. Journal of Economic Geography, 2015, 15 (1): 1 –42.

[359] MARTIN R, SUNLEY P, TYLER P. Local Growth Evolutions: Recession, Resilience and Recovery [J]. Cambridge Journal of Regions, Economy and Society, 2015, 8 (2): 141 –148.

[360] MASTEN A S, BEST K M, GARMEZY N. Resilience and Development: Contributions from the Study of Children Who Overcome Adversity [J]. Development and Psychopathology, 1990, 2 (4): 425 –444.

[361] MEEROW S, NEWELL J P, STULTS M. Defining Urban Resilience: A Review [J]. Landscape and Urban Planning, 2016, 147: 38 –49.

[362] MICHAEL E P. The Competitive Advantage of Nations [J]. Harvard Business Review, 1990: 73 –93.

[363] MORAIS-STORZ M, PLATOU R S, NORHEIM K B. Innovation and Metamorphosis Towards Strategic Resilience [J]. International Journal of Entrepreneurial Behavior & Research, 2018, 24 (7): 1181 –1199.

[364] NEUFELDT H, CHRISTIANSEN L, DALE T W. Adaptation Gap Report 2021-the Gathering Storm: Adapting to Climate Change in a Post-pandemic World [M]. Nairobi: UNEP DTU Partnership, 2021.

[365] OECD. National Innovation System [R]. Paris, 1997: 7 –11.

[366] OSTROM E. Polycentricity, Complexity and the Commons [J]. The Good Society Working Paper, 1999 (2).

[367] PANT R, BARKER K, ZOBEL C W. Static and Dynamic Metrics of Economic Resilience for Interdependent Infrastructure and Industry Sectors [J]. Reliability Engineering & System Safety, 2014, 125: 92 –102.

[368] PENDALL R, FOSTER K A, COWELL M. Resilience and Regions: Building Understanding of the Metaphor [J]. Cambridge Journal of Regions, Economy and Society, 2010, 3 (1): 71 –84.

[369] PERRINGS C. Resilience and Sustainable Development [J]. Environment and Development Economics, 2006, 11 (4): 417 – 427.

[370] PIKE A, DAWLEY S, TOMANEY J. Resilience, Adaptation and Adaptability [J]. Cambridge Journal of Regions, Economy and Society, 2010, 3 (1): 59 – 70.

[371] PIMM S L. The Complexity and Stability of Ecosystems [J]. Nature, 1984, 307 (5949): 321 – 326.

[372] PORTER E, DAVOUDI S. A Bridging Concept or a Dead End? [J]. Planning Theory & Practice, 2012, 13 (2): 299 – 307.

[373] PÖRTNER H O, ROBERTS D C, ADAMS H, et al. Climate Change 2022: Impacts, Adaptation and Vulnerability [M]. Geneva, Switzerland: IPCC, 2022.

[374] RAMEZANI J, CAMARINHA-MATOS L M. Approaches for Resilience and Antifragility in Collaborative Business Ecosystems [J]. Technological Forecasting and Social Change, 2020, 151: 119846.

[375] REGGIANI A, GRAAFF T D, NIJKAMP P. Resilience: An Evolutionary Approach to Spatial Economic Systems [J]. Networks and Spatial Economics, 2002, 2 (2): 211 – 229.

[376] ROCCHETTA S, MINA A. Technological Coherence and the Adaptive Resilience of Regional Economies [J]. Regional Studies, 2019, 53 (10): 1421 – 1434.

[377] ROSE A, LIAO S Y. Modeling Regional Economic Resilience to Disasters: A Computable General Equilibrium Analysis of Water Service Disruptions [J]. Journal of Regional Science, 2005, 45 (1): 75 – 112.

[378] ROSE A, LIM D. Business Interruption Losses from Natural Hazards: Conceptual and Methodological Issues in the Case of the Northridge Earthquake [J]. Global Environmental Change Part B: Environmental Hazards, 2002, 4 (1): 1 – 14.

[379] ROSTOW W W. The Stages of Economic Growth [J]. The Eco-

nomic History Review, 1959, 12 (1): 1 – 16.

[380] ROTHWELL R, ZEGVELD W. Re-industrialization and Technology [M]. Longman, M E Sharpe, 1985.

[381] ROUNDY P T, BROCKMAN B K, BRADSHAW M. The Resilience of Entrepreneurial Ecosystems [J]. Journal of Business Venturing Insights, 2017, 8: 99 – 104.

[382] SABAHI S, PARAST M M. Firm Innovation and Supply Chain Resilience: A Dynamic Capability Perspective [J]. International Journal of Logistics Research and Applications, 2020, 23 (3): 254 – 269.

[383] SAMPAT B, WILLIAMS H L. How do Patents Affect Follow-on Innovation? Evidence from the Human Genome [J]. American Economic Review, 2019, 109 (1): 203 – 236.

[384] SCHULTZ T W. Institutions and the Rising Economic Value of Man [J]. American Journal of Agricultural Economics, 1968, 50 (5): 1113 – 1122.

[385] SCOTT J P. Social Network Analysis [M]. 4th ed. London: Sage, 2017.

[386] SIMMIE J, MARTIN R. The Economic Resilience of Regions: Towards an Evolutionary Approach [J]. Cambridge Journal of Regions, Economy and Society, 2010, 3 (1): 27 – 43.

[387] SOLO C S. Innovation in the Capitalist Process: A Critique of the Schumpeterian theory [J]. The Quarterly Journal of Economics, 1951, 65 (3): 417 – 428.

[388] VALE L J, Campanella T J. The Resilient City: How Modern Cities Recover From Disaster [M]. Oxford: Oxford University Press, 2005.

[389] WALKER B, GUNDERSON L, KINZIG A, et al. A Handful of Heuristics and Some Propositions for Understanding Resilience in Social-Ecological Systems [J]. Ecology and Society, 2006, 11 (1): 13.

[390] WILKIN J, BIGGS E, TATEM A J. Measurement of Social Networks for Innovation Within Community Disaster Resilience [J]. Sustainabili-

ty, 2019, 11 (7): 1943.

[391] WILLIAMS N, VORLEY T, KETIKIDIS P H. Economic Resilience and Entrepreneurship: A Case Study of the Thessaloniki City Region [J]. Local Economy, 2013, 28 (4): 399 –415.

[392] WINK R. Regional Economic Resilience: European Experiences and Policy Issues [J]. Raumforschung and Raumordnung, 2014, 72 (2): 85 –91.

[393] WIPO. Global Innovation Index 2023: Innovation in the Face of Uncertainty [R]. Geneva: WIPO, 2023.

[394] WIPO. Global Innovation Index 2022: What is the Future of Innovation-Driven Growth? [R]. Geneva: World Intellectual Property Organization, 2022.

[395] WITT U. Evolutionary Economics [M]. Britan: Edward Elgar Publishing, 1993.

[396] WOLFE D A, Gertler M. Growing Urban Economies: Innovation, Creating and Governance in Canadian City-Regions [M]. Toronto: University of Toronto Press, 2016.

[397] ZIMAN J. Technological Innovation As an Evolutionary Process [M]. Cambridge: Cambridge University Press, 2003.

[398] ZOLLI A, Healy A M. Resilience: Why Things Bounce Back [M]. London: Headline Publishing Group, 2012.

附录　创新韧性测度指标原始数据

附表 1.1　　　　四大区域创新基础韧性测度指标的原始数据

指标	东部		中部		西部		东北部	
	2021 年	2011 年	2021 年	2011 年	2021 年	2011 年	2021 年	2011 年
人均水资源总量（人/立方米）	3359.024	2518.680	2191.761	1525.057	4795.415	4156.365	1241.170	782.682
人均城市绿地面积（人/公顷）	0.010	0.007	0.002	0.001	0.002	0.001	0.002	0.001
人均能源储量（人/吨）	667.940	819.998	1134.515	590.320	13725.674	8571.408	1245.976	1798.262
发生地质灾害起数（次）	44.000	580.300	355.333	2765.667	189.455	666.091	3.667	233
城市化水平（%）	73.869	65.176	60.753	46.262	59.821	44.763	67.290	57.976
普通本专科及以上毕业生数占比（%）	33.165	20.345	20.191	11.183	20.891	12.459	22.904	11.827
科技服务业从业人数占第三产业从业人数之比（%）	1.975	1.663	2.334	0.950	2.148	1.809	0.731	0.564

续表

指标	东部		中部		西部		东北部	
	2021 年	2011 年	2021 年	2011 年	2021 年	2011 年	2021 年	2011 年
老年人口抚养比（%）	20.196	11.104	21.565	12.685	18.687	11.685	24.243	11.623
铁路营业里程人均值（人/公里）	0.0002	0.0001	0.0001	0.0001	0.0002	0.0001	0.0001	0.0001
公路里程人均化后（人/公里）	0.007	0.006	0.005	0.004	0.009	0.007	0.002	0.002
邮电业务总量（人/元）	10479.438	4119.656	2045.318	965.888	2175.538	1092.710	816.538	635.477
互联网普及率（%）	68.805	52.520	62.930	30.750	60.203	32.136	66.079	38.167
GDP 增长率（%）	0.127	0.178	0.145	0.220	0.130	0.233	0.087	0.212
财政赤字率（%）	5.900	4.570	10.375	10.514	19.733	20.764	18.715	10.916
商业银行不良贷款率（%）	0.590	0.840	0.843	1.112	0.774	1.062	1.010	1.140
规模以上工业资产负债率（%）	58.487	58.725	53.032	55.745	59.787	60.019	53.746	58.731

附表 1.2   四大区域创新结构韧性测度指标的原始数据

指标	东部		中部		西部		东北部	
	2021 年	2011 年	2021 年	2011 年	2021 年	2011 年	2021 年	2011 年
产业结构合理化指数（%）	0.49	0.72	0.78	1.15	1.01	1.42	0.64	1.28

指标	东部		中部		西部		东北部	
	2021 年	2011 年	2021 年	2011 年	2021 年	2011 年	2021 年	2011 年
产业结构高级化指数（%）	1.59	0.97	1.29	0.69	1.41	0.86	2.05	1.19
数字创新指数	98.09	48.77	94.83	30.89	67.84	19.83	59.76	11.83
高技术产业发展水平（%）	16.91	21.38	14.28	7.46	9.26	4.88	4.89	7
人均生产总值水平（%）	1.41	1.51	0.85	0.8	0.78	0.74	0.69	0.84
城乡消费水平比（%）	1.81	2.38	1.66	2.21	1.91	2.60	1.79	2.59
城乡收入比（%）	2.19	2.45	2.30	2.63	2.64	3.16	2.05	2.39
四大区域	1	1	2	2	3	3	4	4
市场主体数量（个）	24087.4	16380.1	14629.83	7455.83	4720.09	2450.91	4559	6449.33
市场化指数	10.14	7.20	8.29	5.42	6.34	4.26	7.83	5.67
居民生活水平（%）	1.51	1.35	1.44	1.38	1.39	1.27	1.40	1.33
技术创新有效度	25.53	14.21	15.38	10.82	10.65	10.03	10.97	11.23

附表 1.3　　　四大区域创新科技韧性测度指标的原始数据

指标	东部		中部		西部		东北部	
	2021 年	2011 年	2021 年	2011 年	2021 年	2011 年	2021 年	2011 年
R&D 经费投入强度（%）	2.95	2.18	1.86	1.18	1.30	0.92	1.42	1.17
RD 人员全时当量（人·年）	239443.9	132383.5	109304.22	55885.33	30173.65	15895.36	25729.78	35019.33

续表

指标	东部		中部		西部		东北部	
	2021 年	2011 年	2021 年	2011 年	2021 年	2011 年	2021 年	2011 年
规企研发支出总额（亿元）	1058.85	410.06	534.97	155.94	162.02	50.00	151.63	135.79
创新指数	470.37	64.87	120.47	36.22	63.10	60.90	114.51	31.63
地区专利申请受理量（项）	344441.91	107938.6	144133.28	29516.67	58253.51	13934.73	51932.56	22910
发表科技论文（篇）	12353.73	8982.9	3528.64	2860.67	3399.71	2586.45	3579.49	4093.33
规模以上企业新产品销售收入含出口（亿元）	20214.84	8854.4	9723.73	2578.64	2097.37	940.03	2736.39	2149.27
产权保护（%）	3.83	1.77	1.49	0.31	1.54	0.55	2.82	0.65
政府资助力度（%）	21.97	20.14	13.28	17.25	29.13	29.14	38.56	29.43
金融支持力度（万元/个）	5.92	2.81	2.04	0.84	2.4	1.39	1.51	0.91
市场竞争强度（个）	23449	19695	16162	10671	5299	3557	3879	8483

附表 1.4　　　四大区域创新组织韧性测度指标的原始数据

指标	东部		中部		西部		东北部	
	2021 年	2011 年	2021 年	2011 年	2021 年	2011 年	2021 年	2011 年
高新技术企业数（家）	2605	1530	1346	523	439	183	304	402
研发学校数（所）	104	95	120	106	67	52	87	82
企业家精神	1.7	1.57	1.35	1.51	1.51	1.49	1.64	1.41

续表

指标	东部		中部		西部		东北部	
	2021 年	2011 年	2021 年	2011 年	2021 年	2011 年	2021 年	2011 年
创新合作企业占全部企业的比重（%）	17. 20	17. 63	15. 04	16. 07	14. 47	14. 43	8. 83	9. 61
产学研合作企业占比（%）	41. 59	58. 04	47. 65	67. 37	50. 78	58. 50	56. 42	68. 32
地区技术市场技术净流入合同数（项）	− 592. 420	1333	1318. 767	− 677. 5	0. 006	− 498. 455	266. 044	342. 667
技术市场技术合同金额净流入（亿元）	197. 387	119. 309	− 20. 750	− 4. 713	− 43. 119	− 5. 614	117. 772	− 82. 297
孵化器数量（个）	4229	611	1032	110	966	155	413	177
孵化器内企业总数（家）	216336	42895	59351	9640	49675	9437	18976	5279
当年获得风险投资额（亿元）	683. 64	139. 69	55. 43	17. 89	80. 01	8. 48	6. 96	15. 57

附表 1. 5   四大区域创新制度韧性测度指标的原始数据

指标	东部		中部		西部		东北部	
	2021 年	2011 年	2021 年	2011 年	2021 年	2011 年	2021 年	2011 年
非国有规模以上企业资产/规模以上工业企业资产	2. 55	2. 58	1. 54	1. 06	0. 80	0. 62	0. 80	0. 78

续表

指标	东部		中部		西部		东北部	
	2021 年	2011 年	2021 年	2011 年	2021 年	2011 年	2021 年	2011 年
非国有就业人员/地区总就业人员	0.72	0.69	0.82	0.85	0.80	0.83	0.81	0.76
非国有经济投资额/地区投资额	3.62	7.28	5.47	3.34	2.30	1.73	6.15	3.08
劳动生产率（万元/人）	38.68	68.36	68.57	33.31	61.41	31.34	53.33	34.46
资本生产率	0.50	0.77	1.20	0.69	1.35	0.74	0.62	0.70
绿色全要素生产率	1.85	3.46	1.75	0.96	1.98	1.18	1.66	1.08
单位 GDP 财政支出（%）	16.23	17.68	18.91	19.06	29.14	31.64	27.85	20.20
地方财政社会保障和就业支出占比（%）	9.70	13.85	16.29	12.82	16.03	12.26	25.11	14.81
政府规模（%）	7.97	9.01	13.18	12.50	18.03	13.72	15.15	9.87
每万人公职人员职务犯罪数（件）	24.55	16.72	29.30	21.38	17.99	23.93	35.44	26.09

后　记

在全球化的大背景下，中国正面临着前所未有的机遇与挑战。近年来，中国创新能力的提升有目共睹，从"跟跑"到"并跑"乃至部分领域"领跑"，中国在全球创新版图中的地位日益凸显。然而，这一过程并非一帆风顺，面对外部技术封锁、国内经济结构调整等重重压力，中国创新系统展现出了强大的韧性和适应能力。从经济转型到科技创新，从社会治理到文化传承，中国展现出了独特的创新能力和适应变化的韧性。在此背景下，深入研究中国创新韧性的形成机理、表现形式及影响因素，对于指导未来创新实践、提升国家竞争力具有重要意义。本书正是在这样的时代背景下应运而生的。

本书以笔者的博士论文为蓝本加以整理后出版，在导师林寿富教授的悉心指导下完成。从最初的选题酝酿到最后成稿，耗时近两年。在本书的撰写过程中，笔者付出了艰辛的劳动，也得到了福建师范大学经济学院领导和博士生导师组的大力支持，在此谨向全力支持本书顺利撰写的黄瑾院长、林寿富教授、张华荣教授、陈少晖教授、蔡秀玲教授、陈晓枫教授、邹文杰教授、李碧珍教授、陈清教授、刘义圣教授等诸位良师表达诚挚谢意。尤其特别感谢母校文科资深教授——李建平老校长和福建省社科院副院长黄茂兴教授（原福建师范大学经济学院院长）的不吝赐教和全程指导。同时一并感谢福建农林大学张春霞教授、福州大学黄志刚教授、母校戴双兴教授、黎元生教授、方忠教授、王珍珍教授等答辩委员会的专家们对本人论文的批评指正！感谢吴武林博士、王招治博士、徐慧华博士、林铨博士、邹伟勇博士等对我学习和生活上的各种帮助。

　　同时，我要感谢我的亲人，尤其是我的父母、姨妈、先生和我的两个女儿。若没有家人们作出的牺牲，没有他们爱的成全，我很难这样毫无后顾之忧地在福州安心读博三年。我最感恩的是我平凡而伟大的母亲。她的善良和坚强弥足珍贵，无论何时她都会陪伴我安慰我开导我，赋予我爱的力量。感谢我勤劳踏实、忠厚勇毅的父亲，父爱如山，从不言语，总是默默付出，用心守护。感谢敬爱的姨妈多年来对我的照顾，小时候被寄养在姨妈家，在我心里她就是世界上最好的姨妈。我还要感谢我两个聪明可爱又乖巧懂事的女儿，是她们童真的笑脸一扫我科研不顺的阴霾，并用最赤诚最热烈的爱温暖着我。同时，我也要感谢我的先生、小姑姐和我的两个姐姐，感谢他们始终如一的信赖和支持。感谢我多年的好姐妹吴秀丽、张迪，感恩命运让我们有机会一起分享，一起成长。在此也感谢生命中遇到的每一个温暖良善之人，是你们让我感受到了人间的温情和烟火气，让我更加坚守向善向上的信念和愈加热爱自己的生活。

　　本书力图在创新韧性领域的理论和实证研究上尝试做一些创新和突破，但这是一项复杂的系统工程，受到知识结构、研究能力和资料限制等主客观因素的制约。不得不承认，本书在一些方面的认识和研究仍然不够全面和深入，还有许多问题需要深入研究。因此，我们将在此基础上继续拓展和深化研究，作出新的探索与思考，不断完善理论框架体系和模型，并强化政策建议的针对性和可操作性，希冀能对我国创新系统抗冲击能力的提升提供有价值的决策参考和理论借鉴。

　　此外，本书还直接或间接引用、参考了其他研究者的相关文献，对这些文献的作者表示诚挚的感谢。由于时间仓促，本书难免存在疏漏和不足，敬请读者批评指正。

王　谦

2024 年 9 月 1 日于南华大学